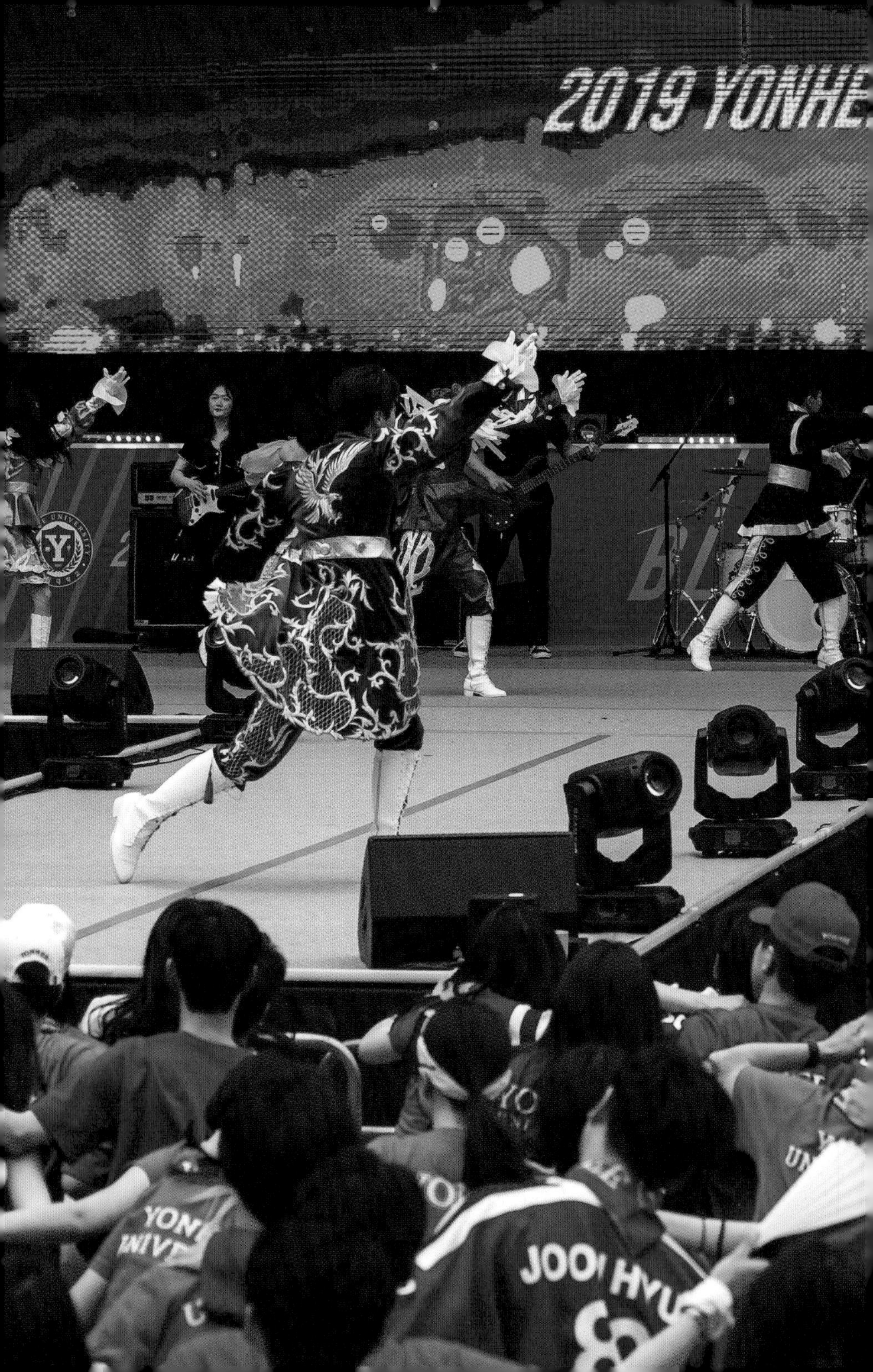
2019 YONHE
JOO HYU
8

치얼업 CHEERUP 인물관계도

테이아 현역 단원

해이네 가족

도재이
해이 남동생

성춘양
해이 모

정우네 가족

정선혜
정우 모

도해이
테이아 신입단원

박정우
테이아 단장

진선호
테이아 신입단원

선호네 가족

황진희
선호 모

진민철
선호 부

테이아 현역 단원

테이아 선배 단원들

태초희
테이아 부단장

기윤찬
테이아 50기

최소윤
테이아 50기

테이아 신입 단원들

주선자
테이아 51기

임용일
테이아 51기

김민재
테이아 51기

연희대 주변 인물들

배영웅
테이아 OB

신지영
학생처 차장

이유민
테이아 2년 전
부단장

정수일
테이아 작년 단장

송호민
방송부원

이재혁
해이 전 남친

호경대 주변 인물들

이하진
호경대 응원단장

최지윤
호경대 응원단원
(소윤 쌍둥이)

SBS 월화드라마

가장 찬란한 계절의 이야기

치얼업
CHEER UP
하 권

차해원 극본

너와숲

작가의 말

　지금에 와서 스무 살을 떠올려 보면 그때를 대변하는 키워드는 '불안'이 아닐까 싶습니다. 어떤 날은 뭐든 할 수 있을 것 같았는데, 어떤 날은 아무것도 할 수 없을 것 같고, 뜻대로 되지 않는 현실과 불확실한 미래 사이에서 활어처럼 펄떡이며 고민하던 시간들.

　그땐 '좋을 때다.'라는 어른들의 말을 들으면, 나도 인생의 고민이 얼마나 많은데 아무것도 모르면서 하는 소리라고 생각했는데. 어느덧 그때보다 조금 더 어른이 된 지금, 저도 스무 살의 해이를 보며 같은 말을 하게 되더군요.

　'좋을 때다.'

　청춘의 시간은 그 반짝임 때문인지 언제나 이렇듯 평가절상되는 것 같습니다. 존재 자체만으로도 찬란하게 빛나는 그 시절. 나의 그 시절을 그리고 누군가의 그 시절을 떠올리게 하는 이야기가 하고 싶었습니다. 불완전하기에 아름다운 그들의 이야기가 곧 모두의 이야기이기도 할 테니까요.

　'치얼업' 속 인물들은 모두가 그렇듯 저마다의 결핍으로 흔들립니다. 이렇듯 불완전한 인물들이 자신을 붙들고 서로를 응원하며 앞으로 나아갈 수 있길 바라는 마음으로 대본을 썼습니다. 그 마음이 이야기에 잘 전달되었는지는 모르겠지만요. 이 시간을 지나 아이들이 더 단단한 어른이 됐으면 좋겠습니다.

이번 드라마를 준비하며 한 편의 드라마가 나오는데 얼마나 많은 사람의 수고와 노력이 드는지 새삼 다시 한번 깨달았습니다. 한편으론 억겁 같고, 한편으론 순간 같았던 그 시간을 좋은 분들과 함께할 수 있었기에 너무 큰 행운이었다고 생각합니다.

농담처럼 '작고 소중한 드라마'라는 이야기를 많이 했는데, 이 드라마가 누군가의 가슴에 작고 소중하게 남을 수 있다면 더할 나위 없이 기쁠 것 같습니다.

'치얼업'을 함께해 주신 모든 분들 사랑하고 감사합니다.

차해원 드림

CONTENTS

9 회 ⋯⋯⋯⋯⋯⋯⋯⋯ 13

10 회 ⋯⋯⋯⋯⋯⋯⋯ 69

11 회 ⋯⋯⋯⋯⋯⋯⋯ 125

12 회 ⋯⋯⋯⋯⋯⋯⋯ 181

13 회 ⋯⋯⋯⋯⋯⋯⋯ 233

14 회 ⋯⋯⋯⋯⋯⋯⋯ 283

15 회 ⋯⋯⋯⋯⋯⋯⋯ 329

16 회 ⋯⋯⋯⋯⋯⋯⋯ 383

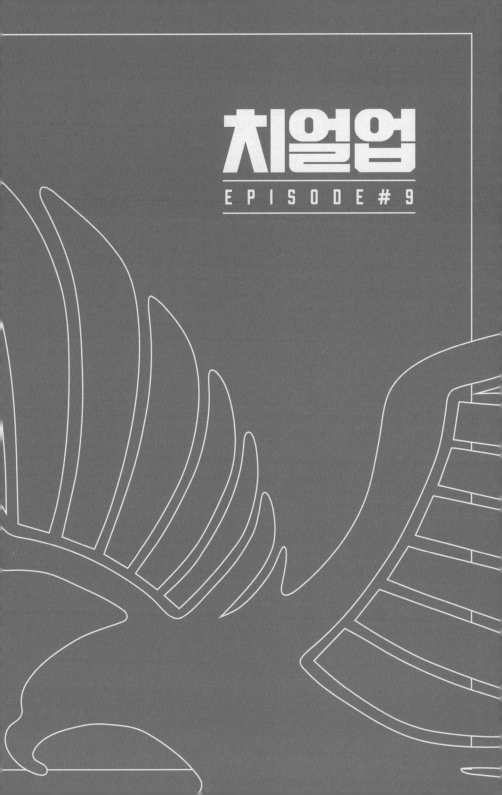

S#1. 연희대학교 정문 / 아침

현수막 '우리가 어떤 민족입니까? 축제의 민족입니다. 놀아 보
즈아!'

S#2. 축제 몽타주 / 아침

곳곳의 축제 현수막/주점 천막에서 요리하는 학생들.
/부스에서 물 풍선 던지기 + 다트 등의 게임 하는 학생들 등등
학교 곳곳의 축제 모습, 컷으로 보여 진다.

S#3. 단실 / 아침

단실에 모여 앉아 분주하게 준비 중인 단원들.
운찬, 용일 등 꾸벅꾸벅 조는 모습 보인다.
단실로 단복 들고 들어오는 정우.

정우	(단복 내려놓고 졸고 있는 운찬의 머리통 탁 치며) 어제 의자 들여놓은 거 까먹지 말고 밴드부랑 대행사에 배분해서 애들이랑 갖다 놔.
운찬	(맞은 쪽 머리 부비며) yas.
정우	(운찬 입에 코피코 넣어주고 본인도 먹으며) 졸지 말고 정신 똑바로 차려.
운찬	6 o'clock에 일어났는데 정신이 멀쩡한 게 이상하죠. (코피코 먹고 눈 확 뜨며) Um, better than coffee~
정우	(쩌리곤 전체 향해) 기획팀 오면 입장 시작하고 1부 동아리 공연, 2부 연예인 공연, 3부 응원제니까 시간 체크해서 미리미리 일정 안 밀리게 준비해.
용일	(호기심) 연예인 누구 와요?
초희	암표 때문에 라인업은 비공개야.
선자	(앙탈) 아앙~ 저희한테 살짝 알려 주시면 안 돼요? 비밀로 할게요.
초희	(표정) 어디서 앙탈이야?
선자	(순종적으로 바른 자세)
용일	(형)
정우	주선자, 김민재, 진선호.
선자, 민재, 선호	(보면)
정우	(단복 하나씩 주며) 이건 너희들 단복.
선자, 민재, 선호	(각각 단복 보며 상기된 표정)
정우	신입생들은 응원제 때 환복할 거야. 단복 입고 앞에서 방정 떨면 안 된다.
선자, 민재, 선호	네!

해이, 용일	(부럽고)
정우	(해이, 용일 보며) 너넨 무대 의상으로 입으면 돼.
해이, 용일	네…
초희	(일어나 박수 짝짝 치며 신입생들 향해) 다들 오늘 정신 똑바로 차리고 **빠릿빠릿** 움직여.
신입생들	네! (하고 일어나 이동한다)
해이	(선자 쪽으로 가) 구경 함 하자.
선자	(해이 치우며) 어딜. 신성한 단복에 그런 불경한 손을.
해이	(삐쭉)

정우, 일정표 챙기고 있는데, 초희, 정우 쪽으로 와 잠깐 보자는 듯 고갯짓한다. 정우 '??' 하며 초희와 단장실 쪽으로 간다.

S#4. 단장실 / 아침

초희, 핸드폰으로 연희대 대나무숲 캡쳐 화면을 정우에게 보여 주고 있다.

INS) 핸드폰 화면
'연희대 대나무숲'
8회 S#57 해이가 선호 안고 있는 모습 찍은 사진.
'응원단 진선호 도해이 사귐? 쩔'
댓글)
테이아 CC 금지 아님?

오늘도 0고백 1차임 ㅠㅠ 서노야.

tmi 오지네. 쟤네가 사귀든 말든 내가 이런 거까지 알아야 함?

이거 몰카 아님? 사생활 침해 고소미각.

초희   어제 새벽에 올라왔다 댓글 땜에 바로 삭제했나 봐. 아직 애들은
　　　　못 본 거 같은데, 어떡해? 팩트 체크 해 봐야 하나?

정우   (표정 굳어 핸드폰 화면 보다 초희 보며) 이건 누가 찍은 거지? 그 시간
　　　　에 노천까지 와서.

초희   지나가다 거기 조명 켜 있으니까 봤겠지. 축제 전날 우리 밤새서
　　　　사람들 많이 다니잖아.

정우   ('그런가…') 상황 봐서 나중에 얘기해. 일단 오늘은 축제부터 해
　　　　야지.

초희   (끄덕하고 성질내는) 들키지나 말든가, 동네방네 광고를 해요, 광고
　　　　를.

　　　　정우, 복잡한 맘으로 둘 안고 있는 사진 보는 데서 타이틀 인 치
　　　　얼업.

S#5. 진희네 집 / 낮

　　　　아줌마, 방 치우고 있으면 선호 방으로 들어온 진희.

진희   (아줌마 보며) 선호 어제 안 들어왔어요?

아줌마   네. (어제 사달 난 거 알아서 진희 위로하려는 듯) 어디 친구 집에서 잤겠

죠. 너무 걱정 마요. (휴지통 비우려는데 구겨진 축제 티켓 보인다. 오늘 날
짜 보이고) 이거 오늘 거 같은데, 잘못 버렸나?

진희   … (그 말에 아줌마 손에 든 티켓 보는)

S#6. 노천 입구 / 낮

한쪽에선 물, 도시락 등 옮기고. 한쪽에선 의자 옮기고.
한쪽에선 테이블 세팅하고 바쁜 단원들과 기획팀.
이미 노천 입구 쪽에 줄 늘어서 있다.

선자   (늘어선 줄 보며) 줄 안 서도 돼서 좋다고 한 과거의 나, (의자 들은 자
기 손 보며) 줄 서 있는 게 더 낫단 사실을 왜 몰랐을까?

해이   (역시 부럽다는 듯 손에 박스 들고 줄 선 학생들 보며) 난 왜 항상 노동자
쪽에 서 있는 것인가.

용일   (역시 아련하게 줄 선 학생들 보며) 노동은 신성한 거겠제?

초희   잡담할 시간도 있고 한가하지, 아주?

일동   (초희 말에 얼른 의자 옮기는)

용일   (의자 옮기려다 초희 쪽으로 가 나름 비장하게) 부단장요. 지는 부단장이
행복하다면 됐심더.

초희   (뭔 개소린가 싶고) 언능 안 움직여?

용일   예. (하고 의자 들고 총총 가는)

해이, 의자 들고 가다 군말 없이 의자 옮기는 선호 옆으로 가 말
건다.

해이	오~ 찐 말없이 일만 하고 누가 보면 새 나라의 일꾼인 줄 알겠어.
선호	(어제 일 때문인지 데면데면) 뭐… 해야 하니까.
해이	(선호 데면데면 한 거 보고) 뭐야 너 어제 일 땜에 그래? 괜찮… (하며 툭 치려는데, 빈 허공) 아. (선호 보면)
선호	(이미 휙 다른 쪽으로 가며) 티켓 부스로 가야 돼서.
해이	(치려던 손 뻘쭘) 하… ('우짜지.' 하는 표정으로 선호 보는)

INS) 8회 S#57

선호	난, 아빠가 싫어.
선호	(울먹거리며) 날 좀 봐주면 안 돼? 그냥, 날 좀… 봐주면 안 돼?
해이	(가는 선호 보며) 보여 주기 싫었나…

S#7. 노천 입구 / 낮

초희, 선호 붙들고 조용히 얘기 중이다.

초희	(사진 보여 주며) 둘이 사귀어?
선호	(사진 보다) 와, 밤인데 잘 나왔다.
초희	(에이씨) 사귀냐고.

정우, 어느샌가 와 있고. 초희, 정우 보곤.

초희	넌 나중에 다시 얘기해. (하고 선호 보내면)
선호	(정우에게 꾸벅하고 간다)
정우	(신경 쓰이는)
초희	확답은 안 하는데 아무래도 본새가 사귀는 거 같은데.
정우	(괜히 버럭) 넌 다음에 물어보라니까 오늘 굳이 확인을.
초희	('왜 저래.') 있는 김에 물어볼 수도 있지, 성질은. 뭐 그래도 선배랑
	붙는 거보단 신입들끼리 사귀는 거면 좀 낫지 뭐.
정우	(에잇 모르겠다) 너 되게 한가해 보인다? 일 안 하니? (하고 가면)
초희	('왜 저래.', 가는 정우 보다) 내가 좀 안 했나. (머쓱해 일하는)

S#8. 단실 / 낮

단실에서 자고 있던 해이.
사부작거리며 힘겹게 일어나 옆에 크림빵 있는 거 보고 뜯어 먹
으려는 찰나, 단실에서 짐 갖고 나가려던 정우와 눈 마주친다.

해이	(변명하듯 바로) 안 잤어요.
정우	옆에서 소리 질러도 모르겠던데.
해이	소리 질렀어요?
정우	아니.
해이	(머쓱한 표정 하다 입에 크림빵 물고 짐 나르려는데)
정우	먹고 해. 흘리잖아.
해이	네. (다시 크림빵 앙 무는)
정우	(잠시 마가 뜨고 어색한 분위기) 그럼 고생해. (가려는데)

해이	단장. 저 괜찮아요.
정우	어??
해이	아니 좀 불편해하는 거 같아서. 제가, 뭐 그래 어차피 다 아는 거 같은데, 솔직히 맘이 아주 없진 않았는데 단장 맘도 알겠고. 깔끔하게 정리했어요.
정우	어?
해이	그니까 그렇게 어색하게 대할 필요 없다고요. 그냥 하던 대로 해요.
정우	어… 그래. (선호 생각하며) 그니까, 지금 좋은 거지?
해이	(에?) 네… 뭐.
정우	그럼 됐다. (하고 가는)
해이	(가는 정우 보며) 뭐야. 뭐가 됐단 거야. 괜히 내가 진 것 같잖아. (크림빵 팡팡 먹는)

S#9. 노천 근처 / 낮

　　　운찬과 소윤, 테이블 정리하며 티켓 명단 추리고 있다.
　　　운찬, 핸드폰으로 지윤 인스타 보는데.

　　　INS) 지윤 인스타
　　　연희대학교 축제 티켓 손에 든 인증샷 사진.
　　　'티켓 겟'

| 운찬 | !! (소윤 보며) 오늘 지윤이 축제 와? |

소윤	네?
운찬	(지윤 인스타 사진 보여 주면)
소윤	아⋯ 그런가 보네요.
운찬	(갑자기 부산스럽게 핸드폰 거울 삼아 보며) no way. 나 좀 부은 거 같지 않아? 아 오늘 평소보다 얼굴이 좀 약한데.
소윤	(그런 운찬 보며) 아니 뭐⋯ 평소에도 되게 강하진 않았는데⋯
운찬	몇 시쯤 오려나? 연락해 봐야겠다. (부산스럽게 핸드폰 카톡 하며) 응원제 꼭 보라 그래야지. 단상 위에 카리스마 폭발하는 날 보면 새삼 반하겠는걸?

INS) 소윤 방 / 밤

거실에서 TV 보는 지윤, (거울 보지 않고) 가히 멀티밤을 이마, 양쪽 눈 밑, 볼에 바르며 방으로 들어가던 소윤.

소윤	(지나가는 말처럼) 운찬 오빠 연락 좀 씹지 마. 자꾸 나한테 물어보잖아.
지윤	기운찬? (절레절레) 심심해서 만나 볼까 했는데, 말이 너~~무 많아. 심심한 게 낫지.
소윤	그럼⋯ 정리를 하던가.
지윤	(TV 보며) 씹히면 알아서 하겠지. 정리하고 말고 할 사이도 아냐.
소윤	(걱정스런 얼굴로 운찬 보는)

S#10. 기숙사 입구 / 낮

반찬 보따리 들고 들어가는 선혜. 입구 경비실 쪽으로 간다.

선혜   여기 박정우 학생 애민데요. 요기 반찬 쪼매 해왔는데 놓고 갈라
          고예.

경비아저씨   박정우 (하고 명단 찾아보더니) 아… 근데 오늘 이 학생 늦을 텐데 일
          찍 오셨네요.

선혜   요새 공부한다고 많이 늦습니꺼? 괜히 애 신경 쓴다꼬 연락을
          안 하고 왔디마. 오늘은 일찍 와 반찬 찾아가라꼬 전화 함 해야
          겠네예.

경비아저씨   (갸웃) 오늘 축제라 일찍 못 올 텐데요…? 정우 학생 응원단 단장
          이잖아요?

선혜   예? 응원단이요?

S#11. 노천 입구 / 낮

          노천 입구 근처에서 세팅하고 있는 호민과 소미.

소미   (마이크 세팅하며 호민 보고) 부장이 또 이상한 거 취재해서 멋대로
          내보내면 이번엔 그냥 안 넘어간다 그랬어요. 오늘은 축제 스케
          치만 하자고요. 본분에 충실해서.

호민   … (답 없이 세팅만)

          세팅하고 무대 쪽으로 가던 호민, 유민과 마주친다. 꾸벅하고 가
          려는데.

유민	그쪽이죠?? 방송부 동영상 내보낸 사람.
호민	…
유민	물어볼 게 좀 있는데.

/한쪽에 서서 얘기하는 유민과 호민.

유민	2년 전 일, 어떻게 알았어요? 리허설 때 일이라. 응원단 내부에 서 덮었는데.
호민	… 제보가 있었어요.
유민	역시 그랬구나… (생각에 잠기는)
호민	(망설이다) 제보한 사람도… 협박 메시질 보낸 사람도 다 응원단 사람일 거예요. 그날 MT도 그렇고…
유민	MT요?
호민	아마 오늘도 보고 있지 않을까요…?
유민	(보는)

S#12. 노천 입구 / 낮

길게 줄 서서 노천 무대로 들어오는 학생들.
티켓 확인하며 일사불란하게 안내하는 기획팀 사람들.
유민, 안내하는 기획팀 사람들과 입장하는 사람들 보는데 생각 나는 호민의 말.

호민(E)	아마 오늘도 보고 있지 않을까요…?

24 × 25

유민, 축제에 들어서는 수많은 인파 둘러보는데, 마음이 복잡
하다.
생각하다, 핸드폰 꺼내 메시지 쓰는 유민.

INS) 페북 메시지

유민(E)   너 오늘 와 있지? 만나서 하고 싶은 얘기가 있어.
          /그리고 떠날게.

S#13. 노천 일각 / 낮

인파 속에서 핸드폰 메시지 확인한 누군가.
메시지 보고 망설이다 답장 쓴다.

INS) 페북 메시지

4시 천문대.

S#14. 노천 입구 / 낮

유민 찍고 있는 카메라. 호민, 그쪽으로 온다.

소미   (호민 오자 카메라 보고) 뭐 찍어요? 아직 뭐 찍을 것도 없어 보이는데.
호민   어? 아냐. 아무것도. (카메라 내리며 유민 힐긋 보다 소미 따라가는)

지영, 손에 서류 들고 단실로 들어온다. 아무도 없는 단실.

지영   다 노천 쪽으로 갔나. (서류 놓고 나가려는데)

영웅   까꿍. (하고 소파 한쪽에서 일어나는)

지영   (화들짝 놀라며) 아 깜짝이야! 넌 왜 거기서! (놀란 가슴 진정시키고) 있는 김에 애들 오면 예산 집행 목록, 이거 참고해서 작성하라고 전해 줘. (나가려는데)

영웅   그냥 가게? (부끄러워하며) 애들 노천에서 세팅 중이라 한동안 아무도 안 올 텐데.

지영   빈 단실에서 쪽쪽거리는 것도 어릴 때나 하는 짓이지, 나이 들어서 무슨.

영웅   (정색하고 냉한 말투) 우리 애기는 어릴 때 누구랑 그렇게 쪽쪽거렸을까? 이 빈 단실에서?

지영   (당황) 아니 그게… 내가 그랬다는 게 아니라 많이들 그랬다고 하더라고.

영웅   아~ 그래?

지영   (영웅 옆으로 가) 어릴 때 못 해 본 거, 어떻게 지금이라도 한풀이 한 번 해 볼까? (하며 영웅에게 다가가며 뺨 쓸어 보는데)

영웅   (그새 풀려서 기대감 가득)

그때, 벌컥 열리는 문. 소윤이 들어오다 영웅과 지영 보고 굳는다.

지영	(놀라서 그대로 영웅 빰 찰싹!)
영웅	!!
지영	(반대도 찰싹!) 이게 그렇게 얼굴 탄력에 좋대. (찰싹찰싹찰싹) 어우, 친구야. 너도 참 늙었다. 얼굴이 이게 뭐니… (소윤 보며 하하 어색하게 웃는)
소윤	(역시 어색하게 웃으며 옆에 있는 아무거나 줍는다는 게 난로 집는) 이걸 놓고 가서.
지영	아… 난로를 놓고 갔구나… 5월인데.
소윤	(어색하게 웃으며 아무 말) 제가 추위를 많이 타서… (난로 들고 나가는)

S#16. 단실 밖 / 낮

문 닫고 나가는 멘털 털린 소윤 표정.

소윤	왜 자꾸 내 눈에만 보이는 거야…

S#17. 대기실 / 낮

대기실에서 짐 정리 중인 신입생들.
이때 단장복 입고 한쪽에서 등장하는 선자.

선자	(단장 흉내) 서곡 서곡 준비.
해이	우워. 단장복 입다 걸려서 쳐 맞고 싶은 거야 주선?
선자	죽기 전에 벗어 놔야지. 죽이지? 뒤에 있더라고. 아 비주얼이…

용일	(OL) 아빠 옷 빌려 입은 거 같은데.
선자	(에이씨)
민재	당장 벗어. 문제 생기기 전에.
선자	알았다고 벗는다고. (하다 문득) 근데 우리 대화가 좀 므흣하다.
민재	(선자 '미친 건가?' 하는 표정으로 보는)
해이	그래도 입은 김에 (뒤로 젖히기 해 보이며) 이건 한 번 해 봐야 하는 거 아냐?
선자	그치? (하며 다리 쭉 벌리고 허리 젖히기 하는데 한쪽, 못에 걸리며 찌익 소리와 함께 겨드랑이 찢어지는 소리)
해이	(뜨악) 와우!
선자	(헉 다급하게) 뭐야 찢어졌어? (하며 손 들어 보는데 더 찢어진다) 아악!
해이	(같이 소리 지르는) 아악! (선자랑 오두방정 하다 서로 누가 올까 입 막는, 고요 속의 외침처럼 발 동동)
용일	(넋이 나간) 우린 디졌데이.
민재	(보다 나가며) 선배들한테 말할 거야. 분명 너 혼자 벌인 일이라고.
선자	(잡으며) 안 돼!
민재	놔. (하며 선자 뿌리치려는데 손목시계에 걸려 단장복 더 쭉 찢어진다)
선자, 민재	(황망히 단장복 보는)
선자	(황망히 민재 보며) 이건 네 몫이다.

S#18. 백스테이지 / 낮

　　　　정우, 스케줄 표 보며 준비하고 있는데 뛰어오는 초희.

초희	일 났어.
정우	(보는)

S#19. 대기실 / 낮

찢어진 단장복 황망히 보고 있는 신입생들. 민재도 이제 한통속
이다.

용일	우야노.
선자	(비장하게 수술 장갑 끼는 것처럼 장갑 끼며) 나 의상환경학과야. 실과 바늘만 있으면 어디든 갈 수 있어.
선호	(찢어진 단장복 보며) 이거 오백이라던데.
일동	(화들짝)
해이	오백 원?
용일	설마… 오백만 원이가?
선호	(끄덕)
해이	(헐… 단장복 보며) 이딴 게 크림빵 백 개 값이라니… (선자 보며) 감당 할 수 있겠어?
선자	(꿀꺽, 비장하게 손 풀며) 해 봐야지.

이때 단톡방으로 메시지 들어온다.
일동, 메시지 확인하면.

정우(E)	신입생들 대기실2로 집합.

용일	우야노…
일동	…

S#20. 노천 입구 / 낮

노천에서 나와 대기실 쪽으로 향하는 정우.

그런 정우 쪽으로 와 서는 선혜. 정우, 놀라 멈춰 서 선혜 본다.

선혜, 정우 보며, '너 정말 이 짓을 하고 있는 거야?'라는 표정

이다.

S#21. 교정 일각 / 낮

벤치에 앉아 있는 정우와 선혜.

선혜	니 그럼 올해부터 고시 공부 한단 거 다 거짓말이었던 기가?
정우	(사투리) 엄마 그게… (고개 푹 숙이며) 미안타.
선혜	(어이가 없고) 정우 니. 이래 대책 없는 놈이었나? 니가 지금 이딴 거 할 때가?
정우	올해까지만 하고 내년부턴 진짜 할 거다. 그니까 (이때 정우 핸드폰으로 초희한테 전화 들어오고… 난감한데) 엄마 내 다 설명하께. 잠깐 한 20분만 여서 기다려 주면.
선혜	(일어나며) 내 가 봐야 된다. 오후 장사해야지.
정우	엄마! 이렇게 가면 내 맘이 안 좋자나.
선혜	니는, 니 맘만 생각하나?

정우	…
선혜	가 봐라. 그 응원단 단장인지 뭐시깽인지 하느라 엄청시리 바쁜 거 같은데. (가면)
정우	(잡으며) 엄마. 그라지 말고. 잠깐.
선혜	(손 뿌리치며) 니가 엄말 이마이 실망시킬진 몰랐데이. 오늘은 니 얼굴 더 안 보고 잡다. 잡지 마라. (가면)
정우	… (이러지도 저러지도 못 하고, 가는 선혜 보는)

S#22. 대기실2 / 낮

신입생들 모여 있고 앞으로 정우, 초희 서 있다.
신입생들 뭔 일인가 싶어 힐긋힐긋 눈치 보고, 정우와 초희, 표정 안 좋다.

정우	(어렵게 말 꺼내는) 오늘 신곡 무대… 취소됐어.
일동	!! 네?
용일	단장복 때문입니꺼.
민재	(울 것 같은 얼굴)
초희	단장복? 그건 왜?
선자	(아닌가 보다 용일 팍팍 때리는) 왜 취소돼요?
초희	(후…) 신곡 원곡 가수가 오늘 음주 운전 혐의로 경찰에 소환됐단 기사가 떴어. 원곡자가 사회적 물의를 일으킨 상태에서 지금 이 곡으로 신곡을 발표하긴 어렵다는 게 기획팀 선배들 판단이고.
일동	!! (충격이고)

해이	그치만⋯ (선자 보며) 얼마나 열심히 준비했는데.
정우	미안하다. 너희들 고생한 거 아는데, 이번엔⋯ 어쩔 수 없게 됐어. 다음 기회를 기다려 보자.
신입생들	(침울한 분위기)
민재	그럼⋯ 단복은.
초희	(후⋯) 애들이랑 맞춰서 무대 의상으로 입어야지.
민재, 선자, 선호	(침울) ⋯

S#23. 백스테이지 / 낮

박스 옮기고 스케줄 체크하고 바쁘게 무대 뒤에서 각각 움직이는 초희, 운찬 소윤. 정우는 선혜 일에 이래저래 맘 안 좋아 집중 못 하고 있다.

초희	(정우 쪽으로 오며) 애들 신곡 빠지는 거에 룩셈부르크 넣어달라고 했어.
정우	(정신없다 초희 말에) 어? 아, 어⋯
초희	(정우 안색 보고) 너 어디 아파?
정우	아냐. 그냥 좀 피곤해서.
초희	아프면 안 된다. 이렇게 사고도 터지는 마당에. 축제날은 아플 권리도 없는 거 알지?
정우	걱정 마.
초희	(후⋯) 애들 많이 실망한 눈치던데⋯ (하다 고개 털고) 일단 벌어진 일부터 쳐 나가야지. 정신 단단히 차려라. (정우 단도리 하고 가면)

정우	(오늘은 일단 정신 차리자는 듯 고개 털어 보는데)
유민(E)	정우야.
정우	(유민 보는)
유민	소품 지금 단실로 왔다는데 확인해 줄래?

S#24. 대기실 / 낮

침울하게 모여 있는 신입생들.
선자, 한쪽에서 단장복 바느질하고 있다. 역시 기분 다운돼 있고.
단장복 바느질 하다, 한쪽에 걸어둔 자기 단복 보는데 '후…' 한숨 나온다.
헤이, 힘내라는 듯 선자 어깨 주물주물 해 주면, 선자, 쓰게 웃는데.
한쪽에서 가만히 있다가 어깨 들썩거리는 민재.

선자	너 울어?
민재	안 울어. (하는데 눈물 툭)
선자	에이 우… (놀리려는데 눈물 툭 흘리는 민재 보며 숙연해져) 네.
민재	(툭툭 눈물 떨어지면 자포자기 심정으로 감추는 거 포기했다) 얼마나 기다렸는데. (훌쩍이며 눈물 뚝뚝 흘리는)
일동	…
선자	(우는 민재 보다) 뚝.
민재	(애써 울음 참으려 애쓰는)
선자	하자.
일동	?? (보면)

선자	신곡, 우리가 하자고. (바늘을 무슨 검처럼 치켜 올리면)
일동	(위험해 보여 멈칫)

S#25. 단실 / 낮

단실로 들어서는 정우와 유민.
정우, 단실 둘러보는데 아무것도 없다.

정우	소품 어딨어요?
유민	(둘러보고 아무도 없는 거 확인하자 정우 보며) 할 얘기가 있어.
정우	??

/정우, 유민 핸드폰 보고 있다.

INS) 페북 메시지

/(유민) 너 2년 전 개지? /(범인) 돌아가.
/(유민) 너 대체 목적이 뭐야.
/(범인) 질서 유지.
/ (유민) 너 오늘 와 있지? 만나서 하고 싶은 얘기가 있어. /그리고 떠날게.
/ (범인) 4시 천문대.

정우	(놀라 유민 보면)
유민	2년 전에, 나도 해이처럼 메시지를 받았어.

S#26. 몽타주 / 낮 / 회상

#카페

카페에서 규진과 데이트하는 유민, 핸드폰으로 메시지 들어와 확인하면.

'규진이 만나지 마.', 메시지 보고 당황하는 유민.

#단실

유민, 들어오면 수군대며 나가는 단원들. 유민, 한숨 쉬는데 메시지 수신음. 확인하면 '네가 다 망쳤어.' / '대가를 치러야지.' 무섭다.

S#27. 단실 / 낮

유민	나도 몰라. 2년 전 조명 사고가 고의인지 아니면 정말 사고였는지. 근데 만약에 그게 고의였다면, 해이도 위험할 수 있어.
정우	!!
유민	(핸드폰 메시지 보며) 응원단 사람일 거야. 이 시간에 자리 비우는 사람, 네가 확인해 줘, 믿고 부탁할 사람이 너밖에 없어.
정우	(시계 보는데 2시 넘어가고 있다) 같이 가요.
유민	(고개 저으며) 보고 있을 거야. 혼자 가야 돼. 대신 핸드폰 통화 켜놓을게.
정우	…

S#28. 대기실 / 낮

모여 있는 민재, 선자, 용일. 선호와 해이, 들어오면 얼른 이쪽으로 오라는 듯 손짓하는 선자. 해이와 선호, 그쪽으로 가면.

선자   (노트북으로 클릭해 보이며) 이게 신곡 만들 때 생각했던 세컨 곡인데. 이거에 가사는 지금 신곡을 베이스로 붙이고, 박자가 안 맞는 게 있을 테니까 그건 (용일 보며) 네가 수정하고.

용일   그래.

선자   (민재, 선호 보며) 우린 우리가 만든 폼 저 노래에 맞게 변형하자.

민재, 선호 (끄덕)

해이   난?

선자   넌… 중대한 임무를 맡아야 하는데… (머뭇하며 해이 보는)

해이(E)   장난쳐?

/신입생들, 머리 맞대고 모여 있고. 용일, 아이패드로 노래랑 가사 대충 매칭시키고 있다. 노발대발하는 해이를 한쪽으로 데려가서 달래는 선자.

해이   나보고 이재혁한테 가서 부탁을 하라고?

선자   아니… 지금 오늘 당장 급하게 편곡해 달라고 밴드부에 부탁해야 되는데 그걸 할 만한 적임자가…

해이   (OL) 왜 이재혁이냐고!

선자   걔 너한테 빚졌잖아. (사이, 눈치 보며) 의인의 밤.

해이   (보면)

선자	이 기회에 빚 청산 함 하자. 나도 애새끼한테 그런 부탁하고 싶지 않아 근데 상황이… (손 꾹 잡고 애원) 삼다 네가 우리의 희망이야. HOPE.
해이	(에이씨)

S#29. 화장실 / 낮

선혜, 화장실 칸에서 나와 심란한 채 손 씻으려는데, 누군가가 올려 두고 간 커피 툭 쳐서 쏟는다.

선혜	(하… 이 와중에 짜증) 아따 참말로. 누가 여다 이런 걸.

선혜, 청소 도구함 보더니, 밀대 꺼내서 쏟은 음료 닦는다. 그때 화장실로 선글라스 쓰고 들어오는 진희.

진희	아니, 화장실이 왜 이렇게 어두워. 여기 내는 등록금이 얼만데 그깟 전기세 좀 아껴서 뭘 하겠다고.
선혜	(진희 보고 어이없어 중얼) 정신 나간 사람이 와이리 많노. 오늘 일진이 사납다, 사나워.
진희	(거울에 비친 자기 모습 보고 아차 싶어 선글라스 벗는, 민망해 하며 화장실 칸 열더니) 아유~ 화장실은 또 왜 이렇게 더러워. (선혜에게) 아줌마, 이쪽 바닥도 좀 닦아 주세요.
선혜	(무시)
진희	저기 아줌마, 여기 바닥이 더럽다니까요.

선혜	(보다, 진희 쪽으로 가 대걸레 진희 손에 턱 쥐어 주며) 본인이 닦으이소.
진희	(당황) 아니 아줌마가 있는데 내가 왜 해요?
선혜	(세면대 쪽으로 가며) 내 여기 청소하는 사람 아닙니다.
진희	아… 그래요? 쏘리. 너무 TPO가 딱 떨어져서.

진희, 다른 칸 문 여는데, 마찬가지로 더럽다는 듯 보고… '그냥
참자.' 하는 생각으로 세면대 가서 손 씻는다.

선혜	(손 탁탁 털고 진희 흘기면서 요란한 옷차림 등 본다. 혀 끌끌 차는)
진희	('뭐지? 나보고 한 건가?' 싶은데)
선혜	(종이 타월로 손 닦으며 한 번 더 고개 절레절레하고 나간다)
진희	(우씨… 따지기도 애매한) 아 저 아줌마 묘하게 기분 나쁘네.

S#30. 교정 일각 / 낮

진희, 선글라스 끼고 교정을 런웨이처럼 걷는다.
의과대학 주점 학생들, '저 아줌마 뭐야.' 힐긋힐긋 쳐다보는.
진희, 도도하게 걷고 있는데 한쪽에서 학생들 소리 들린다.

여학생1	진선호랑 도해이랑 사귄대.
진희	?? (멈춤)
여학생2	진짜?
여학생1	어. 어제 대숲 올라왔다 빛삭 되기 전에 봤어. 둘이 안고 있는 사진.

여학생2	진짜? 헐~ 둘이 뭔가 있어 보이더니.
진희	(어느샌가 그쪽으로 와 선글라스 벗으며) 도해이가 누군가?
여학생1,2	('뭐야 이 아줌마.')

S#31. 교정 일각 / 낮

운찬, 노천 쪽으로 스케줄 표를 보며 바쁘게 가고 있는데 지나가
던 네다섯 명 정도 되는 학생들 무리.

과동기1	어이, 기운찬.
운찬	(그 소리에 보면, 과 동기들이다. 표정 굳는)
과동기1	바쁜가 봐? 왜 삼전 사장님이시라는 너네 아빠한테 얘기해서 사 람 하나 보내 달라고 하지? 아… 삼전 사장님이 아니라 삼진족 발 사장님이었나?
과동기들	(키득키득)
과동기1	너 응원단에도 너네 아빠 삼전 사장이라고 거짓말하고 다니냐?
과동기들	(키득키득)
운찬	(손에 든 종이 쥐며 아무 말 못 하고 가만히 있는데)
소윤	(어느샌가 와서) 단장이 찾아요.
운찬	어? 어…
소윤	(운찬 소매 살짝 잡고 끌면)
과동기1	(운찬 등에 대고) 고생해라. 허언증은 좀 고치고.
소윤	(그 말에 뒤돌아보며 소심하지만 용기 내 큰 소리로) 그쪽은 족발 같이 생 겼어요!

과동기1	(황당)
주변 동기들	(풉 웃음 터지고. '와씨 족발 신박하다.', '근데 진짜 있어.' 등의 말을 하며 키득 대면)
과동기1	(얼굴 빨개져) 너 뭐야.
소윤	기분 나빠요, 안 나빠요!
과동기1	나, 나빠…
소윤	본인도 그런 말 들으면 기분 나쁘면서 다른 사람한테 상처 주는 말을 하면 되겠어요?
과동기1	(황당한데 할 말 없고)
소윤	앞으로 다신 운찬 오빠한테 그런 말 하지 마세요! (하고 운찬 데리고 간다)
운찬	(소윤 보고 변명하려는 듯) 그게… 내가…
소윤	설명 안 해도 돼요.
운찬	(보면)
소윤	저렇게 상처 주려고 작정한 사람들 말에 휘둘리지 마요.
운찬	(소윤 보는) …

S#32. 노천 무대 위 / 낮

유민, 시계 보는데 3시 40분이다.

유민	(기획팀1 보며) 나 잠깐 나갔다 올게. (하고 나가는)

일하고 있다 나가는 유민 힐긋 보고 주변 단원들 빠져나가는 사

람 없나 살펴보는 정우. 주변 사람들 (진일, 남일, 기획팀1,2 등) 찬찬히 훑어보는 정우.

초희   (정우 쪽으로 와) 음향 한 번 확인해 달라는데?

정우   (그 소리에 보고) 어? (고민하는)

S#33. 노천 입구 / 낮

아이패드 들고 어딘가로 가고 있는 해이. 그런 해이 보는 누군가의 시선.

S#34. 천문대 / 낮

유민, 천문대에서 기다리며 시계 보는데 4시 15분 넘어가고 있다. 한쪽에 숨어 유민 보던 정우, 시계 보다 천문대 입구 쪽 보고 아무도 없자 유민 쪽으로 간다.

정우   가요 그만. 안 올 거 같아요.

유민   어? 넌 오지 말라니까.

정우   말이 되는 소릴 해요. 여길 어떻게 누나 혼자 보내요.

이때 누군가 그쪽으로 오는 소리. 정우, 유민 긴장해 그쪽 보면. 진일, 유민 쪽으로 온다. 유민, '설마…' 하며 진일 보는데.

진일	아 그게… (유민에게 봉투 내민다) 이거… 누나한테 전하라고.
유민	(?? 하며 봉투 받는데)
정우	누가?
진일	비품 체크리스트에 있던데요?

INS) 백스테이지 / 낮

비품 체크리스트 확인하다 사이에 끼어 있는 봉투 보는 진일.
'이게 뭐지?' 싶어 보면 봉투 위에 포스트잇으로 '천문대 유민한
테 전달 요망' 붙어 있다.
유민, 봉투 열어 봉투 안 A4 용지 펴 보면 보이는 타이핑 메시지.

INS) 메시지

도해이는 지금 뭐 할까?

정우, 유민	!!

메시지 보자마자 뛰기 시작하는 정우. 뒤쫓아 뛰어가는 유민.

S#35. 노천 지하 로비 / 낮

정우, 용일 보이자 그쪽으로 가.

정우	(다급하게) 해이 어딨어?
용일	('혁 들켰나?' 싶어서) 네? 해이요? (일단 아무 말) 대기실에… 있나?

유민	(정우 쪽으로 와 뛰어와) 해이 전화 안 받아.
정우	저 대기실 쪽으로 가 볼 테니까, 누난 단실 쪽 찾아봐 줄래요?
유민	(끄덕하고 뛰어가는)
정우	누가 해이 보면 나한테 연락 달라고 해. (다시 대기실 쪽으로 미친 듯이 뛰어가는)
용일	(뛰어가는 정우, 유민 보며 불안)

S#36. 대기실 / 낮

연습하고 있는 선자와 민재. 민재, 동작 해 보는데 틀린다.

선자	그건 4박으로 바뀌어서 그렇게 하면 안 된다고.
민재	(부루퉁해져) 이게 되겠어.
선자	되게 해야지. (민재 손목 잡고) 이렇게 이렇게가 아니라 (다른 동작) 이렇게 이렇게 하는 거라고. 알았어?
민재	(선자가 잡은 손목 보며 두근두근두근두근두근)
정우(E)	도해인? (둘러보며 해이 안 보이자) 여기 없어??
선자	(그 말에 놀라 민재 손 놓고 무슨 일이냐는 듯 정우 보며) 네? 네.
정우	(다급하게) 해이 어딨는지 몰라?
선자	해이…요? (곤란)
민재	(선자가 잡았던 손 보며 두근두근두근)

S#37. 밴드부실 / 낮

테이블 위에서 홀로 울리는 해이 전화. 발신자 '단장'이다.

S#38. 노천 입구 / 낮

핸드폰으로 전화하며 해이를 미친 듯이 찾아다니는 정우. 해이
가 전화 안 받자 환장하겠다.

S#39. 밴드부실 / 낮

테이블 위 울리던 해이 핸드폰, 전화 끊기면 '부재중 5통'으로
바뀐다.
한쪽에 전화벨 울린지 모르고 초조하게 앉아 무언가 보고 있는
해이 보이고… 그런 해이 시선 따라가면, 믹싱 작업하고 있는 재
혁이다.
해이, 재혁 옆에서 초조하게 시계 보고 있다.

해이	언제 끝나.
재혁	나도 첨 해보는 거라 시간이 걸린다고. 자꾸 보채지 마. 나까지 초조해지니까.
해이	('안 보채려고 하는데 시간이…' 다시 앵무새처럼) 그래서 언제 끝나.
재혁	(보면)
해이	(합죽이)
재혁	(후… 하고 믹싱 작업하다) 너 좋아한단 사람 박정우 단장이지?
해이	! 아니? 아닌데?

재혁	맞구먼. (픽 웃으며) 다행이다.
해이	왜? 뭐가 다행인데?
재혁	너넨 안 될 거 같거든.
해이	(그 말에 발끈) 왜? (하다 이내 침착한 척) 아니, 내가 단장에 관심 있는 건 아닌데 왜 하필 단장이랑은 안 된다고 생각을 했을까 그건 좀 궁금하네?
재혁	그냥, 키는 그 사람이 갖고 있는 거 같은데 그 사람은 안 움직일 거 같아서.
해이	('뭐야…' 기분 나쁘면서도 정곡 찔린)
선배(E)	뭐 하냐, 너희들?
해이	(놀라서) 꺅. (하며 그쪽 보면)
선배	(더 놀라 해이, 재혁 보는)

/믹싱 도와주고 있는 밴드부 선배. 손 현란하다.

해이	와! 역시 다르네요, 달라. (짝짝)
선배	(픽 웃다) 근데 너희들 찢어진 커플 아냐? 요즘 애들은 우리 때랑은 역시 다르네.
해이	이미 예전에 끝난 일인데요 뭐.
재혁	…
선배	(재혁 힐긋 보다) 글쎄다. 한쪽은 미련이 낭낭한 거 같은데.
해이	에이~ (하며 재혁 보는데)
재혁	(… 미련 낭낭한 쪽의 표정)
해이	('뭐야…')

선배	(다시 믹싱하며) 그만 미련 떨고 정리해라.
재혁	사람 맘이 맘대로 되나요.
선배	방법이 있지.
해이	(냅다) 뭔데요?
선배, 재혁	(보면)
해이	(너무 적극적이었다. 민망) 아니 무슨 그런 방법이 있나 싶어서… 궁금하잖아요. 뭐 일종의 호기심이랄까… (말 흐리는)
선배	다이아몬드는 다이아몬드로만 부서지잖아? 감정도 똑같아.
해이, 재혁	('뭔 소리야…' 보면)
해이	뭐 다이아로 치라구요?
선배	(어이없어 웃다 재혁 보며) 딴 사람 만나라고. 감정은, (해이 보며) 감정으로 끊어 내는 거지.
해이	(선배 보는) …
선배	끝. (하고 패드, 해이 주며) 행운을 빈다.
해이	(냉큼 받아) 감사합니다! (하고 호다닥 뛰어나가려다 재혁 보고) 너도 땡큐. (뛰어나가는)
재혁	(보는)

S#40. 노천 입구 / 낮

패드 들고 헉헉대며 대기실 쪽으로 뛰어가던 해이.

정우(E)	도해이!
해이	(그쪽 보면, 안도하며 해이 쪽으로 뛰어오는 정우 보인다)

정우	(다급하게 그쪽으로 가 헉헉대며) 너 괜찮아? 무슨 일 없었어?
해이	(눈치) 무슨 일… 있어요? 문제 생겼어요?
정우	(안심되자 버럭) 너 대체 연락도 안 되고 어디 갔던 거야?
해이	그게… (패드 만지작거리다 말 못하고) 죄송합니다. 잠깐 나갔다가 시간이 그렇게 된 줄 몰라서.
정우	(어이가 없어) 너 그럼 어디서 혼자 노닥거리다가… (화내는) 행사 중엔 말없이 사라지면 안 된다고 했지?
해이	… 죄송합니다.
정우	전화라도 제대로 받던가! 그러다 사고라도 나면… (하… 더 말하지 않고) 자칫하면 너 때문에 다들 피해 보는 상황이었어. 그 정도 책임감도 없어?
해이	… (할 말이 없고)
정우	(하…) 정말 실망스럽다.
해이	!! …

S#41. 노천 지하 복도 / 낮

애기하고 있는 정우와 유민.

유민	다행이야. 아무 일 없어서. 근데… 왜 이런 짓을…
정우	누난 이제 이런 위험한 일 하지 마요. 내가 잡을 테니까.
유민	그치만.
정우	그 자식 우리 갖고 논 거예요! 게임을 하고 싶은 모양인데 제가 상대해 줄게요.

유민   …

S#42. 노천 지하 로비 / 낮

유민과 정우, 노천 지하 로비로 오는데.
초희를 필두로 해이 제외한 신입생들 머뭇거리며 정우 쪽으로
온다. 이미 다 들은 듯 고개 절레절레하는 초희.
/신입생들 가고, 얘기하고 있는 정우, 초희, 유민.

초희   (패드로 신입생들 연습한 동영상 보며) 세컨 곡으로 신곡 편곡까지 하
            고, 노력은 가상하네. 근데 올리긴 무리겠지?
정우   … (동영상 속 신입생들 보는)
운찬   (뛰어오며) 단장 어케요.
정우   (보면)
운찬   (헉헉) 초대 가수 라인업 하나 펑크 났어요!
정우, 초희, 유민 !!

S#43. 교정 일각 / 낮

축제 거리 신기해 두리번거리며 구경하는 춘양.
재이, 심드렁히 걸어가는데.

춘양   축제 같은 나이에 축제를 하니. 좋을 때다 좋을 때.
재이   (심드렁)

춘양	(팔뚝 팡 치며) 넌 무슨 애가 애다운 맛이 없어. 난 이 나이에도 이 런데 오니까 설레고 좋구먼.
재이	엄마 나이라 그런 거야.
춘양	(표정 하다) 오늘 누나한테 미안하다 그래.
재이	…
춘양	누나가 먼저 손을 내밀면 못 이기는 척하고 그냥 화해하란 말이 야. 알았어?
재이	…
춘양	넌 네 누나 말마따나 조개냐? 사람 답답하게 입을 다물고 열질 않아.

S#44. 백스테이지 / 낮

모여서 회의하고 있는 기획팀 몇 명, 정우, 초희, 운찬, 소윤.

초희	(PD 향해) 당일 스케줄 펑크는 말이 안 되잖아요!
PD	앞 스케줄이 딜레이 됐대. 방송이라 빠져 나올 수도 없고. 나도 이런 적은 처음이라… (후…)
유민	뒤에 순서 앞으로 땡기고, 응원제 곡을 늘리자.
소윤	저희 신곡 펑크 난 거 땜에 늘린 거 동선도 겨우 맞췄는데…
초희	(하) 돌겠네, 진짜.
운찬	가뜩이나 작년에 부실 축제 논란으로 그 난리가 났는데 올해 축 제까지 문제 생김 저희 진짜… (울상)
초희	(생각하다) 신입생들, 올리죠.

일동	!! (뭔 소리냐는 듯 초희 보는)

/설명 들은 듯한 선배들.

선배1	말이 돼? 신입들이 당일치기로 만든 신곡을 무대에 어떻게 올려.
선배2	그래 이건 너무 갔지. 아무리 급해도.
진일	맞아요… 애초에 신입이 올라가는 게 말이 안 되는데.
초희	이번에 준비한 신곡 폼이랑 가사를 거의 가져와서 크게 바뀌진 않았어요.
선배1	그래도, 신입들이 갑자기 바뀐 곡을 제대로 할 수가 있겠어? (정우 보면)
정우	… (고민하다) 무리죠.
초희	(후…)

S#45. 대기실 / 낮

무대 의상 갈아입고 나오는 해이.

정우(E)	정말 실망스럽다.
해이	후…
선자	(해이 쪽으로 와) 삼다… 미안. 괜히 혼자 다 혼나고.
해이	괜찮아. (선자 무대 의상 보며) 근데 이 고생을 했는데 결국 실패네.
선자	(후…) 그르게. 김민재 말마따나 무리였나.
해이	(선자 토닥토닥 해 주는)

무대 뒤 모두 무대 의상으로 갈아입고 모여 있는 단원들.

정우, 그쪽으로 오면, 해이, 힐긋 정우 눈치 본다.

정우	(신입생들 전체 보며) 오늘은 19학번이 처음 하는 행사이자, 처음 하는 축제 응원제야.
신입생들	(긴장해 보는)
정우	그리고 오늘이 어쩌면 첫 집합 때 약속했던 모든 걸 보상할 만한 순간이 될지도 모르겠다.
신입생들	?? (보면)
운찬, 소윤	(그 말에 단복 갖고 와 신입생들 하나하나 나눠 주는)
신입생들	(받으며 어리둥절) ??
선자	이걸 왜 다시…
정우	(신입생들 보며) 오늘, 신곡 무댄 너희들이 올라갈 거야.
신입생들	!! (보면)

S#46 이어.

정우	(고민하다) 무리죠. (초희 보는)
초희	(후…)
정우	무린 거 아는데… (선배들 보며) 이번 한 번만 믿어 주시면 안 될까요?

진일	(보면)
정우	애들 한 달을 꼬박 이 무대만 보면서 준비했어요. 아시잖아요? 그게 어떤 마음인지. 설사 좀 부족하더라도, 기회를 주고 싶어요.
선배들	(하… 고민 되고)
정우	믿어 주세요. 책임은, 제가 지겠습니다.
선배들	(보는)

S#48. 백스테이지 / 낮

초희	너네 믿고 무대 올리는 거야. 제대로 보여 줘. 알았어?
신입생들	네!
정우	(전체 보며) 여기까지 오느라 고생들 했어. 이젠 즐길 시간이니까 다들 후회 없이 발산하고 와!
소윤	(소심하게 손동작과 함께) 파이팅!
운찬	(소윤 옆에서 우렁차게) 화이링!!!
일동	(우렁차게) 파이팅!

S#49. 무대 뒤 복도 / 낮

무대로 이어지는 복도에서 환복하고 있는 신입생들, 서로 긴장해 상기된 표정. 정우, 초희, 운찬, 소윤, 패드로 신입생들 동영상 보며 동선 맞춰 보고 있다. 선호, 긴장해 대기하던 와중에 선자와 긴장 풀려 심호흡하는 해이 쪽에 시선 머문다.

S#50. 노천극장 / 낮

가수 공연 끝나고 들어가면 우르르 빠져나가는 일부 학생들.

춘양   (어리둥절) 뭐야. 왜들 나가는 거야. 우리 딸 무대 시작도 안 했는데.

이때 신곡 전주 흘러나오고. 신입생들, 선배들, 무대 쪽으로 나
온다.
신입생들, 긴장한 티 역력한 상태. 민재, 긴장해 경직돼 있으면,
선자, 민재 손 잡아 준다. 민재, 손 잡는 선자 보고 양 옆의 선호,
선자 손 잡는 해이. 신입생들 다섯 명, 결의 다지듯 손에 손 잡고,
서로 고개 끄덕하며 긴장 풀려 노력한다. 준비하며 이를 보는 선
배들.

춘양   어머, 네 누나 나왔어. 네 누나. (팍팍 치는)

재이   (아파하면서도 무대 집중)

아가리(E)   3부 응원제를 시작합니다. 함성으로 환영해 주세요.

함성과 동시에 신입생들 손 풀고 대열 세팅하고 준비 자세.
노래와 함께 동작 시작하는 단원들. 노래 이어지고 단원들 동작
에 함성 크게 울려 퍼지면 점점 긴장 풀리는 신입생들.
민재, 동작하다 삐끗하는데, 이를 본 선자, 민재에게 눈짓으로
괜찮다고 해 주면 민재 다시 열심히 동작한다.
동작 자신감 붙고 서로 눈빛 마주치는데 신난다. 신나서 더 크게
크게 동작하는 신입생들. 각자 소회에 젖은 얼굴들.

/춘양, 신난 해이 보는데 왠지 뭉클하다. 올컥해 눈물 날 것 같자
얼른 훔치고, 이를 힐긋 보는 재이.
/해이, 신나게 웃으며 동작하면, 이를 보는 선호.
진희, 가운데 쪽에서 동작하는 선호 보는데 대견하면서도 자기
가 모르는 선호 모습에 품 밖의 자식이 된 거 같아 서운하기도
하고 마음이 복잡하다.

진희   그래, 우리 아들은 역시 센터지.

/그리고 한쪽에서 신입생들 무대 보다 돌아서며 주먹 꽉 쥐는
누군가.

S#51. 노천 무대 옆 / 낮

무대 옆에서 무대 보고 있던 유민, 시선 돌리는데.
한쪽에 진일과 테이블 같은 곳에서 얘기하고 있는 수일이 보인다.
유민, 수일 쪽 보고 고민하다 페북 메시지 보낸다.

INS) 페북 메시지

유민(E)   이번엔 해이야?

마치 메시지 받은 듯 테이블 위 핸드폰 확인하는 수일, 표정 굳
는다.

유민 역시 표정 굳어 수일 본다.

S#52. 노천극장 / 낮

초희와 소윤을 비롯한 신입생들, 마무리 동작하며 거친 숨 내쉰다.
서로 뿌듯함에 보는 신입생들.

선자   (땀에 젖은 손 보며) 미쳤다.

용일   이거 진짜… 쥑이네.

신입생들 각자 벅찬 표정이고. 곧 다음 곡 대열 세팅한다.
무대 중앙에 선 초희.

초희   어둠 속 한 줄기 빛이 되리라. 서곡, 서곡, 준비.

관객석에서 환호성 들리고. 간주와 함께 시작되는 서곡 무대.
'서곡' 무대 이어지고.
/스탠딩석에서 하키부 웃통 까고 소리 지르며 열광.
지영, 웃통 간 하키부 힐긋 보면, 영웅, 정신없이 응원하다 지영
뭐하냐는 듯 툭 치고, 지영 안 본 척.
/신나서 재이에게 어깨동무하고 영차영차 응원하는 춘양. 재이,
진짜 이 엄마가 왜 이러나 싶으면서도 자기도 사실 좀 설레고.
/무대 보고 있는 유민, 인파 속에서 무대 보고 있는 수일로 시선
향한다.

/서곡 무대 끝나자 기획팀1, 무대 위 초희 불러내 뭔가 귓속말 한다. 초희, 끄덕하고 마이크 들고 앞으로 나온다.

초희	(관객들 향해) 적재님이 곧 도착한다고 합니다. 오면 큰 박수로 환영해 주세요.
학생들	(함성)

S#53. 백스테이지 / 낮

무대 뒤로 헉헉거리며 나오는 단원들.

민재	(무대 바라보며 여전히 심장 두근두근, 손 꽉 쥐어 본다.)
용일	(여전히 두근두근해) 와, 낸 오늘 몬 잊을 거 같다.
선호	(역시 상기된 표정 보이다, 해이 보는)
해이	나도. 같이 하니까 진짜 장난 아니다. 하마터면 울 뻔했어.
선자	(호들갑 떨며 해이 팡 치고) 당연한 거 아냐. 이 주선자님의 데뷔 무댄데!
해이	(아파서 맞은 데 문지르면서도 웃는)
초희	(함께 나오며 흐뭇하게 그런 신입생들 보다) 너희들은 스탠딩석에서 관람해.
용일	오~ 진짜요? (기대 기대)

신입생들, 기쁨에 오두방정 떨면서 이동한다. 함께 이동하며 해이 쪽 보는 선호.

S#54. 노천극장 / 밤

무대 위 적재 세팅하고. 스탠딩석에서 보고 있는 신입생들.

적재   (마이크 잡고) 오늘 같은 날 지각해서 죄송합니다.

학생들   (단체로) 괜찮아. 괜찮아.

적재   대학 축제 무댄, 좀 특별한 데가 있어요. 왜 다들 그러잖아요? 좋~을 때. 그 좋을 때, 그 제일 빛나는 순간에 함께 서 있는 기분이 든달까. 그래서 사정사정해서 달려왔습니다.

학생들   (환호)

적재   오늘 이 시간이 저에게도 여러분에게도 특별한 순간이길 바랍니다. (전주 시작하는)

신입생들, 다들 무대 위 적재 신기하게 보고 있는데, 선호 시선은 해이에 있다.

S#55. 노천 무대 옆 / 밤

스탠딩석 쪽에서 선호가 해이 보는 모습 보고 있는 정우.
마음이 복잡하다. 정우 쪽으로 오는 유민.

유민   심란하니?

정우   (쓰게 웃으며) 오늘 일이 좀 많잖아요.

유민   해이 때문 아니고?

정우   (보면)

유민	(웃으며) 너 해이 좋아하지?
정우	(후) 누나, 전요. 요즘 뭐 하나 제대로 하는 게 없는 거 같아요. 제 딴엔 지키려고 한 건데 결과적으로 상처만 주고 다 망치기만 하고, 자꾸, 뭐가 다 엇나가요.
유민	(정우 보다) 내가 2년 전 일에서 젤 후회되는 게 뭔지 알아?
정우	(보면)
유민	도망간 거.
정우	(보면)

S#56. 단실 / 낮 / 회상

모여 있던 단원들, 유민 들어오자 숙덕거리다 슬쩍 피한다.

유민(E)	그때 정말 괴로웠거든. 죽고 싶을 만큼.

S#57. 노천극장 / 낮 / 회상

리허설 하는 유민 위로 떨어지는 조명.
유민, 순간 발 움찔하다, 이내 피하지 않고 가만히 서서 조명 떨어지는 걸 바라보고 있다.

(E)	퍽.
유민(E)	그래서 안 피했어. 그 조명.

S#58. 노천 무대 옆 / 밤

유민	도망치고 싶었거든.
정우	··· 미안해요. 아무것도 못 해 줘서.
유민	(아니라는 듯 고개 젓고) 난 말야, 해이가 도망치길 바랐어. 문제가 될 만한 데선 도망치면 다 해결될 거라고 생각했거든. 근데 해이가 그러더라? 자긴 나랑 다르다고. 엔간한 일론 까딱 안 한다고.
정우	···
유민	(정우 보며) 해인 나랑 달라. 괜찮을 거야. (농담처럼) 넌 말야, 가만 보면 생각이 너무 많아서 행동이 굼떠. 그러다 후회한다?
정우	(쓰게 웃으며) 이미 그러고 있어요. (해이 쪽 보는)

S#59. 노천극장 / 밤

공연 보러 좀 더 앞으로 간 선자, 민재, 용일. 해이, 선호랑 뒤쪽에 서 있다.

해이	(노래 들으며) 와··· 오늘 진짜 꿈같다. 그치? (하며 선호 보면)
선호	(해이 보다) 해이야, 나 너 좋아해.
해이	어?
선호	나 너 좋아한다고.
해이	(당황) 선호야 그게.
선호	그거 알아? 나 누구한테 좋아한다고 말한 건 처음이다? (해이 보는)
해이	(보면)

선호	사귈래? 만날래? 이런 건 쉬운데, 좋아한단 말은… 좀 무섭달까.
해이	…
선호	내가 원래 오는 여자 안 막고, 가는 여자 안 잡는 게 인생 모토거든? 근데 네가 나 안 좋아하는 걸 아는데도, 네가 계속 좋아. 그래서…
해이	(보면)
선호	(해이 보며) 내 인생 처음으로 짝사랑을 시작해 보려고. (웃으면)
해이	(쿵한 표정)

군중 속에서 웃으며 해이 보는 선호와 그런 선호를 복잡한 얼굴로 보는 해이.
무대에선 노래 이어진다.

(E)	너와 함께 있는 이 순간이 난 소중해
	나랑 같이 걸을래 혹시 내일은 뭐해

S#60. 노천 무대 옆 / 밤

정우, 복잡한 마음으로 선호와 함께 있는 해이 보고 있다.

S#61. 노천 무대 전경 / 밤

S#62. 노천극장 / 밤

무대에서 마이크 잡고 서 있는 정우. 뒤로 단원들 쭉 서 있다.

정우	이제 마지막 곡만 남겨 두고 있네요. 이번 축제는 좀 정신없었죠? 공연 순서도 바뀌고, 근데 질서 좀 흐트러지면 어떻습니까. 이렇게 즐거웠으면 된 거죠!
학생들	(함성)
정우	이 자릴 빌어, 실례인 줄 알지만 개인적인 말씀 하나 드리려고 합니다. 여러분도 알다시피 최근 응원단에 이상한 메시지를 보낸 분이 있었습니다. 혹시나 이곳에 그런 저열한 메시지를 보냈던 분이 계시다면 말하고 싶네요. 하고 싶은 말이 있으면 비겁하게 숨지 말고, 앞에서 얘기하자고. 불만 있으면 절 찾아오세요. (도발하듯) 다른 사람 말고 (강조) 꼭 저를, 찾아오세요.
학생들	(와아 함성 '도전장이냐' 등등의 말)
초희	(저게 왜 갑자기 저런 말을 하나 싶고)

스탠딩석 쪽에 있는 유민, 정우가 왜 저런 말 하는지 알겠고.
역시 스탠딩석 쪽에서 그런 정우를 서늘하게 보는 누군가의
시선.

정우	사설이 길었네요. 그럼 막곡 시작하겠습니다! 남은 에너지 끌어모아 원시림, 원시림 준비. (하고 대열 정비하면)
학생들	(환호성)
(E)	저 멀리서 (우후!)

들려오는 북소리 (아 연희!)
고릴라는 (아 고릴라는!) 가슴 치며 춤춘다

노래에 맞춰 동작하는 단원들. 학생들 환호하고.
정우, 포효하는 함성 소리에 맞춰 동작. 동작 이어지며 떼창.

(E)　　　앉고 서고 STOP!
　　　　뛰고 뛰고 뛰고 뛰고

지윤, 신나서 친구들과 응원하며 단상 위에서 동작하는 운찬을
흥미롭게 본다.
그리고… 한쪽에 앉아 있는 선혜. 가운데서 떼창 주도하는 정우
본다. 이래저래 마음이 복잡하다.

선혜　　　(중얼) 피는 못 속인다더니.
(E)　　　앉고 서고 STOP!
　　　　뛰고 뛰고 뛰고 뛰고
　　　　소리치며 다시 한 번 힘을 내서 뛰어

정우, 동작하는데 쭉 하고 찢어지는 단장복. 단원들 당황하고.
정우, 당황하지 않고 동작하다 멈춰 단장복 벗는다. 관객석에서
환호성 지르고.
정우, 단장복 벗어 놓고 다시 동작하는.
이를 스탠딩석에서 보고 있는 누군가, 화난 듯 주먹 꾹 쥔다.

/곡 끝나고 단원들 인사하면 우르르 나가는 학생들.
가만히 앉아 정우 보던 선혜, 천천히 일어나 나간다.

S#63. 노천 지하 복도 / 밤

지하 복도로 나오는 단원들. 각각의 소회에 젖은 표정들.
유민과 기획팀 몇몇, 박수 쳐 준다.

초희   (신입생들 보며) 너희들 아까 단장복…
선자   (OL) 그니까요, 어떻게 그렇게 쫙. 깜짝 놀랐다니까요. 단장 살찐
         거 아니에요? (하며 얼른 자리 피하는)
초희   (영 미심쩍은데)
정우   (무사히 끝났다는 데서 안도도 되고… 복잡 미묘한 마음 뒤로 하고) 환복하고
         뒷정리하고 치얼스로 이동.

         운찬과 소윤, 이동하는데 그쪽으로 오는 지윤.

운찬   어? 지윤아.
지윤   오늘 재밌었어요. 좀 달라 보이던데요?
친구(E)   지윤아!
지윤   (그쪽 보며 곧 간다는 듯 손짓해 보이고) 그럼 나중에 봐요. (운찬 향해 빙긋
         웃으면)
운찬   (왜인지 큰 감흥 없다) 어… 그래.
지윤   (손 흔들며 친구들 쪽으로 가면)

운찬	(단실 쪽으로 가고)
소윤	(운찬 보는… 왜 저러나 싶다…)

S#64. 분장실 / 밤

정우, 환복하러 자기 옷 있는 쪽으로 오는데, 옷 위에 있는 물 1/3쯤 들어 있는 물통. 물통 안에 얼핏 정우 얼굴 보이는 사진 들어있다. 정우 뭐지 싶어 물통 열고 툭툭 병 두드리면 물에 젖은 사진 바닥으로 툭 떨어진다.

젖은 사진 펼쳐보면 그 사진, 7회 S#40 게시판에 붙어 있는 정우가 해이를 안고 있는 사진이다! 사진 위에 물에 번진 사인펜으로 쓰여 있는 글자.

INS) 사진

천문대로 와.

이를 보자마자 대기실 밖으로 뛰어나가는 정우.

S#65. 분장실 근처 / 밤

주변 둘러보는데, 한쪽으로 급하게 사라지는 후드티 입은 누군가. 정우, 그쪽으로 미친 듯이 뛰어가면, 누군가 정우 쫓아오는 거 보고 역시 뛰기 시작한다. 분장실 쪽으로 오다 누군가 쫓아가는 정우 본 유민, 뭐지 싶다. 유민 분장실 쪽 보는데 바닥에 떨어져 있는 사진.

S#66. 노천극장 근처 / 밤

누군가 미친 듯이 쫓아가는 정우.

누군가 숨을 곳 찾다 노천에서 나오는 학생들 인파 안으로 피한다.

인파 속으로 사라진 누군가.

정우, 헉헉대며 두리번거리면 아무리 둘러봐도 누군가 안 보인다. '후… 놓친 건가. 하…' 화가 치민다. 그리고… 인파 속에 섞여 보이는 수일과 호민.

헉헉거리던 정우, 천문대 쪽 보다 그쪽으로 뛰어간다.

S#67. 천문대 / 밤

정우, 천문대로 와 미친 듯이 주변 둘러보는데 아무도 없다.

정우   비겁하게 숨지 말고 당장 나와!

이때 근거리에 숨어 있는 누군가, 정우를 서늘하게 보고 있다.

한 손에 전기 충격기 들고 있는 누군가.

정우, 누군가 있는 쪽으로 가는데 누군가 찾지 못하고 지나친다.

정우 지나가면 한쪽에 숨어 있는 누군가 얼굴 드러나는데… 진일이다.

INS) 창고 앞 / 밤

2회 S#59. 비상벨 울리는 속에서 잠긴 창고 문 보다 돌아서는 진일.

INS) 장치실 / 밤

4회 S#57. 모니터 보고 '리핏' 하는 진일.

INS) 천문대 / 낮

S#34. 다급하게 뛰어가는 정우, 유민 뒤에서 서늘하게 보는 진일.

정우 바로 뒤에서 전기 충격기로 정우 위협하려는 진일에서.

엔딩.

Epilogue

S#68. 단실 / 낮 / 과거

S#8 이전 상황.

빈 대기실 한쪽 소파에서 쭈그려 자는 해이.

정우, 대기실 문 열고 들어오다 쭈그려 자는 해이 발견한다.

정우   (해이 쪽으로 와 어이없어 해이 보며) 아무 데서나 자지 말라니까.

해이	(새근새근)
정우	(해이 보다, 해이 옆 의자에 털썩하고 앉아 벽에 기댄다) 도해이, 자냐?
해이	(새근새근)
정우	**도해이 바보 멍청이.**
해이	(새근새근)
정우	(힐긋 보는데 잘만 잔다. 다시 앞에 보고) 도해이 아프지 마라. 다치지도 말고.
해이	(새근새근)
정우	(자는 해이 지그시 보다) **좋아해. 좋아해 해이야.**

그렇게 한참을 더 해이 지그시 보다 이렇게라도 말해서 속 시원
하단 듯 일어나 짐 챙기는 정우.
이때 자다가 부스럭거리며 일어나는 해이. 힘겹게 일어나 옆에
크림빵 있는 거 보고 뜯어 먹으려는 찰나.
대기실에서 짐 갖고 나가려던 정우와 눈 마주친다.

해이	(변명하듯 바로) 안 잤어요.
정우	(해이 보는 데서)

엔딩.

S#1. 천문대 / 밤

9회 엔딩 이어지며.

정우, 천문대로 와 미친 듯이 주변 둘러보는데 아무도 없다.

정우   비겁하게 숨지 말고 당장 나와!

근거리에 숨어 있는 진일, 정우를 서늘하게 보고 있다.
한 손에 전기 충격기 들고 있는 진일.
정우, 진일 못 보고 지나가면.
진일, 정우 뒤에서 전기 충격기로 정우 위협하려는데.

유민(E) 정우야.
초희(E) 박정우.

그 소리에 다시 몸 숨기는 진일.
정우, 소리 나는 쪽 보면 유민과 초희다.

유민	괜찮아?
정우	(아깝다는 듯 발로 쾅 바닥 치며) 아까 잡았어야 됐는데. (천문대 둘러보는 데 아무도 없다)

/정우, 유민, 초희와 천문대 내려가면.　 ─
뒤에서 그런 정우 보며 전기 충격기 쥔 손을 꾹 쥐는 진일…

S#2. 교정 일각 / 밤

정우, 유민, 초희, 걸어가고 있다.
유민, 페북 메시지 들어가 보는데 상대 '알 수 없음'으로 뜬다. 클릭해 들어가 보면 '탈퇴한 사용자입니다'라고 뜨는… 계정을 없 앴다!!

유민	계정을… 없앴어.
정우	(유민 핸드폰 보고) 첨부터 나타날 생각이 없었던 거예요. 그럴 배짱 있었음 애초에 그런 메시지를 뒤에서 보내지도 않았겠죠.
초희	그럼 왜 이런 짓을 해?
정우	그냥, 이 모든 게 장난인 거야. 자기 말 한마디에 놀아나는 우릴 보는 게 재밌었겠지.
유민, 초희	(보면)
정우	(유민 보며) 조명은, 사고였을 거예요. 그 정도 배짱은 없는 놈이에 요. 그니까 누나도 더 반응해 주지 마요. 이런 놈은 관심 안 주면 알아서 사라질 거예요.

유민	⋯ 그래.
정우	가요. 애들 기다릴 텐데. (가면)
초희	(따라가며) 넌 앞으로 단독 행동 금지다. (하며 정우 퍽 치면)
정우	아파. (하며 맞은 부위 쓱쓱)
유민	('후⋯' 하며 정우 따라가는)

S#3. 교정 일각 / 밤

　　　핸드폰으로 전화하며 교정을 헤매고 있는 진희.

진희	선호 얜 전화도 안 받고 어디로 사라진 거야. (하는데 저쪽 건물 쪽에
	서 사람들 소리 들린다. 그쪽으로 잰걸음으로 가는)

S#4. 단실 건물 앞 / 밤

　　　환복하고 단실 쪽으로 가고 있는 단원들, 기획팀 몇 명.
　　　정우, 초희, 유민 그쪽으로 온다. 해이 '??' 왜 저기서 오지 싶고.

진희(E)	선호야.

　　　그 소리에 일동 보면, 진희, 선호 쪽으로 온다.

선호	엄마?
일동	('엄마?' 일단 꾸벅 인사)

해이	?? (낯이 익은데)
선호	(약간 난감한 기색 비치며 진희 쪽으로 와) 어떻게 왔어?
진희	방에 티켓이 있길래. 우리 아들 멋있더라. (단원들 쪽 보며) 여기가 테이아?
선호	집에 가. 나중에 집에 가서 얘기해.
진희	엄마가 여기까지 왔는데 그래도 인사는 해야지. (하며 단원들 쪽으로 가면)
선호	하… (난감한데)
진희	(단원들 쪽으로 가 고개 까딱) 나, 선호 엄마예요. (핸드백에서 카드 꺼내) 오늘 고생들 많았는데 회식은 이걸로들 해요.
일동	!!
운찬	Wow. 선호 young & rich였구나.
정우	아닙니다. 괜찮습니다. 마음만 감사히 받겠습니다.
진희	그쪽이 우두머리? (카드 정우 손에 쥐여 주며) 왜 마음만 받아. 돈도 받아야지. 괜찮으니까, 돼지고기 먹을 거 소고기 먹어요들.
일동	(환호, '감사합니다' 등의 소리)
해이	(제일 신났다)
진희	근데… 도해이가 누구…?
해이	네? 전데요?
선호	!!
진희	아… (위아래로 훑는데 낯이 익다)
해이	('뭐지… 왜 저러지?')
진희	우리 어디서 본 적 있지 않나?
해이	그죠, 저도 그 생각을.

선호	(얼른 와서) 엄마? 이제 집에 가지?
진희	우리 선호랑 사귀어요?
해이	네?
선호	엄마!
일동	?? (집중)
정우	(보는)
진희	(선호 물리고) 누가 그러던데, 둘이 사귄다고. 둘이 안고 있었다고.
일동	!!
운찬	안아?
초희	(하… 골치 아프고)
해이	아뇨… 안 사귀는데요.
초희, 정우	!!
진희	안 사귀어? 근데 왜 안아?
해이	(아 그게…) 그냥, 뭐… 일종의 동료애랄까…
진희	(알만 하다는 듯) 아… 학생이 우리 선호 일방적으로 쫓아다니는구나. 그래 다들 그렇지.
해이	그건 아니고요.
선호	하… (진희 물리며) 그런 거 아냐. 나 혼자 좋아하는 거야.
일동	!!
정우	(보는)
해이	(역시 당황)
진희	네가? 혼자? (더 어이없고) 쟤가 널 혼자 짝사랑해도 모자를 판에 네가 왜? (해이 보며) 아니 학생, 우리 선호가 왜 싫어? 누가 봐도 그쪽보다 우리 선호가 한 만 배는 아깝구먼.

춘양(E)	누가 봐도 우리 딸이 아깝구먼.
진희	(그 소리에 보면, 춘양, 재이와 양손에 음료수 봉지 들고 서 있다. '이건 또 무슨 시추에이션?') 네가 왜 여기?
해이	엄마?
진희	(더 놀란) 엄마?
춘양	(재이한테 음료수 봉지 다 쥐여 주고 그쪽으로 와) 그럴만하니까. (선호 가리키며) 얘가 (해이 가리키며) 우리 애를 졸졸 쫓아다니는 거겠지. 이런 애들이 한둘이 아니야. 아주 보통 귀찮은 게 아니라고 이놈의 인기.
진희	(보면)
일동	(이게 무슨 난장판인가 싶고… 꿀잼)

S#5. 단실 건물 근처 / 밤

음료수 하나씩 들고 흩어지는 단원들. 한쪽에 춘양, 해이, 선호, 진희 있다. 힐긋힐긋 이를 보며 단실 쪽으로 가는 단원들, 기획팀. /정우, 초희, 운찬, 소윤, 단실 쪽으로 간다.

초희	둘이 사귀진 않나 보네. 다행인 건가.
정우	…

/선자, 재이와 얘기 중이다.

| 선자 | (부끄부끄) 재이 왔니? |

재이	네.
선자	봤어? 누나 무대.
재이	네.
선자	어땠어?
재이	그냥, 뭐. (대충 소울 없이) 좋던데요.
선자	(화색) 어머 그랬니. 그랬구나. 누나 무대가 많이 좋았구나?
재이	많이는… (하하, 난감한 웃음)
민재	(왠지 부루퉁해 한쪽에서 이를 보고 있는)
용일	(붙잡을 사람 없어 민재 붙잡고) 뭐꼬 이게? 사랑과 전쟁인가?
민재	(말없이 툴툴거리며 가는)
용일	(가는 민재 보며) 다들 내 말에 대답을 안 해 주는 거 같은 건 기분 탓인가?
진희	(해이 보며) 네 딸?
춘양	(선호 보며) 네 아들?
진희, 춘양	(미묘하게 서로 대치하는데)

선호와 해이, 각자의 엄마 데려가 말린다.

선호	엄마 오늘은 일단 가. 집에 가서 내일 얘기해.
진희	아들, 엄마 서운해.
선호	(간절하게) 엄마, 제발. 더 하면 나 진짜 .
진희	(평소와 다른 선호 리액션에 일 보 후퇴) 알았어. 아들, 그럼 오늘까지 실컷 놀고 내일 제대로 다시 얘기하자.
선호	그래요.

해이	뭐야, 둘이 어떻게 알아?
춘양	야, 너 쟤 절대 받아주지 마. 쟤랑 시어머니로 엮이면 골치 아파진다.
해이	오버한다. 무슨 시어머니까지 가 있어.
춘양	야, 사람 일 모르는 거야.
해이	(어이가 없고) 뭘 또 음료수까지 사 왔어. 사람 많아서 꽤 될 텐데.
춘양	내가 소고기는 못 사도 그 정도는 할 수 있어.
해이	고마워.
춘양	(괜히 민망해) 넌 갑자기 뭐 그런 낯간지러운 인사를 다 하고. 암튼 나 쟤 반대야.
해이	(픽 웃는)

이때 춘양과 해이 쪽으로 오던 재이가 선호 만나자 꾸벅 인사
한다.
이를 보는 해이.

해이	(좀 데면데면) 왔냐?
재이	(무심히 끄덕)
해이	그래. (데면데면한 재이 보고) 가라. (더 말 않고 가려는데)
재이	(흘리듯) 멋있었어.
해이	(보면)
재이	(해이 눈 피하며 괜히 퉁명스럽게) 오늘, 좀 멋있었다고.
해이	(픽 웃곤, 재이 어깨 팍 걸며) 그치? 누나가 좀 찢었지? 아 진짜 이놈의 멋은 감추려고 해도 감춰지질 않네.

재이	오버하긴.
해이	부끄러워하긴. (하면서 재이 머리 부비부비 하면서) 귀여운 놈.
재이	(어이없어 픽 웃는)
해이	(머리 부비부비 하다 멈추며) 근데 너 선호는 어떻게 알아?
재이	(보는)

S#6. 치얼스 전경 / 밤

S#7. 치얼스 / 밤

모여 있는 단원들과 기획팀 일원들.

각자 맥주(테라) 따서 옆 사람 따라 주고 있다.

용일	(두리번거리더니) 오프너가… (안 보이자 숟가락 집어 들고 병뚜껑 따려고 하는데 잘 안 되는)
선자	야. 줘 봐. (수저통에 꽂혀 있던 테라스푸너 빼들고, 맥주병 넘겨받아서 딴다. 청량하게 울리는 뽕 소리)
용일	오… (신기한 물건이란 듯 테라스푸너 보는)
정우	(잔 들고) 오늘 모두 고생하셨습니다. 고생한 만큼 신나게 마시고 즐겨 봅시다! 테이아!
일동	(잔 들고) 테이아!

/여기저기서 신나서 맥주(테라) 마시고 있는 단원들.

초희, 일어서서 폭탄주(크림 맥주) 제조 쇼 하고 있다.
영웅, 구운 스테이크를 테이블로 서브한다.

영웅	(선호 보며) 엄카 찬스로 산 소고기니 양껏 먹어.
해이	(콧노래) 소고기, 소고기 파티를 합시다.
선자	(선호 보며) 비선호 잘 먹을게.
신입생들	(각자 선호에게 잘 먹겠단 인사)
민재	(입 꾹)
선자	(민재 보며) 입이 있으면 쓰는 게 인지상정이거늘. (쯧쯧)
민재	(선자 보다 선호 보며) 잘 먹을게.
선자	('뭐야, 웬열.')
선호	(심드렁) 내 돈도 아닌데 뭐.
해이	(슬며시 소고기 한 점 선호에게 내밀면)
선호	?? (해이 보면)
해이	재이 일, 네가 해결한 거라며.
선호	뭐 어쩌다 보니 내가 아는 집이라.
해이	고마워. 자꾸 빚을 지네. 내가 이 빚은 이자까지 쳐서 두 배로 갚을게. (왕좌의 게임처럼) 도씨 가문은 언제나 빚을 갚는다.
선호	안 갚아도 돼. 그냥 내가 해 주고 싶어서 한 거야. 너 힘든 거 싫어서.
해이	(보면)
용일	(한쪽에 있다 선호 쪽으로 와 큰 소리로 눈치 없이) 근데 아까 그건 일종의 공개 고백이가?
일동	(주목)

선자	(역시 궁금)
해이	(그 말에 소고기 먹다 목에 걸린) 컥컥.
선자	(소주 밀어 주면)
해이	(소주 넘기곤 용일 흘기는, '저 눈치 없는 자식…')
선호	의도는 없었는데 그렇게 됐네.
용일	와아!
선자	오오~ (테이블 치며 두구두구두구 하고 숟가락 해이 쪽으로 마이크처럼 하며) 그럼 당신의 선택은?
일동	(옆 테이블까지 주목)
해이	(선자 부라려 보면)
선자	(말하라는 듯 으쓱으쓱)
해이	(난감해 숟가락 치우며) 프라이버시거든.
선자	(숟가락으로 계속 사회) 오오 뭔가요. 이 의미심장한 대답은.
용일	내 떨린데이.
선자	(어이없고) 네가 왜? (하는데 숟가락 뺏는 초희, 선자 보고 움찔)
초희	(낮은 목소리로 신입생들만 들리게) 테이아 금지 사항 No.3 뭐라고?
선자	… CC 금지 (사이) 요.
초희	(해이, 선호 보며) 어기면?
해이	탈퇴…요.
초희	(끄덕하고) 근데 이렇게 공개적으로 시끄럽게 하면 되겠어? 안 되겠어?
용일	안 되지요!
선자	(휘릭 째리는)
초희	잘들 하자? (하고 가면)

선자	(배신자라는 듯 용일 보다, 맥주 들어) 술이나 마시자.
초희	(용일 잠깐 소환하는 손짓)
용일	(쭝긋 해 나가면)

/한쪽에서 선배들 술 계속 받아 마시고 있는 정우.
신입생들 쪽 한 번 보지만 여유 없이 계속 앞으로 놓이는 술잔.

기획팀1	고생했다.
정우	아니에요. (하고 마시면)
기획팀2	내 잔도 받아야지.
정우	네. (하고 마시는)

S#8. 치얼스 밖 / 밤

초희	용일이 너 애들 감시 좀 해야겠다.
용일	예?
초희	선호랑 해이, 둘이 뭐 더 생김 바로바로 보고해.
용일	예! 저만 믿으이소! 제가 그런 거 알아채는 건 귀신입니데이.
초희	(못 미덥지만 별 수 없다는 듯 용일 툭툭 치고 가는)
용일	(두 손 불끈)

S#9. 치얼스 / 밤

해이, 열심히 먹고 있는데 소고기 동났다. 아쉬운데.
옆 테이블에 있는 소고기 접시를 해이에게 주는 진일.

해이   어?

진일   모자른 거 같아서.

해이   (감격) 선배… 좋은 사람이군요. (하고 덥석 소고기 받는)

진일   … (해이 보는)

/술 게임 중인 신입생 테이블.
바니바니 게임 하다 해이, 선호 걸렸다.

일동   마셔라 마셔라 마셔라 마셔라~

선자   같이 걸림 러브샷인 거 알지? 아 러어브으샷 러어브으샷!

일동   아 러어브으샷 러어브으샷!

해이, 선호   (하… 벌주 마시려는데)

용일   (손 들고) 흑기사.

해이   어디 내 술을! 필요 없는데?

용일   니 말고 선호.

선호   ??

/용일, 해이와 러브샷 벌컥벌컥.
/용일, 벌주 벌컥벌컥.
/동물의 왕국 게임 하다 걸린 해이와 선호.

| 용일 | (이번에도) 흑기사. |

/용일, 선호와 러브샷 벌컥벌컥.
/취해서 해롱대는 용일. 선호 한쪽에 취해서 해롱대며 엎어져 있다.

용일	러브샷은 안 된데이. 내가 기사다.
선자	(용일 보며) 술이 마이 고팠나 봐.
해이	(맥주 벌컥벌컥하며) 남의 술을 뺏어 먹고 있어.
선자	(쯧쯧쯧 안주 입에 넣어 주는)

/선배 테이블, 유민이 분위기에 섞이지 않고 홀로 생각에 잠겨 있다. 그런 유민을 보는 진일.

S#10. 치얼스 밖 / 밤

취해서 약간 갈지자로 화장실 쪽으로 가던 해이.
밖에 취해서 해롱대고 있던 정우와 마주친다.
해이 멈칫. 정우도 멈칫. 취기에도 서로 멈칫.

정우	도… 해… 이?
해이	에? 아… 예.
정우	(반갑게) 해이구나. 해이였어.
해이	('뭐야 왜 저래.')

정우	해이야 아깐 많이 속상했지? 내가 진짜 그러려고 그런 게 아닌데. 내가 너를 그렇게 혼내고 막 그러케… (하며 울먹거리기까지)
해이	(취기가 달아나는 거 같다) 단장… 만취예요?
정우	(가슴을 치며) 내가 네 맘을 그렇게 아프게 하고. (머리를 쥐어뜯으며) 근데 그땐 진짜 그러려고 그런 게 아니라. 네가 갑자기 없어졌는데 나쁜 놈이 있고 그래서 막 걱정했는데 네가 놀았다고 하고. (고개 저으며) 아니다, 다 내 잘못이다. 내 잘못. (하며 자기 머리를 팍팍 치는)
해이	(손 앞으로 하며) 멈춰!
정우	(울먹이며 보면)
해이	어디서 수작질이야! 그렇게 흘리고 막 막 그래 놓고. 동료애 막 이러고. 내가 모를 줄 알아? 됐어! 필요 없어! 넌 다른 다이아몬드로 부서 버릴 거야! 꺼져 다이아! (하고 씩씩대며 가면)
정우	(울먹이며 해이 보고) 많이 힘들었구나. 다이아로 날 때리려고 하고. (훌쩍)

S#11. 화장실 / 밤

화장실로 들어오는 해이.

해이	내가 또 속을 줄 알고. 왜 이러셔. 나 완전 똑똑해. 꺼져, 단장.

하는데 화장실에서 소변 보려던 진일과 마주친다. 진일, 얼른 바지춤 채운다.

해이	어? 소고기 준 좋은 선배? 어? 근데 왜 여자 화장실에.
진일	(얼른 티셔츠 추스르며) 여기… 남자 화장실.
해이	어? (그제야 남자 소변기 보이는) 아… 그랬구나. 죄송합니다. (꾸뻑하고 나가려는데)
진일	단장이랑 무슨 일 있었어?
해이	에?
진일	아니, 단장 꺼지라고 그래서.
해이	아 그냥, 선배도 알다시피 단장이 좀 그렇잖아요. 권위적이고 꼰대, (삐쭉) 완전 재수탱이.
진일	… 둘이 친한 줄 알았는데?
해이	저희가요? 전~~혀요. 한~~개도 안 친해요.
진일	… 그렇구나.
해이	(경례) 그럼 하던 거 마저 하십쇼. 방해하지 않겠습니다. (하고 여자 화장실로 총총)
진일	(가는 해이 보는)

S#12. 치얼스 / 밤

한쪽 테이블에 어느새 합류해 술 마시고 있는 지영.
/테이블로 돌아온 해이, 벌컥벌컥 술 들이켠다.

선호	(약간 정신 들어 깼다) 괜찮아? 많이 마신 거 같은데.
해이	왜 이러셔. 나 완전 멀쩡하거든.

/테이블에 쿵 하고 머리 박고 잠든 해이.

S#13. 온돌방 / 아침

끔뻑끔뻑하며 눈 뜨는 해이.
온돌방 같은데 여기저기 널브러져 자는 정우, 운찬, 소윤, 초희,
용일, 선호, 유민, 영웅, 지영.
'여기가 어디지?' 끔뻑끔뻑하며 일어나 창문 쪽으로 가는데…
바다가 보인다.

해이 바…다? (졸음에 잘못 봤나 싶어 정신 차리자는 듯 뺨 짝짝 하다 다시 창밖 보
    는데 역시 바다다. 빽 외치는) 바다?

해이의 놀라 외치는 소리에 여기저기서 좀비처럼 꿈쩍꿈쩍 일
어나는 단원들.

S#14. 선혜 집 앞 / 아침

정우 빼고 황망하게 일렬로 서 있는 단원들, 지영, 영웅.
집 앞으로 펼쳐진 바다 풍경에 어안이 벙벙.

지영 바다네.
영웅 그니까.

S#15. 선혜 집_부엌/ 아침

    아침 준비하고 있는 선혜. 정우, 죄인처럼 선혜 옆으로 간다.

정우   엄마… 미안타.

선혜   치아라. 그 미안탄 소리 (고개 절레절레하며) 징글징글하다.

    INS) 선혜 집_현관 / 밤

    석고대죄하듯 주르르 무릎 꿇고 앉아 있는 단원들에, 선혜, 황망

    히 정우 보는데.

정우   (울먹거리며) 엄마 미안타. 내 진짜 미안타. 내 그러려는 게 아니었

              는데. 미안타. (울며불며 선혜 붙잡고)

단원들   미안합니다. 죄송합니다. (등의 말로 다 같이 석고대죄)

선혜   (황당, 이게 대체 뭔 일인가 모르겠다)

정우   … 미안타.

선혜   (확 쩌리는)

정우   (쭈구린)

선혜   들어와 밥 먹으라 케라.

정우   네… (가는)

S#16. 선혜 집_거실 / 아침

    거실 큰 상에 둘러앉아 있는 단원들.

콩나물국 한 상 차려져 있다.

일동	(눈치 보며) 잘 먹겠습니다…
해이	(국 들이켜곤) 아 살 거 같아.
선혜	(쯧쯧쯧 보는)
초희	(정우 보며) 그니까… 여기가… 너네 집이란 거지?
정우	(끄덕하며 콩나물국 먹는)
운찬	단장네 집이면…!! 부산? What the…
용일	우짜다… 이리 된 겁니꺼?

몇 명 기억나지만 고개 절레절레하며 조용히 고개 묻는다.

소윤	(조용히 콩나물국 먹으며 눈치 보다 손 들고) 그니까 이게 어떻게 된 거냐면…
일동	(보면)

S#17. 치얼스 / 밤 / 소윤 회상

만취해 병 끌어안고 울먹거리는 정우. 주변 다 만취 상태다.

정우	엄마 미안타. 내 그럼 안 됐는데.
용일	(같이 울먹이며, 뭔지도 모르면서) 왜 그랬심니꺼.
정우	(반갑) 넌 아는구나.
용일	(울먹이며) 아니요. 모릅니더.

정우	(용일 부여잡고 꺼이꺼이) 엄마 내가 가서 다 설명할게. (하는데)
영웅	(갑자기 벌떡 일어나) 가자.
일동	??
영웅	정우 엄마한테 사과하러!
소윤(E)	그러더니… 영웅 선배가 콜밴을 불러서.

S#18. 치얼스 밖 / 밤 / 소윤 회상

콜밴에 우르르 타는 단원들.

소윤	(혼자 안 취했다) 아니… 지금… 단장네 집이 부산인데…
영웅	나 돈 많아! 내가 쏜다!
일동	가즈아!!!
소윤	아니…
택시 아저씨	아가씨, 탈 거예요, 말 거예요?
초희	(만취해서) 타! 인생 뭐 있어!
소윤	('어째야 하지.' 하며 택시 안 탄 사람들 보는데 누구 하나 제정신인 사람이 없다)
유민	(역시 비교적 제정신이다. 밴에 올라타며) 가자. 언제 또 이렇게 부산을 가 보겠어.
소윤	후… (별 수 없이) 탈게요. (하고 타는)

붕 하고 떠나는 택시.

S#19. 치얼스 / 밤 / 과거

화장실 갔다 비틀거리며 들어오는 선자.

선자　　　어? 왜 아무도 없지? (하다 한쪽 테이블에 혼자 쭈구려 자고 있는 민재를
　　　　　발견한다)

S#20. 선혜 집_거실 / 아침

소윤　　　그렇게 된 거예요…
일동　　　(선혜 눈치 보는) …
선혜　　　(영웅 쪽 흘깃 보다 밥 먹으며) 어른이라도 정신을 똑디 차려야 하는
　　　　　긴데.
영웅　　　(눈 피하고 반찬 집어 먹는)
선혜　　　(밥 먹으며) 얼른들 먹고 인나. (하다 영웅, 지영 땜에 별수 없이) 요.
영웅　　　네. 얼른 먹고 일어나서 집에. (하는데)
선혜　　　('뭔 소리야.') 재워 주고 먹여 준 값은 하고 가야지.
일동　　　??

S#21. 선혜 집 밖 / 낮

홀로 핸드폰 통화하고 있는 지영.

지영　　　그거 내가 정리해서 보내 놨을 텐데. (사이) 알았어. 내가 지금은

	좀 어디 와 있어서 올라가서 확인해 보고 연락 줄게. (전화 끊는)
영웅	(지영 쪽으로 와) 이렇게 부산에 오게 된 것도 인연인데 그 김에 해운대 가서 물회 한 사발… (하는데)
지영	(급하게 들어가려고 하며) 나 지금 일 땜에 올라가 봐야 될 거 같아.
영웅	어? 주말인데?
지영	어. 월욜에 보고가 있는데 자료가 누락된 거 같다네. 확인해 보고 안 돼 있음 자료 보강해야 돼서.
영웅	그냥 다른 사람 시키면 안 돼?
지영	내 보곤데 어떻게 다른 사람을 시켜.
영웅	(아쉽고) 그럼 내일 하면 안 되나? 부산까지 왔는데.
지영	신경 쓰여서 어차피 제대로 놀지도 못해. 미안.
영웅	참… 빡빡하게 산다.
지영	(보면)
영웅	(지영 표정에 어버버) 아니 내일 해도 될 거 같은데… 싶어서… (말 흐리는)
지영	어, 나 피곤하게 살아. 근데 대한민국 노동자 대부분이 다 나처럼 빡빡하게 살 걸. 네가 너무 여유로운 거지.
영웅	기분 상했어? 미안해.
지영	그렇잖아도 한 번은 얘기하려고 했는데, 너 계속 이렇게 지낼 거야?
영웅	어?
지영	애들한테 대충 들었어. 스타트업 해서 돈 좀 벌었다고 뭐 얼마나 벌었는지 모르겠지만 돈이 문제가 아니라 네 나이가 몇인데 이렇게 한량처럼 계속 응원단 주변이나 얼쩡거리면서 살 순 없잖아.

영웅	그게 나쁜가?
지영	(어이없고) 좋진 않지.
영웅	너한테 좋은 건 뭔데. 내가 그럴듯한 직장에서 그럴싸하게 일하는 거?
지영	내가 지금 눈에 보이는 조건 갖고 이런 얘기하는 게 아니잖아.
영웅	아닌가?
지영	하… 사람 진짜 후지게 만드네. 내가 너무 갔다. 우리가 각자 사는 거 왈가불가할 정도 사인 아닌데. 미안. (하고 들어가면)
영웅	(가는 지영 보고 '후…' 한숨 쉰다)

S#22. 시장 / 낮

쭉 서 있는 해이, 선호, 용일, 초희, 운찬, 소윤, 유민… 그리고 영웅.
인력 시장 사람 체크하듯 이들을 꼼꼼히 훑어보고 있는 시장 아줌마1, 2, 3
선혜, 그쪽으로 오면, 정우, 선혜 말리며 따라온다.

정우	엄마, 아무리 그래도 애들을 일케.
선혜	(팔 뿌리치며) 갑자기 저 아덜 다 쳐들어와가 재우고 멕였는데 밥 값은 하고 가야지.
정우	(미치겠고)
아줌마1	정우 왔나. 아따 신수가 더 훤해졌다이. 서울 물이 좋긴 좋나 보네.
아줌마2	서울 물도 어디 그냥 서울 물이가. 맹문대 서울 물 아이가. (단원들 보며) 우리 정우 대학 갔을 때 플랜카드 딱 걸렸다 안 카나.

아줌마3	그때 완전 난리 났다 아이가. 정우 시장 딱 등장하믄 아이돌이 따로 없었다. 어릴 때부터 정우 별명이 자갈치 왕자님이었다.
해이	프린스가… 여기서부터 시작된 거군.
정우	(해이 쩨리다 어색하게 웃으며 이 꽉 깨물고 속삭) 그만 하이소.
아줌마2	아이고 고 콩알만 한 게 시장통 한복판에서 빵디를 신명나게 흔들어 제끼는데 아 때부터 남달랐다 안 카나.
아줌마1	자다가도 '정우야 빵디 좀 흔들어 봐라.' 하면 벌떡 일어나 갖고. (엉덩이 춤)
아줌마3	(깔깔대다) 그때 참말로 귀여벘는데. 언제 이리 컸노. (하면서 볼 꼬집)
정우	(볼 꼬집힌 채로) 아지매. 볼 꼬집힐 나인 지났거든요.
아줌마3	아이고 앙탈은. (아줌마들 꺄르르)
운찬	(아줌마들 기세에 혼이 나간 정우 보며) 단장 여기선 완전 baby네.
해이	(애 취급당하는 정우 신기한 듯 보는)
아줌마1	우리 아이돌 왔는데 오늘 노래자랑엔 아이돌이 나가 줘야 하는 거 아인교.
선혜	시끄럽고 퍼뜩 델꼬들 가라. (단원들 보며) 내 든든하이 멕여 놨으니 단디 하그래이.
아줌마들	(신나서 단원들 보면) 아따 노났다.
단원들	(왠지 공포의 떨림)
정우	(하… 미치겠고)

S#23. 미역 좌판 / 낮

해이, 미역 들고 상품 판매 중이다. 영웅, 해이 옆에 시큰둥하게 앉아 있다.

아줌마1	(한쪽에서 건어물 정리하며) 힘쓸 놈들은 다 델꼬 가고 (영웅 보며) 쯧쯧 쯧쯧.

해이   (지나가는 누가 봐도 60대 아줌마에게) 언니~ (모른 채 가자) 언니, 언니.

고객   ?? 나요?

해이   여기 미역 좀 가져가세요. 미역이 끝장나게 좋아요.

고객   내… 언니는 아일 텐데…

해이   어머? 저 진짜 너무 동안이시라 언니뻘인 줄 알았는데. 죄송해요. 제가 실례를.

고객   (기분 좋아) 아이 뭐 실례까진 아이고… (좌판으로 오는) 서울서 왔나?

해이   네. 잠깐 일 도와드리러 왔어요. 미역 좋은 거 아시죠? 이게 막 미네랄이랑 각종 비타민이 팍팍. (갑자기 걱정스레) 근데 지금 피부도 이렇게 좋으신데 이거 먹고 더 좋아지시면 제 또래 친구인 줄 아는 거 아녜요? (꺄르르)

고객   (기분 좋아) 아이고 학생 말을 참말로 우습게 잘하네.

영웅   (놀랍다. 감탄)

/고객, 미역 사 갖고 가면.

해이   (간드러지게) 감사합니다앙.

영웅   와… (박수 짝짝 치며) 해운대 바닷물도 팔 수 있겠어.

해이   (별거 아니란 듯 으쓱) 알바 짬밥이 얼만데요.

영웅   (감탄하며 다시 앉는데 영 기운 없다)

해이	왜 그래요?
영웅	어?
해이	아니 평소에도 이상하지만 오늘따라 더 이상해서요.
영웅	(음…) 네가 보기에도 내가 이상해? 한심해 보이고?
해이	뭐… 아니라고 하긴 어려운 부분이 있죠. 에이 그래도 한심한 거 까진 아니고.
영웅	그치? 내가 그 정돈 아니지?
해이	네. 뭐 그냥 좀 생각 없어 보이는 정도?
영웅	(시무룩)
해이	(힘내란 듯 영웅 팍 치며) 그게 아저씨 개성인 거죠. 뭘 갑자기 아저씨 답지 않게 자아 성찰을 하고 그래요.
영웅	여친이 한심해 하는 거 같아서.
해이	(놀란) 아저씨 여친 있어요? 헐~
영웅	나도 다 생각이 있어서 여기까지 흘러온 건데.
해이	(영웅이 중얼거리는 말 안 들린다) 와… 여친이라니, 와… 여친 어떤 사 람이에요? 사람이긴 한 거죠?
영웅	야, 사람이 지금 고민을 얘기하는데.
해이	예? 아 예. (하면서도 계속 감탄) 와… 세상은 정말 다양하구나. 희망 적이야.
영웅	됐다. 내가 널 데리고 무슨.
해이	(감탄하다 정신 차리고 좌판 정리하며) 그래요. 나 데리고 얘기하지 말 고, 여친이랑 얘기해요.
영웅	(보면)
해이	생각이 있어서 여기까지 흘러왔다면서요. 그럼 그 생각을 여친

한테 얘기하면 되겠네.

아줌마1   (미역 데친 거 갖고 오며) 시식할 거 좀 삶아 왔다. 니들도 좀 무 봐라.
          맛나데이.

해이   (신나서) 예! (하고 미역 초장 찍어 한 입 먹는데 번뜩 스치는 영상)

          INS) 바닷가 / 밤

          바닷가에서 취해 망나니처럼 뛰던 해이, 해변에 파도에 휩쓸린
          미역 보이자.

해이   미역이다!! 미역 미역. (하면서 그쪽으로 망나니처럼 뛰어가 미역 잡고 펄
          럭이며 좋아한다)

          (CUT TO)

          바닷가에 서서 해이 부르는 선호.

선호   도해이.

          (CUT TO)

          바닷가에 서서 해이 부르는 정우.

정우   도해이.

(CUT TO)

손에 미역 들고 누군가와 키스하고 있는 해이. 누군진 보이지 않는다.

해이   (비명) 악!

영웅   깜짝이야. (놀란 가슴 진정시키고 해이 보며) 뭐야, 그렇게 맛있어? (가서 미역 먹어 보는)

해이   (황망히 영웅 보며) 나 어제 무슨 짓 했어요?

영웅   (보는)

S#24. 선자 집_방 / 낮

방에 깔린 원앙금침 같은 이불에서 아이처럼 자고 있는 민재.

선자   (문 열고 민재 발로 툭툭 차며) 야 일어나. 엄마가 밥 먹으래.

민재   (그 소리에 깨는) 엄…마?

S#25. 선자 집_주방 / 낮

선자, 선자 모, 선자 부, 민재, 밥 먹고 있다.
큰 한옥집 다이닝 룸. 선자 모와 선자 부, 개량 한복 입고 있다.
선자, 콩나물국 드링킹 하고 있고, 민재, 조신하게 밥 먹고 있다.

선자 모	(선자 콩나물국 드링킹 하는 거 보며) 내 진짜 딸내미 술국을 다 끓여다 바치고.
선자	이순자 여사. 쌩유.
선자 모	(끌끌 혀 차고)
선자 부	(민재 훑어보며 나름 엄근진으로) 우리 선자랑은 무슨 사인가?
선자	(그 말에 콩나물국 '푸' 하고 뱉는) 아빠! 동기라고 했잖아. 어제 쟤 만 취하고 정신 나가 갖고 별수 없이 집에 데리고 왔다고.
선자 부	정말 아무 사이 아닌가?
민재	… 동깁니다.
선자 부	그럼 다행이고.
선자 모	다행은 무슨 다행. 대학 가면 일 년에 열두 남자 만날 거라더니 일 년에 열둘은. (콧방귀) 너 그러다 재수 없으면 엄마처럼 첫 남 친이랑 결혼하는 거야. 한 번 사는 세상 그리 살아 되겠니?
선자 부	재수 없는 건 아니고…
선자	걱정 마. 난 이순자 여사 원대로 화려하게 즐기고 살아 줄라니까.
선자 모	퍽이나. 재이를 도끼로 몇 년을 찍고 있는데 꿈쩍도 안 하드만.
민재	('재이?' 보는)
선자	재인, 내 인생 마지막 남자라 일부러 속도 조절하는 거야.
선자 모	(어이가 없어 비웃다 민재 보며) 밥 먹고 과일도 먹고 좀 놀다가요.
선자	에이, 앤 바로. (하는데)
민재	네.
선자	('뭐야 여기서 네가 왜 나와.', 의아해 민재 보는)

S#26. 선혜 집_옥상 / 낮

김장거리 잔뜩 널어져 있는 옥상.

선호, 운찬, 정우, 용일, 파 다듬고 마늘 까고 무채 썰고 하는 중이다.

선혜	내 점심 장사해야 되이까 너거들은 퍼뜩 다 손질해 놓그래이. (가면)
운찬	(방대한 양의 김치 재료 보며) 보쌈집인 우리 집보다 많이 하는 거 같은데…
용일	(황망히 혼이 나가) 맛집인가 봅니더…
정우	(큼) 얼른 하고 쉬자.
용일	이거 다 하믄 밤이겠는데요…
정우	(큼큼하다 옆에 피곤해 보이는 선호 보며) 괜찮아? 어제 과음한 거 같던데.
선호	제 걱정하실 땐 아닌 거 같은데.
정우	(민망, '큼큼… 그렇긴 하다.', 무 깎는 선호 슬쩍 보다) 어제 말야… (하는데)

이때 선호 핸드폰으로 걸려오는 전화. 발신자 '엄마'다.

선호	저 전화 좀.
정우	어, 그래. 받아.

S#27. 선혜 집 인근 + 진희 집 정문 / 낮

엘리베이터에서 기다리며 전화하는 진희.

진희	아들 어디야. 왜 아직도 안 들어와?
선호	어, 엄마 나 부산.
진희	뭐? 산에 갔다고? 아니 무슨 밤새 놀고 산엘 가.
선호	나 부산, 부산이라고.
진희	뭐? 부산? 네가 부산에 왜 있어?
선호	어쩌다 그렇게 됐어. 오늘 밤엔 올라가. 내가 올라가서 설명할게. (끊는)
진희	아들! 아들! (하는데 이미 끊어진 전화.) 얘가 정말 요새 왜 이래. (속상한데 이때 띵 하고 열리는 엘리베이터. 타려고 보는데 안에 춘양 있다. 멈칫했다 타는)

S#28. 엘리베이터 / 낮

춘양과 진희, 서로 말없이 껄끄러운 분위기.

진희	(먼저 입 떼는) 딸이 연희대였어?
춘양	어. 너도 아들이 연희대였네?
진희	응. (강조) 의대.
춘양	(표정)
진희	(떠보는) 딸은 어제 늦게 왔나?
춘양	애들 술 마시고 취해 갖고 다 같이 부산 갔다던데? 네 아들은 안 갔어?
진희	아… 다 같이 갔구나. (좀 안심하다) 어제는 좀 상황이 그랬지?
춘양	아니? 별로?

진희	('아오 저게.', 하지만 교양 잃지 않으려 차분히) 보통은 상황이 반댄데, 우
	리 선호가 대학교 가서 새로운 경험을 하고 싶었나.
춘양	우리는 뭐 그게 원래 보통 상황이라. 허구한 날 그 쫓아다니는
	놈들 치우는 것도 일이야.
진희	뭐 치워? (하다 엘리베이터 서고 기다리는 사람 있자, 이내 교양 있게) 그래
	뭐 애들이 어긋난 길 가면 어른이 잡아 줘야지. 너도 잘 부탁해.
	(하고 내리는)
춘양	(내리며 중얼) 나야말로 노땡큐네요, 노땡큐. ('흥이다.' 하고 가는)

S#29. 미역 좌판 / 낮

좌판 한쪽에서 머리 맞대고 궁리하고 있는 영웅과 해이.

영웅	그니까, 필름이 끊겼는데 키스를 한 거 같기도 하고, 근데 누군
	지는 모르겠다?
해이	(격하게 끄덕끄덕끄덕)
영웅	꿈 아냐? 요새 많이 외롭나?
해이	(일견 수긍) 그런가. 내가 요새 많이 외롭나. 그래서 꿈을 현실처럼
	기억하는 건가?
영웅	어떻게 죽부인이라도 하나 사 줘?
해이	(에이씨) 됐거든요.
영웅	그래서 누구길 바라는데?
해이	뭐가요.
영웅	그 키스한 사람이 누구길 바라냐고.

해이   … (복잡한 마음)

S#30. 시장 일각 / 낮

　　　　　　과일가게, 떡 가게, 옷가게 서로 마주 보며 붙어 있고.
　　　　　　과일가게 유민, 떡 가게 소윤, 옷가게 초희, 각각 영업하고 있다.
　　　　　　초희, 일바지 입고 패셔니스타처럼 서서 영업 중이다.

초희   골라 골라~ 두 장에 만 원. 네 장 사면 한 장 더 드려요.
소윤   (소심하게 작은 목소리로) 떡 사세요… 떡…
손님2   (지나가다) 뭐라카노?
소윤   떡… 사세요. 시루떡이 방금 나와서 부드럽고 맛있어요. 팥도 이
　　　　　　번 팥이 유난히 달다고 하시더라고요.
손님2   아따 마. 이건 뭐 궁금증 유발하는 새로운 영업법이가? 아지매
　　　　　　떡 하나 주이소. 시루떡이랑 인절미요.
아줌마2   **예예.** (하고 소윤 잘한다는 듯 툭툭 치는)
소윤   (배시시)

　　　　　　이때 떡집 옆에 채소 가게로 심부름 온 운찬.

아줌마4   **챙겨놨데이.** (하고 쪽파를 운찬에게 주면)
운찬   **네! 감솨함다.** (챙겨 가려는데, 소윤과 눈 마주치자 어색하게 목 인사하고 가는)
소윤   (얼결에 같이 목인사하고) **갑자기 웬 인사…** (가는 운찬 보는데 어제 일 때
　　　　　　문인가 신경 쓰이고)

/유민, 과일가게에서 부지런히 영업 중인데.

아줌마3	복숭아 박스 좀 같이 나르자.
유민	네.
아줌마3	많은데. (초희 보며) 잠깐 도와줄 수 있나?
초희	네. (일바지 입고 그쪽으로 뛰어가는)

S#31. 선자 방 / 낮

선자 방에 앉아 선자 방 두리번거리고 있는 민재.
선자, 대체 얜 왜 집에 안 가고 이러고 있나 싶고.
선자 모, 과일 가져와서 방에 놔두면, 민재, 꾸벅 인사한다.
선자 모, 문 닫고 나가려는데, 선자 부, 어느샌가 와 문 잡으며.

선자 부	문은 열어 두지.
선자 모	(됐다는 듯 선자 부의 손 치우고 문 닫으며) 재밌게들 놀아.
선자	너 생각보다 되게 친화적인 인간이다?
민재	(새초롬히 과일 먹는)
선자	(이때 또롱 하고 들어오는 카톡 확인해 보면, 부산 바다에서 찍은 단체 사진. 해이, 앞에서 메롱 하고 브이 하며 놀리듯 셀카로 찍었다) 하~ 나도 지금 부산에 있어야 되는데. 그때 왜 하필 화장실을 가서!
민재	(과일 먹으며 선자 방에 있는 해이랑 찍은 사진 액자 보고) 도해이랑은 어릴 때부터 친했나 봐.

선자	(그 말에 민재가 본 사진 보고) 어. 부랄 친구.
민재	그건 아닐 텐데. (선자 보며) 생물학적으로 어긋난 얘기거든.
선자	(표정) 관용적 표현이잖아.
민재	그래서… 해이 동생이랑도 친하구나?
선자	어, 해이네 엄마 일 땜에 늦게 오시면 재이랑 해이랑 우리 집에서 밥 먹고 그랬거든. (과일 집어 먹는데)
민재	도해이 동생 좋아해?
선자	('뭐야 이 질문은?') 그건 왜?
민재	아니 좀 질척거리는 거 같아서.
선자	아니거든! 네가 재이에 대해 뭘 알아. 걔 부끄러워서 그런 거야.
민재	그래. 그렇게 믿고 싶음 어쩔 수 없고.
선자	(근데 저게)
민재	궁금한 게 있는데.
선자	(삐뚤) 오늘 궁금한 게 좀 많다? 평소의 네가 편했는데.
민재	도해이랑 단장은 무슨 사이야?
선자	어? 너 알았어? 눈치가 고쟁인 줄 알았는데 의외로 눈썰미가 좀 있다?
민재	역시… 둘이 그런 사인 건가.

INS) 7회 에필로그 S#51

민재, 단실 문 열고 들어오는데, 단실 게시판 가득 프린트돼서 붙어 있는 길거리에서 정우가 해이를 안고 있는 사진. 민재, 그쪽으로 가 사진 본다.

민재(E)	(흠…) 근데 그럼 그 사진은 누가…
선자	역시 눈치가 고쟁이지. 그렇고 그런 사이가 아니라. 삼다가 차였어.
민재	차여?
선자	어, 직접적인 건 아니고 간접적으로. 뭐 그런 게 있어. 근데 너 삼다한테 되게 관심 많다? 애들한테 노관심인 줄 알았는데.
민재	(그게) 계약서 땜에 얽히다 보니까.
선자	?? 계약서?
민재	('아… 이건 몰랐나?' 싶은) …

S#32. 선혜 집_옥상 / 낮

미역 좌판 일 끝나고 김장하는 데로 온 해이와 영웅.
용일, 한쪽에서 호스 연결된 스쿠버 다이빙용 고글 끼고 마늘 까고 있다.

해이	우와, 이게 다 뭐야.
용일	(혼이 나가서) 내 피 땀 눈물.
해이	(고글 보고 흠칫) 뭐야, 그건 어서 나서.
용일	여 단장께 있드라.

해이는 선호와 정우 눈치 보는데 특별한 내색들 없고.
눈치 보다 가까이 있는 선호 쪽으로 먼저 간다.

해이	(괜히 쪽파 정도 같이 들어 주며) 어젠 내가 많이 취했나 봐. 기억이 하나도 안 나네.
선호	어, 많이 취했더라.
해이	내가 뭐… 실수한 건 없지?
선호	왜? 불안해? 필름 끊겨서?
해이	(불안) 왜 내가 혹시 너한테 뭐 실수했니?
선호	(픽 웃으며) 아냐. 걱정 마.
해이	(휴… 다행, 정우가 절인 배추 가지러 다라이 쪽으로 가는 거 보인다. 이번엔 정우에 따라붙는)

/해이, 절인 배추 같이 옮기는데 생각보다 무겁다. 억.

정우	(보다, 자기 다라이에 배추 더 옮겨 드는)
해이	(민망) 제가 어제 술을 많이 마셔서 필름이 끊겼는데, (단도직입적으로) 뭐 실수한 거 있어요?
정우	뭔 실수.
해이	(휴… 중얼) 그럼 진짜 꿈인가. 나 그 정도로…
정우	… (보는)

이때 선혜 나온다.

선혜	됐다. 이제 내 하는 거 보조나 해라.
해이	네! (하고 절인 배추 들고 뛰어가다 툭 헛디뎌서 절인 배추 땅에 떨어뜨린)
선혜	('저저 쯧쯧' 하고 째리면)

해이	(잽싸게 주우며) 얼른 씻어 오겠습니다!
선혜	쟌 와이리 부산스럽노?
정우	(큼큼) 부산스러운 건 아니고… 서두르다 보니.
선혜	('뭐야 편드는 거야?' 보는)

S#33. 시장 일각 / 낮

> 복숭아 박스 나르고 있는 유민과 초희. 복숭아 박스 나르는데 짐
> 실은 자전거 가로지르다 방향 잃고 유민 쪽으로 온다.

초희	**위험해.** (하면서 유민 낚아채면 복숭아 박스 떨어지면서 유민, 초희 품에 안긴다. 영화의 한 장면처럼 슬로우 걸리는)
유민	… (초희 품에 쏙 안긴, 두근할 뻔)
초희	(슝 하고 지나가는 자전거에 삿대질하며) 거기 안 서! 지금 사람이 다칠 뻔했는데!
자전거	(슝 도망가고)
유민	**됐어. 괜찮아.**
초희	후… (하고 가는 자전거 보며) 오토바이였으면 번호 보고 신고하는 건데.
유민	(픽 웃다) 여전하구나?
초희	(보면) 뭐가요?
유민	(복숭아 주우며) 여전히 용감해. 예전에 나 애들한테 당할 때도 네가 싸워줬잖아.

S#34. 단실 / 낮 / 유민 회상

재잘거리며 놀던 단원들, 옆에 초희 앉아서 벽에 기대 자고 있다.
유민 들어오자 하던 말 멈추고 서로 흘긋대다 나가려는 단원들.
유민 표정 굳는데.

초희   (눈 뜨고) 차라리 말을 하던가.

단원들   (보면)

초희   유치하게 사람 들어오면 보란 듯이 피하고. 그러고 싶냐? 불만
         이 있으면 차라리 말을 해.

단원들   ('잘난 척하긴.' 등의 말을 하며 나가면)

유민   … 고마워.

초희   (유민 보며) 딱히 선배 편든 거 아녜요. 저딴 거 꼴 보기 싫어서 그
         런 거지.

유민   … 그래도 고마워.

S#35. 시장 일각 / 낮

초희   (복숭아 같이 주우며) 그때 정말 누구 편도 아니었어요.

유민   알아.

초희   (복숭아 주우며 유민 힐끗 보며) … 근데 선배 사라지고 그런 생각은
         했어요. 기울어진 운동장에서 가운데 서 있겠단 건 사실상 기울
         어진 쪽 편이었던 거 아닌가… 그래서 좀 그랬어요. 선배 다시
         왔을 때도 (사이) 불편하고.

유민	그때나 지금이나 (빙긋) 고마워.
초희	…
유민	(복숭아 줍는데 다 상해 있다) 어떡해.
초희	(같이 주우며) 뭘 어떡해요. 이건 우리가 돈 내고 먹으면 되지.
유민	(주우며 웃는) 그치? 내가 걱정이 너무 많지?
초희	(피식)

S#36. 과일가게 / 낮

유민, 복숭아 박스 갖다 놓고, 생각하다 핸드폰 꺼낸다.

INS) 유민 핸드폰 메시지

'착신자: 테이아 정수일'

유민(E)	할 얘기가 있어. 좀 만나.

S#37. 카페 / 낮

수일, 카페에서 유민이 보낸 메시지 보고 있는데 그런 수일 앞에
앉는 사람, 진일이다. 핸드폰 내려놓는 수일.

진일	급한 일이… 뭐예요?
수일	물어보고 싶은 게 있어서.
진일	(보면)

수일   축제날, 나 사실 봤거든.

S#38. 무대 뒤 / 낮 / 회상

            9회 S#53 수일 시점.
            한쪽에 진일과 테이블 같은 곳에서 얘기하고 있는 수일.
            이때 핸드폰 지잉 하고 수신 진동 울리고.
            수일, 테이블 위 핸드폰 들어 확인하는데. 미리보기 알림표시.

            INS) 페북 메시지

유민(E)   이번엔 해이야?

            수일, 표정 굳는다. 수신자 아이디 확인하는데.
            진일, 수일 보면 자기 핸드폰 들고 있다.

수일   아 내 건 줄 알고. (웃으며 진일에게 핸드폰 건네는)
진일   (핸드폰 화면 메시지 보고, 수일 슬쩍 보는데)
수일   (티 안 내고 다른 얘기) 준비도 안 된 신입들이 단상에 올라가고 망조
            가 다 들었네.
진일   …

S#39. 카페 / 낮

수일	너지? 그 방송부 영상 메시지 보낸 사람.
진일	…
수일	(맞구나… 어이없어 웃고) 야, 김진일 그렇게 안 봤는데, 너 되게 과감한 구석이 있다? 근데 말야, 유민이가 갑자기 좀 만나자네? 또 어서 헛다리라도 짚었나. (반협박 조로) 그게 너인 걸 알면 어떻게 반응하려나. 궁금하네?
진일	… (수일 보는)

S#40. 선혜 집_옥상 / 낮

김칫소를 절인 배추에 넣는 단원들.
해이, 고무장갑 끼고 김칫소 넣다가 땀 닦으며 눈가 주변에 묻힌다.
이를 보던 정우.

정우	묻었잖아. (하면서 닦아 주는데 범위 넓어 되레 고춧가루가 해이 눈에 들어간다)
해이	악! 내 눈! (하며 부엌 쪽으로 뛰어가면)
정우	(당황하다 따라가는)
선호, 선혜	(보는)

S#41. 선혜 집_부엌 / 낮

해이, 눈 제대로 못 뜨고 싱크대 찾아 헤매면.

정우, 해이 손목 잡고 싱크대 쪽으로 가 흐르는 물에 해이 눈 씻어 준다.

정우	(안절부절하며) 괜찮아?
해이	(힝 울먹울먹) 아파요. 힝 내 눈.
정우	안 되겠다. 좀만 참아. (하고 해이 머리 잡고 흐르는 물 쪽으로 눈 갖다 대는)
해이	아아아악! (비명소리)
정우	(차마 못 보겠다는 듯 다른 쪽으로 고개 돌리고 머리 누르는) 좀만 참아.

/좀 진정된 듯 마른행주로 얼굴 닦고 있는 해이.

해이	내 작고 소중한 눈, 어떻게 되는 줄 알았네.
정우	미안. 닦아 주려고 한 건데.
해이	(홱 째리며) 차라리 그냥 둘 것이지. (중얼) 인생에 도움이 안 돼요. 도움이.
정우	미안… 자꾸 내가 너한테 잘못하기만 하네.
해이	(정우 보는, '왜 저래 맘 약해지게.')

S#42. 선혜 집_옥상 / 낮

정우와 해이, 돌아오면, 선호, 신경 쓰이는 듯 둘 본다.

선호	(해이 앉으면) 괜찮아?
해이	응.

선호	(옆에 용일 고글 보고 뺏는)
용일	뭔데? 그거 내가 선점했는데.
선호	해이 눈 다쳤잖아. (해이 주며) 이거 써.
해이	(보면)
용일	(힝) 그래, 니 해라.
해이	(고글 받으며 선호 보는) …
정우	(역시 그런 선호, 해이 보는)

/김칫소를 절인 배추에 넣고 마지막 김장통에 넣으며 마무리.

용일	(지쳐 쓰려지며) 끝났다.
선혜	(어림없단 듯) 김장통 옮겨야지.
용일	(힝)

S#43. 선자 집 앞 / 낮

민재 배웅하고 있는 선자, 선자 모, 선자 부.

선자 모	또 놀러 와요.
민재	(꾸벅하고 가면)
선자 모	(가는 민재 보며) 아유 참한 게 사위 삼음 딱 좋겠네.
선자 부	(조용히) 지켜봐야지. 섣불리 판단하지 말자고.
선자	(표정) 쟤랑은 절대 그럴 일 없거든요. 마음속에 대체 사위가 몇 명이야.

선자 모	(선자 흘기며) 내가 그럼 미래의 사위 상상하지, 미래의 남편 상상하리? (들어가는)
선자 부	그건 아니지. (하고 들어가는)
선자	(표정 하다, 가는 민재 보는데 아까 민재가 한 말 생각난다)
민재(E)	해이, 영웅 선배랑 계약서 쓰고 응원단 들어왔어.
선자	(… '왜 얘길 안 했을까?', 마음이 복잡해 집으로 들어가는)

S#44. 선혜 집_부엌 / 낮

부엌에 있는 김치 냉장고로 김치통 옮긴 해이.
김치통 넣어 놓고 돌아서는데 냉장고에 붙어 있는 정우 어릴 때 사진.
해이, 이를 귀엽다는 듯 보다, 한쪽 벽 아이 키 높이만 한 데 붙어 있는 야광 별 스티커에 시선 머문다.

해이	어? (그쪽으로 가 쭈그려 앉아 보며) 별이네. (눈대중으로 아이가 붙였을 거라고 생각하고) 단장이 붙인 건가?
선혜(E)	맞다.
해이	(소리에 보면 선혜, 김치통 옮겨 넣고 있다)
선혜	정우 가가 일곱 살 때 붙여 논 기라.
해이	(다시 별 보며) 어릴 때부터 좋아했나 봐요. 그걸로 과까지 가고, 생각보다 낭만적이시네.
선혜	(냉장고 정리하며) 난 그놈의 별 딱 질색이다. 장사한다꼬 늦게 들어가면 내 기다린다꼬 맨날 집 앞에 앉아가 하늘만 쳐다보고 있

는 거 아이가. 어린 머스마가 얼마나 적적했으면 별에 마음을 붙였겠노.

해이	…
선혜	(해이 쪽으로 오며) 대학 갈 때도 그리 반대했는데 그라케 고집을 부리고. 그래서 더 싫어졌다. (벽에 붙은 별 보며 후) 저노마 성질이지 아부지 닮아가 한 번 지 맘에 불붙음 말릴 재간이 없다.
해이	… (벽에 붙은 별 보는)

이때 뛰어 들어오는 아줌마1.

아줌마1	형님요, 비상입니데이 비상!
선혜,해이	??

/어느새 단원들 모여 선혜, 아줌마1 대화 듣고 있다.

아줌마1	아니 시장 노래자랑에서 먹자골목 반장이 주름잡는 게 말이 되는교.
선혜	그 여편넨 와 여까지 와서 판을 치고 다니는데.
아줌마1	우야노. 지금 판세가 완전 그쪽으로 뒤집혔다 안 카나. 이번에 상품도 억수로 좋은 긴데, 그걸 먹자골목에서 채가는 꼴을 우예 보노.
소윤	(곰곰) 방법이… 있을 것도 같은데…
아줌마1, 선혜	(보면)
소윤	(확 부끄러워져 얼굴 붉히는)

S#45. 시장 무대 / 낮

무대에 올라와 있는 단원들. 마이크 잡고 있는 사람, 소윤과 초희다.

아파트 전주 흘러나오면 동작 시작하는 단원들.

초희   (노래 시작) **별빛이 흐르는 다리를 건너**
단원들   **으쌰라 으쌰 으쌰라 으쌰**
소윤   **바람부는 갈대 숲을 지나**
단원들   **으쌰라 으쌰 으쌰라 셋 넷**
아줌마들   **으쌰라 으쌰 으쌰라 으쌰.** (한마음으로) 우윳빛깔 박정우! 사랑한데이 박정우!
정우   (쪽팔리다…)

시장 아줌마들 신났고. 운찬, 이 와중에 노래 잘하는 소윤 보는.

아줌마1   (덩실덩실) 쟈들 어디 가수가? 와 이리 잘하노?
아줌마2   정우 진짜 아이돌 다 됐네이.
선혜   … (보는)

단원들, 신명 나는 노래와 동작 이어진다.

아줌마들 환호하고, 이를 복잡한 마음으로 보고 있는 선혜.

S#46. 선혜 집 앞 / 밤

평상에서 낮에 한 김장과 수육 파티 하는 단원들. 옆에는 시장배 노래자랑 1등 푯말 크게 서 있다. 상품: 기장 미역 10kg

일동   잘 먹겠습니다!

아줌마   마이 무래이. 니들이 오늘 시장 체면 세워줬다.

해이   네! (하고 열심히 먹다 옆에 아줌마 막걸리 내주시자 신나서) 완전 센스쟁이. (하고 받으려는데)

정우   (뺏으며 눈빛 쏘는) 오늘 금주다.

해이   (쭈구리며) 네… (하면서도 아쉽다)

/영웅, 바다 보며 한쪽에 쓸쓸히 앉아 '후' 하고 한숨 쉬고 있다.

영웅   일은 끝났으려나…

S#47. 학생처 / 밤

일 마치고 정리하는 지영. 시계 보면 8시 다 돼 간다.
핸드폰 보고 영웅에게 전화할까 망설이다 아니다 싶어 내려놓고 자리 정리하는 지영. (영웅이 '울애기'로 저장돼 있다)

S#48. 선혜 집_옥상 / 밤

옥상 장독에서 고추장을 그릇에 담고 있는 선혜. 정우, 선혜 쪽으로 온다.

정우	(같이 거들며) 밥 묵음 바로 올라 가께.
선혜	반찬 경비실에 맡깄다. 찾아 무라. 애들 것도 싸 났으이 이따 갈 때 챙기 가고.
정우	고맙다. (사이) 엄마 맘 편하게 할라고 그만둔다 할라 했는데… 그람 또 그짓말이 될 거 같다. 내 올해만 봐주믄 안 되겠나?
선혜	(보면)
정우	올해까지만이다. 내년부턴 제대로 행시 준비해서 꼭 합격하게. 엄마 알제? 내 머리 좋은 거.
선혜	(고추장 담던 손 멈추고) 닌 그게 그마이 좋나?
정우	… 지금은 상황이 좀 그렇다.
선혜	(후… 하고 장독 뚜껑 닫곤 바다 쪽으로 가 보며) … 나는 니 아부지 노래 하는 게 참 좋았다.
정우	(엄마가 먼저 아빠 얘기 하는 건 처음이다… 보면)
선혜	그때 내는 묵고 사는데 치여서 노래 하나 제대로 들어 본 적도 없는데 그 양반은 노래는 꿈이라꼬, 한 곡조씩 뽑아 올리는 게 참 반짝반짝 윤이 나고 뭇지드라.
정우	…
선혜	결혼하고 오만 델 돌아댕기매 히피처럼 사는 게 지겨웠는데 그 래도 니 아부지가 노래할 땐, 좋았다.
정우	… 낸 아부지랑 다르다. 난 그리 안 산다.
선혜	하모. 닌 다르제. 맞다 닌 다르다. (사이) 니 하고 싶음 그리 해라.
정우	(보면)
선혜	어제오늘 니를 보는데 반짝반짝 윤이 나드라. 언제 그렇게 반짝 여 보겠노? 니 하고 싶은 거 해라. 내 닐 우예 말리겠노.

정우	… 진짜 괜않나?
선혜	(끄덕하며) 니 아부지가 그라드라. 살면서 그리 좋은 걸 만나는 것도 인생의 큰 행운이라꼬. 평생 그 하나 못 만나는 사람도 쎄고 쎘다꼬. (정우 보며) 니는 행운안가 보다.
정우	… (울컥) 고맙다. (사이)… 미안타.
정우	(픽 하고 정우 툭툭 치고) 자식은 참말로 어렵데이. (먼저 고추장 그릇 들고 나가면)
정우	(홀로 남아 울컥해 눈물 툭 떨어지고 얼른 눈물 닦아내는)

S#49. 선혜 집 앞_바닷가 / 밤

밥 다 먹고 불꽃놀이 키트 사서 불꽃놀이 하고 있는 단원들.
운찬, 신나서 강아지처럼 뛰어다니고.
용일, 열심히 불꽃놀이로 하트 그리며 초희에게 어필해 보는데,
초희 노관심이다. 초희, 앉아 에어팟 끼고 음악 듣고 있으면, 소
윤, 초희 옆에 와 앉는다. 초희, 소윤 보더니 에어팟 한쪽 내민다.
받아서 끼는 소윤.
해이, 차분히 바다 보고 있다.

정우	(그쪽으로 와 옆에 앉으며) 왜 막걸리 못 먹어서 울적해?
해이	(표정) 아니거든요. 감상에 젖어 있는 거거든요.
정우	무슨 감상.
해이	… 왜 그런 거 있잖아요. 이런 거 보면 괜히 부모님 생각나고. 이 좋은 걸 나 혼자 봐도 되나 싶고.

정우	(보면)
해이	(머쓱해서 부연 설명하듯) 엄마가 티브이에 바다 나오면 그랬거든요. 먹고 사느라 바빠서 네 아빠는 바다 냄새 한 번 제대로 못 맡아 보고 하늘로 간 게 한이라고. 그 말이 생각나서요.
정우	(보다) 아버지가 기특해 하시겠다. 좋은 거 보고 아빠 생각해 준다고.
해이	(괜히 민망해 말 돌리며) 단장은요? (사이, 정우 흘긋 보며) 아까부터 좀 다운된 거처럼 보이는데.
정우	아니? 그 어느 때보다 기분 최~고 좋은데?
해이	(표정) 뭘 또 그렇게까지… (하다 하늘에 반짝이는 별 가리키며) 어? 알타리. (하고 정우 보면)
정우	(표정) 그래. 그냥 알타리로 하자.
해이	저도 알거든요. 알타이르. 발음하기 편해서 그런 거라고요. 저 완전 똑똑하거든요. (삐쭉하는데 웃으며 별 보는 정우, 그런 정우 보다) 여기에요?
정우	뭐가?
해이	어릴 때, 앉아서 별 보던 데가. (고개를 집 쪽으로 돌리며) 어머니가 그러셔서.
정우	(해이 보다, 다시 하늘 보며) 응. 여기야.
해이	(별 보는 정우 보다, 앞쪽 바다 보며) 외로웠어요?
정우	(보면)
해이	(정우 보며) 난 그래도 재이랑 같이여서 덜했는데 단장은 혼자니, 외로웠을 수도 있겠다 싶어서.
정우	글쎄. 그랬나? 여기 앉아서 이러고 있으면 시간이 금방 갔거든.

	(웃는)
해이	(정우 말 돌려주듯) 기특하네요, 단장. (툭툭 해 주며) 잘 컸네.
정우	(픽 웃으며 하늘 보는데…)
선혜(E)	니 아부지가 그라드라. 살면서 그리 좋은 걸 만나는 것도 인생의 큰 행운이라꼬.
정우	(해이 보다 뭔가 할 말 있는 듯 말 꺼내는) 어제 말야.
해이	('헉 어제…') 왜요? 어제 뭐요?
정우	네가 흘리지 말라고 했잖아?
해이	아… 거기까진… 기억이… 나는 거 같기도 하고…
정우	네 말이 맞아. 내가 좀 그랬어.
해이	됐어요. 뭐 이제 와서 새삼스럽게.
정우	그래서 이제 그렇게 안 하려고
해이	(보면)
정우	흘리고 다니지 않고, 제대로 행동하려고.
해이	(뭐지?)
정우	좋아해. 좋아한다 도해이.
해이	!!

이때 불꽃놀이 키트 사 와서 해이 부르는 선호.

선호	도해이! (하며 손 흔들고) 너도 하자. (하는데)
해이	(생각나는)

INS) 바닷가 / 밤

미역 들고 망나니처럼 뛰어다니고 있는 해이.

선호   (손 흔들며) 도해이!

/미역 한 손에 들고 모래 바닥에 앉아 키스하는 해이의 상대방,
선호다.

!! 해이 기억 떠올라 복잡한 마음으로 선호 보다, 다시 정우 보는
데서.

엔딩.

S#1. 선혜 집 앞 바닷가 / 밤

　　　　　10회 엔딩 이어지며.

정우　　　　좋아해. 좋아한다 도해이.
해이　　　　!!

　　　　　이때 불꽃놀이 키트 사 와서 해이 부르는 선호.

선호　　　　도해이! (하며 손 흔들고) 너도 하자. (하는데)
해이　　　　(생각나는)

S#2. 선혜 집 앞 바닷가 / 밤 / 회상

자막　　　　#시간 전

취해서 바닷가에서 미역 들고 망나니처럼 뛰어다니고 있는 해이.

선호	(손 흔들며) 도해이!
해이	이거 봐 봐. 이거 내가 딴 미역이야. (하면서 뛰어오다 넘어지고)
선호	(해이 쪽으로 와, 픕 웃으며 구부려 앉아) 너 진짜 취했구나. (하며 해이 얼굴에 묻은 흙 털어 주는데 바람이 선선히 불며 지나간다)
해이	와! 바람에서 바다 냄새난다. (하며 바람 느끼려 눈 감으면)
선호	(해이 흙 털어 주던 손 멈추고, 눈 감은 해이 보다) 지금 이럼 반칙이지.
해이	(눈 뜨고) 응?
선호	이럼 내가 키스하고 싶어지잖아.
해이	(가만히 선호 보면)
선호	(해이 보는)

둘 서로 마주 보고 있다, 선호, 살짝 다가가면, 해이, 자연스럽게 눈 감고, 둘 키스로 이어진다.
/키스한 후. 선호와 해이, 혼란스러우면서도 애정 가득한 눈으로 보는데…

해이	(우욱)
선호	??
해이	(우욱 하면서 선호 옷에 오바이트…)
선호	(황망히 토하는 해이 뒤통수 보는데)
정우(E)	도해이!

선호, 해이	(그 소리에 보면 정우다)
정우	(선호 옷에 토한 해이 보고 표정)

S#3. 선혜 집 앞_바닷가 / 밤

정우	(답 기다리듯 해이 보는데)
해이	(갑자기 벌떡 일어난다)
정우	아, 깜짝이야. (보면)
해이	어, 그니까. 화장실, 화장실이 급해요! 목까지 찬 수육이 그새 장까지 내려갔네. (하고 호다닥 집 쪽으로 뛰어가는)
정우	(황망히 뛰어가는 해이 보며) 화장실이… 많이 급한가 보구나.
선호	(역시 쟤가 어딜 가나 싶어 쳐다보고)

집 평상 쪽에서 그런 정우 보고 있는 선혜.

S#4. 선혜 집_화장실 / 밤

옷 입은 채 변기에 앉아 손톱 물어뜯으며 초조히 생각에 잠겨 있는 해이.

해이	미쳤어 미쳤어. 미쳤어 도해이. 거기서 눈을 왜 감아! 근데 단장은 갑자기 왜 이 타이밍에 그런 말을 하고. (하며 머리 쥐어뜯는데)
선혜(E)	(문 두드리며) 거 뭔 일 있나? 와이리 시끄럽노?

해이	(헉 하다) 너튜브예요, 너튜브.

S#5. 선혜 집_거실 / 밤

해이, 화장실에서 눈치 보며 나와 꾸벅 선혜한테 인사하고 나가
려는데.

선혜	(반찬들 소분해서 쇼핑백에 담으며) 손 비면 와서 거들어라.
해이	(보다) … 네 (그쪽으로 가 정신은 반쯤 나가 있지만, 손은 척척 나눠서 빠르게 담으면)
선혜	(보며) 손이 야무네.
해이	(그 말에 자기 손동작 보고) 그러게요. 정신이 나가 있어도 몸이 노동을 기억하네요.
선혜	(뭔 소린가 싶고)
해이	(그냥 어색하게 웃는)
선혜	(해이 힐긋 보다 일하며) 정운 학교선 어떻노?
해이	네? 단장 학교에서요… 뭐 좀 꼰… (하다 말 바꿔) 엄한 면이 있긴 한데, 또 은근 사람 챙기고, 다들 좋아해요.
선혜	학생은? 니도 좋아하나?
해이	네? 그쵸…? 좋아…하죠.
선혜	그래. (하면서 해이 보다 다시 일 하는)
해이	(이래저래 마음이 복잡)

S#6. 선혜 집 앞 / 밤

콜밴 와 있고, 인사하고 있는 단원들과 선혜.

단원들 손에 하나씩 반찬이며 미역이며 들려 있다. 유난히 1.5
배 정도 커 보이는 해이 보따리.

단원들   **감사합니다.** (하며 각자 꾸벅)

선혜   (정우만 안 보이자) **정우 야는 어데 갔노?**

해이   (두리번거리며 정우 찾는데 바닷가에서 뭔가 줍고 있는 정우 보인다)

정우   (주머니에 넣으며 얼른 뛰어오는)

선혜   **뭐 한다고 거서 오는데?**

정우   **아이 뭐.** (말 돌리며 선혜에게) **가께. 들어가라.**

선혜   (끄덕하며) **밥 잘 챙기 묵고.**

정우   **알았다.**

운찬   (둘러보며) **근데 영웅 선배는 어디 갔어요?**

소윤   **아까 먼저 올라갔어요. 콜밴 불러 주고.**

운찬   (어색하게) **아… 그랬구나.** (하며 소윤 피하는)

소윤   ('피하는 거 맞구나.' 싶은)

용일   (해이 보따리 보다 갸웃) **근데 니께 유난히 큰 거 같은 건 기분 탓인가?**

선혜   (그 말에 용일이며 단원들, 택시 쪽으로 밀며) **가라. 아지야 기다린다.**

용일   (갸웃하며 해이 보따리 보다 선혜 손에 떠밀려 택시 타는)

S#7. 콜밴 / 밤

해이, 택시 타는데 한쪽에 정우, 한쪽에 선호 앉아 있다.

130 × 131

정우, 선호	(동시에) **여기**. (하다 서로 쳐다보면)
해이	(동공 지진을 일으키며 어색하게 보다) **어? 저기 자리 있다.** (하고 멀찍이 뒤로 가서 앉는다)
정우, 선호	(서로 뻘쭘)

앉자마자 행여나 정우, 선호와 눈 마주칠까 눈 질끈 감고 자는 척하는 해이에서 타이틀 인 치얼업.

S#8. 도로 / 밤

달리는 도로 전경.

S#9. 콜밴 / 밤

도로 달리는 콜밴.
단원들 대부분 자고 있는데.
정우, 선호, 해이, 각각 창문 보며 생각에 잠겨 있다. f.o

S#10. 선호 집_다이닝 룸 / 아침

간단히 차린 아침 먹고 있는 선호.
진희, 앞에서 신문이나 잡지 등을 보며 커피 한 잔 하고 있다.

진희	(신문 보며 넌지시) **재밌게 잘 놀았어?**

선호	응.
진희	(신문 내려놓고) 그래. 잘 놀았으면 됐어. 이제 충분히 놀았으니 응원단은 여기서 스톱 하자?
선호	어?
진희	이제 더 생산적인 데 신경을 써야지.
선호	더 하면 안 돼? 예과 땐 좀 놀아도 되잖아.
진희	선호야, 넌 일반적인 애들이랑은 가려는 루트가 달라. 남들 논다고 너까지 같이 놀아서 되겠어? 지금까지 엄마 말 들어서 틀린 거 있었어? 이번에도 엄마 말 들어. 그게 다 널 위한 거니까.
선호	… 안 돼. (진희 보며) 지금 못 그만둬.
진희	(부드럽게 호통, 아직 여유 있다) 진선호, 얘가 진짜 왜 안 하던 짓을 하지? 너 설마 그 춘양이 딸 때문에 이래?
선호	… (부정 안 하고)
진희	그럼 더 안 돼. 이런 말까진 안하려고 했는데 연애도 수준이 맞아야 하는 거야. 안 그럼 나중에 아주 골치 아파져요.
선호	우리 집은 뭐 대단한가? (사이) 우리 집도 엉망이잖아.
진희	우리 집이 왜 엉망이야? 남들은 이렇게 못 살아서 안달인데.
선호	엄만 정말 우리 집이 정상이라고 생각해?
진희	(당황했다) 아무튼 안 돼.
선호	… 나 할 거야.
진희	(쟤가 왜 저러나 보면)
선호	나 이제 성인이야. 이 정도는 내가 결정해서 해도 되잖아. 나 할래.
진희	(보다) 그래 이제 넌 성인이니까 네 결정에 대한 책임도 네가 져야지. 응원단 계속하면 카드, 끝이야.

선호	!! … 그래. (하고 일어나 나가는)
진희	(가는 선호 보며, 이제 여유 없다. 호통) 야! 진선호. 나 진짜 끊을 거야.
선호	(슝 나가 버리는)
진희	(가는 선호 보며) 쟤 내 아들 선호 맞아? 뭐가 쟬 저렇게 배린 거야?
선자(E)	Wow

S#11. 매점 / 낮

해이, 심각한 표정으로 크림빵 먹고 있다.

선자	단장이 고백을 했는데 넌 비선호랑 키스를 했다. (부들) 아 내가 이런 빅 재미를 놓치다니.
해이	(머리 쥐어뜯으며) 내가 또 술을 마시면 인간이 아니라고 했건만. 난 금수야 금수.
선자	진짜 술 때문일까? 비선호 공개 고백에 흔들린 거 아니고?
해이	(보는)
선자	(해이 표정 보고) 오오 뭐야. 삼다 두 개의 심장을 가진 여자야? (손 한쪽 씩 해 보이며) 비선호냐 단장이냐. 단장이냐 비선호냐.
해이	됐어! 사랑 따윈 필요 없어. 난 나의 길을 갈 거야.
선자	퍽이나 가시겠다. (해이 슬쩍 눈치 보다) 근데 너 응원단 들어올 때…
해이	응?
선자	아니다. 지금도 충분히 정신 시끄러울 텐데, 담에 담에.
해이	('뭔 소리야.' 하다 이내 다시 머리 쥐어뜯는)

유민, 수일과 앉아 있다.

유민	오빠야? (핸드폰 화면에 '알 수 없음'으로 된 페북 메시지 보여 주며) 이거 보낸 사람.
수일	… 왜 나라고 생각해?
유민	봤거든. 오빠가, 내가 메시지 보냈을 때 확인하는 거.
수일	… (후…) 그래 나야.
유민	!! 대체 왜 이런 짓을.
수일	박정우 하는 짓이 맘에 안 들어서, 나도 일이 이렇게 커질 줄 몰랐어. 사실 뭐 메시지 보낸 게 범죄는 아니잖아. 방송부 놈들이 일을 키운 거지. (눈치 보며) 다신 안 그럴 테니 넘어가 주라…
유민	그럼 2년 전엔?
수일	(보면) 2년 전?
유민	그 조명, 사고 맞아? 오빠가 한 짓 아냐?
수일	(잘못 엮였다 싶다) 그건 아냐! 설마 그런 짓까지 할 정도로 막 나가겠어?
유민	(보면)
수일	진짜 반 장난으로 메시지만 몇 개 보낸 거지 뭐 더 한 거 없다니까. 너 나 알잖아? 아무리 그래도 사람 다치게 할 만큼 간땡이가 크진 않다고!
유민	조사해 보면 알게 되겠지. 오빠 간이 큰지 작은지.
수일	(O.L) 안 돼! (간절히) 지금 경찰 조사받는 거만으로도 인생에 빨간 줄 그어진 거나 다름없는데 여기서 일 더 생기면, 막말로 취

업도 못 하고 내 인생 좆이야.

유민	(보면)
수일	내가 진짜 잘못했어. 유민아 사람 하나 살린다 생각하고 제발. 남의 인생 망가뜨리고 너라고 맘 편할 거 아니잖아.
유민	(그 말에 흔들리고)
수일	(급해서) 어떻게 무릎이라도 꿇으면 네 맘이 풀리겠어? (하고 무릎 꿇는 시늉 하자)
유민	됐어.
수일	(그 말에 유민 보면)
유민	… 마지막 기회야. 여기서 앞으로 단 하나라도 무슨 일 생기면, 그땐 과거 일까지 싹 다 공론화해서 시시비비 가릴 거야.
수일	(안도하며 '후') 그럴 일 절대 없어. 진짜로!
유민	그래야 할 거야.

/유민 자리 뜨고 혼자 남은 수일.

| 수일 | (물 벌컥벌컥 마시고 잔 거칠게 내려놓으며) 하, 김진일 찐따 새끼가. 뭐? 범죄가 아냐? |

S#13. 카페 / 낮 / 수일 회상

10회 S#39 이어지며.

| 수일 | 근데 말야 유민이가 갑자기 좀 만나자네? 또 어서 헛다리라도 |

	짚었나. (반 협박조로) 그게 너인걸 알면 어떻게 반응하려나. 궁금하네?
진일	… (수일 보는) 형은 저인 거 말 못할 거예요.
수일	(보면)
진일	(핸드폰으로 음성 파일 찾아 재생하고 내려놓는)
수일(F)	(음성 파일, 취했다) 그럼 일단 카드 줄 테니까 내 돈으로 막고 티켓비 정산 끝나면 계좌로 보내.
진일(F)	… 네.
진일	(녹음 파일 끄면)
수일	!! 그치? 이거 내가 쓴 거 아니라니까! 그럴 줄 알았어. 취해서 기억이 안 난 거였어. 젠장! (하면서 진일 핸드폰 뺏으려고 하면)
진일	(핸드폰 치우며) 이 사용 내역 아는 사람이 저밖에 없더라고요. 그 말은 형 무죄 입증할 사람도 저밖에 없단 소리고요. 통장 입금 내역은 너무 명백한 증거라 소명 못하면 유죄 피하기 어려울 텐데…
수일	협박처럼 들린다?
진일	유민 누나 만난다고요?
수일	(보면)
진일	잘됐네요… 형이 범인인 걸로 하죠.
수일	뭐?
진일	(서늘하게) 이건, 범죄는 아니잖아요? 범죄자가 되는 거보단 낫지 않겠어요?
수일	(이 새끼 좀 무섭다)

S#14. 카페 / 낮

　　　'후' 하며 억울함에 어쩌지도 못하고 테이블 쾅 내려치는 수일.

S#15. 단실 / 낮

　　　단실에 모여 있는 신입생들과 운찬, 소윤.
　　　해이, 선호와 눈 마주치지 않으려 안간힘이다.

운찬　　1학기 공식 Schedule은 축제로 The end. 당분간은 학업에 각자
　　　매진하다 여름방학과 동시에 여름 훈련이 시작된다.
해이　　Yes!
운찬　　(보면) 너무 좋아한다?
해이　　하하하. (어색하게 웃는)

　　　이때 단실문 빼꼼 여는 6화에서 그만둔 정미와 세정.
　　　일동 '??' 그쪽 보는.
　　　/정미와 세정, 운찬, 소윤과 얘기 중이고.
　　　회의 끝나고 선호, 해이 쪽으로 오려는데 선자와 부리나케 나가
　　　는 해이.

선호　　뭐야, 피하는 거야?

S#16. 단실 복도 / 낮

단실 쪽으로 가는 정우와 초희. 선자와 해이, 꾸벅 인사하면.

정우   어, 도해…(이 하려는데)

해이   (이미 부리나케 사라진)

정우   (중얼) 피하는 건가.

S#17. 단실 / 낮

단실에 모여 있는 정우, 초희, 운찬, 소윤, 정미, 세정.

정우   다시 들어오고 싶다고?

정미   (눈치 보며) 네. 가능하면…

운찬   축제 때 또 내가 너무 멋있었나 보네.

초희   (헛소리 말라는 듯 옆구리 팍 치는데)

세정   네 멋있었어요!

운찬   (거 보라는 듯 초희 보면)

초희   너희들 빠진 거까지 채우려면 훈련도 두 배 더 빡셀 거야. 버틸
          자신 있어?

정미, 세정 (긍정의 사인인가 싶어) 네!

초희   (정미와 세정 대답에 긍정적인 사인으로 정우 보는)

S#18. 강의실 / 낮

선호와 정우, 각각 강의실 자리에 앉아 있다.

해이, 그 누구와도 눈 마주치지 않으려 시선 한 곳만 응시하며 자리로 간다.

선자	(속삭) 피한다고 될 일이냐. 이게 더 이상하거든.
해이	왜 뭐가? 나 완전 자연스러웠어.
선자	(고개 절레절레)

/교수님 들어와 수업 중이다.

교수님	이번 기말 과제는 인당 오천 원 예산으로, 만 원에 파트너와 데이트하고 보고서 작성을 하는 겁니다. 파트너 선정은 랜덤으로 정했어요.
학생들	(환호)

/망연자실한 표정의 해이. 해이 옆의 파트너… 정우다.
선호와 몇 명의 남학생들, 파트너 없어 한쪽에 모여 서 있다.

교수님	(남학생들 모인 쪽 보며) 남학생 수가 더 많아서, 파트너 없는 남학생들은 특별히 원하는 데이트 상대를 고를 수 있는 선택권을 줄게요.

/더 망연자실한 표정의 해이.
한쪽에 정우, 한쪽에 선호 서 있다.
해이, 환장 대잔치이고, 이를 보는 선자.

선자	흥미진진한 치정사구먼.

S#19. 해이 집_부엌 / 밤

삼각 주먹밥 만들고 있는 춘양. 해이, 옆에서 자꾸 동그랗게 주먹밥 만든다.

춘양	야, 동그란 건 먹기 불편해 삼각으로 만들어. (하며 해이가 만든 주먹밥 가져가서 삼각으로 주물주물)
해이	(둥글게 만들며) 난 삼각 싫어. 삼각 완전 별로야. 세상을 그렇게 뾰족하게 살 필요가 있어? 둥글둥글하게 다 같이 사이좋게 살면 좋잖아? (하며 다시 동그라미 주먹밥 만들어 놓는)
춘양	뭔 또 헛소리야. (장난스럽게) 왜 삼각관계라도 얽혔냐?
해이	(동공 지진) 어떻게 알았어?
춘양	('오 진짜인가 본데.') 네가 워낙 뻔해야 말이지. 김칫국 마시면 김칫국 안 먹고, 삼각관계 얽히면 (삼각김밥 보며) 삼각김밥 안 먹고.
해이	(삐쭉)
춘양	(흥미진진) 한 놈은 황진희 아들이겠고… 다른 한 놈은 누구지? 그 사투리 쓰는 머스만가? 걔 귀엽던데. 엄만 걔.
해이	(어이가 없다) 그런 거 아니거든!
춘양	(혼자 신나서) 그 단장인가 걘 어린애가 너무 폼을 잡고 있어서 좀 그렇더라. (고개 저으며) 막 여자 친구한테도 군기 잡을 거 같아.
해이	행사 날이니까 그렇지, 뭐 그렇게까지 폼 잡고 그런 건 아닌데.
춘양	(보다) 걔구나?

해이	아냐!
춘양	넌 진짜 너무 뻔하다. 궁금할 틈이 없어.
해이	(주먹밥 꽉꽉 만드는)
춘양	뭐 그래, 황진희 아들보단 그쪽이 낫다.
해이	엄마의 취향 따윈 전혀 고려 대상이 아니거든요.
춘양	그럼 네 취향은 뭔데?
해이	… 몰라. (위생 장갑 벗고 가는)
춘양	야, 우리 딸 대학 가더니 별짓 다 하네. 그래 가지가지 할 수 있는 건 다 해 봐라.
해이	(삐죽거리며 방 쪽으로 가려는데 부엌 한쪽에 쌓여 있는 석류즙 열 박스 정도) 뭐야, 엄마 또 홈쇼핑 했어?
춘양	(뜨끔) 아니 내가 요새 갱년기가 오려나 가슴이 쿡쿡 쑤시는 게…
해이	아니 사도 적당히 사야지, 저거 다 먹으면 남자도 여자 되겠어!
춘양	잠깐 먹고 끊으면 안 돼. 일시적인 처방 말고 이게 다 근본적인 걸 고쳐야 되는 거랬어.
해이	(혀를 끌끌 차며) 우리가 지금 저렇게 석류즙 박스로 쌓아 놓고 먹을 형편이냐고.
춘양	(어이가 없다. 그쪽으로 와) 석류즙 하나에 무슨 형편까지 나와.
해이	하나가 아니니까 그렇지!
춘양	더럽고 치사해서. 반품해, 반품하면 될 거 아냐. (박스에 나와 있는 석류즙 넣으며) 내 주제에 뭐 이런 사치스런 건강즙을 먹겠다고.
해이	(비꼬는 춘양에 자기도 지지 않으려고) 내가 보기엔 엄만 갱년기가 아니라 사춘기거든. 왜 이렇게 철이 안 들어? 누워 있지 말고 나가서 걸어. 그게 진짜 건강 챙기는 거야.

춘양	(해이 보며) 너 가끔 진짜 정 뚝 떨어지게 말하는 거 알아?
해이	엄마가 그렇게 만드니까 그렇지!
춘양	(보다, 고개 절레절레하며 박스에 더 퍽퍽 넣는)
해이	('좀 심했나…' 춘양 보는)

S#20. 지영 오피스텔 앞 / 밤

지영 오피스텔 앞에서 어슬렁대는 영웅.

연락처의 '올애기' 통화 버튼을 누를까 말까 계속 고민하는데.

집 쪽으로 오는 지영이 보인다. 영웅, 화들짝 놀라 주변 둘러보다 얼결에 숨는데.

전남편	(집 앞에서 기다리다 울먹거리며) 지영아.
지영	(흠칫) 뭐야 네가 여기 왜 있어.
전남편	보고 싶어서 왔지.
지영	(황당) 미친. 럽스타 하는 네 여친한테 가서 칭얼거려. 어디서 술 쳐 먹고 전처한테 주정질이야. (가려는데)
전남편	(붙잡으며) 끝났어. 나한테 홀아비 냄새가 나서 싫대. 내가 홀아비 냄새가 날 정돈 아니지 않냐? (지영한테 안기려고 하며) 지영아, 내가 잘못했어. 내가 너 같은 여잘 두고 정신이 나가서. 나한텐 너밖에 없어.
지영	(거칠게 치우며) 꺼…(져 하려는데)
영웅	(OL) 멈춰.
지영	(소리에 보면 영웅이다)

전남편	(황당) 뭐야, 넌?
영웅	남친이다. (지영 가리키며) 얘한텐 나밖에 없어!
전남편	(황당한 듯 보면)
지영	(역시 황당해 보는)

S#21. 지영 오피스텔 / 밤

지영이 혼자 사는 투룸 오피스텔.
술 한두 병 비워 살짝 알딸딸한 두 사람.

지영	(취기에 영웅 흉내) 얘한텐 나밖에 없어 이러니까 걔 표정이… (웃기다는 듯 웃다가 잦아들곤 살짝 영웅 보고) 근데 네가 그 말할 때 나 살짝 마음이 좀 그랬다?
영웅	(보면)
지영	그냥 이제 그런 거 좀 자신 없다 생각했었는데, 이게 또 나쁘지 않더라고. (피식하고 술 원샷)
영웅	… 내가 좀 한심하지? 한량처럼 학교나 어슬렁거리고. 인생에 목적도, 포부도 없어 보이고.
지영	… (아니라곤 말 못하겠다)
영웅	(술 마시고) 그랬던 때도 있었어. 인생에 목적이랑 포부만 있었던 때. (지영 보며) 돈에 인생이 휘둘리는 게 지긋지긋했거든.
지영	(보면)

INS) 회의실 / 낮

회의실에서 서너 명의 사람들과 노트북 앞에 두고 열정적으로 회의하는 영웅.

영웅(E)   잠도 안 자고 밥도 안 먹고 죽어라 일만 했지. 어떻게 운이 좋아서 원하던 결과를 얻었는데.

INS) 포장마차 / 밤

홀로 우동 안주에 쓸쓸하게 소주 마시고 있는 영웅.

영웅(E)   이게 이상하게… 공허하더라고. 더 하면 나을까 싶어 죽어라 또 달렸어.

INS) 사무실 / 밤

일하다 쓰러진 영웅.

영웅(E)   근데 그러다 사고가 빵.

지영   (보면)

영웅   (지영 표정 보고 걱정 말라는 듯) 지금은 보다시피 멀쩡해. 병상에 누워 있는데 그런 생각이 들더라. 뭘 위해 이렇게 살고 있는 건가.

지영   (보면)

영웅   그래서 그때 정리할 수 있는 건 다 정리하고, 이제 그냥 하고 싶은 거나 하자 했는데. (지영 보고 쓰게 웃으며) 뭘 해야 할지, 모르겠어.

지영   (보면)

영웅   나란 놈이 돈 말곤 인생에 쫓을만한 거란 게 없는 그런 놈이었어.

그래서 여기로 왔어. 그나마 내 인생에서 제일 좋았던 때, 좋았던 기억이 여기라.

지영   … (영웅 툭툭 해 주고) 너도 참, 애쓰면서 살았다. (술 마시며) 하긴, 애쓰지 않는 인생이 어딨겠냐 만은. (영웅 보며) 내가 너무 쉽게 말했어. 미안.

영웅   (그 말에 울컥해서 지영 보다 급발진, 안는)

지영   (갑자기 안아서 놀라며) 뭐야.

영웅   (훌쩍) 이해해… 주는 거야?

지영   (귀엽다. 툭툭 토닥여 주는)

영웅   (눈물 참고 쓱 닦으며 지영 보고) 오늘 누구 여기 올 사람 없지?

지영   (바로 알아듣고 끄덕) 없지.

영웅   (그 소리와 동시에 테이블 위 술들 확 쓸어내리는)

지영   (술이 확 깨는) 야!

영웅   (동공 지진) 아 그게… (치우려는데)

지영   (이내 포기하고 영웅 확 휘어잡아 엉겨 붙는) f.o

S#22. 진희 집_엘리베이터 / 낮

진희, 엘리베이터 타는데, 엘리베이터 타고 있는 춘양.

진희   (엘리베이터 타며 새침하게) 자주 보네.

춘양   (표정) 그러게. 누가 보면 네가 내 업무 시간 맞춰서 대기하는 줄 알겠다.

진희   (어이없다는 듯 보다, 다시 앞에 보고 떠보는) 네 딸은 잘 관리하고 있지?

춘양	애초에 내가 관리가 될 종자가 아냐. (고개 절레절레) 자기 혼자 워낙 잘나셔서. 네 아들한테 조심하라 그래, 천상천하 유아독존이시라 다 자기 밑에 사람이라고.
진희	(보다, 다시 앞에 보며 후) 들어야 말을 하지. 네 딸한테 조심하라 그래. 세상 물정 모르는 도련님이 반항까지 하면 노답이라고.
춘양	(보는)
진희, 춘양	(동시에 '후' 하다 서로 보는)

이때 띵 엘리베이터 서고, 진희 내리려는데.

춘양	(같이 내리며) 한 잔 할래?
진희	(보는)

S#23. 단실 / 낮

신입생들 각자 캐비닛 족보 자료 들춰 보며 공부하고 있다.

용일	(시계 보는데 점심시간이다) 맞나샘 갈까?
해이	콜! 맞나샘 피자빵 먹고 싶다.
선호	(놓치지 않고) 피자 시켜 먹을까? 내가 쏠게.
용일	진짜가?
해이	(흠칫) 난 학식이 먹고 싶… (나가려는데)
선호	(해이 막고 빙긋 웃으며) 피자 먹어.
해이	(어색하게 웃는)

/배달 온 피자 5판. 선호 배달원에게 카드 건넨다.

용일	(쌓인 피자 보며) 일인 일피자가?
배달원	(카드 긁어 보고) 다른 카드 없으세요? 이거 정지된 카드라는데.
선호	네? 그럴 리가… (하며 다른 카드 주는데)
배달원	(카드 긁는데… 역시 승인 거절) 이것도…
진희(E)	카드 끝이야.
선호	!! ('엄마가 정말 카드 끊었구나.' 싶은)
신입생들	('어떻게 된 거지?' 선호 보는)
선호	(죽고 싶다)

/서로 잔돈 나눠 갖고 있는 신입생들.

선자	(선호 슬쩍 보다 들으라는 듯) 난 피자빵으로도 괜찮았는데.
용일	(피자 먹으며) 마이 묵음 좋지. (하고 선호 쪽 보며) 괜안타. (잠시 망설이다 속닥) 집에 별일 없제?
해이	(말없이 피자만 오물오물)
선호	(하… 여러모로 쪽팔리고 되는 일이 없다)

S#24. 단실 밖 / 낮

우르르 몰려나오는 신입생들.

선호	(해이 쪽으로 가며) 같이… (하는데)

치얼업 ◆ 11회

해이   (이내 슝 선자와 멀찍이 빠른 걸음으로 사라지고 있다)

선호   ('피하는 게 맞군. 후…')

S#25. 카페 / 낮

음료, 물 앞에 두고 앉아 있는 셋. 살짝 마가 뜬다.

해이   (물만 꿀떡꿀떡 눈치 보다) 그럼… 시간을 맞춰 볼까요. (어색하게 웃으면)

선호   (해이 보다) 너 기억났지?

해이   어?

선호   부산에서 (정우 보고 말 고르며) 일. 그거 기억나서 피하는 거 아냐?

정우   부산?

해이   (동공 지진) 아 그게…

정우   혹시 나도 피한 거야? (선호 보고 말 고르며) 그 일 때문에?

선호   그 일?

해이   (동공 지진, 울고 싶다) 그게… (말 흐려지다 결심한 듯) 피하지 않아요!

           피하지 않습니다! 그러니까! (둘 보며) 과제 날짜를 정해 볼까요?

해이(E)   피하고 싶다.

S#26. 교정 일각 / 낮

선자와 넋이 나가 초코우유 쪽쪽 마시고 있는 해이.

해이   격렬하게 피하고 싶어.

148 × 149

선자	(초코우유 쪽쪽 마시며) 피한다고 될 게 아니라니까. 그래서 뭔데?
해이	(보면)
선호	네 맘이 뭐냐고.
해이	··· 모르겠어. (울상으로 보며) 나도 모르겠다고. 내 맘을.
선자	(어이없어 보다) 이렇게 된 거, 이번 데이트 과제 하고 결정해. (한쪽 손 올리며) 비선호인지 (다른 쪽 손 올리며) 단장인지. (해이 보며) 아님 아무도 아닌지.
해이	결정?
선자	어차피 뭐가 됐든 양단간의 결정을 내려야 할 거 아냐.
해이	그치. 해야지. 그래야지. 하하하 ('이게 실환가···' 정신 나간 사람처럼 웃는)
선자	(정신 차리라는 듯 어깨 툭툭 해 주는) 더 미치진 말고. 지금도 충분하니까.

S#27. 편의점 / 낮

편의점에서 소주에 적당히 마른안주 먹고 있는 춘양과 진희.
이미 소주 몇 병 비운 상태다.

춘양	(취해서) 무자식 상팔자란 옛말 틀린 거 하나 없다니까. 밤잠 못 자가며 입히고 씻기고 먹이고 그렇게 하나하나 손 타서 큰 거 모르고, 제 혼자 날 때부터 사람 구실 하고 산 줄 알아요. 머리 좀 컸다고 자기가 이래라 저래라. 아주 보통 잘나셔야지. (고개 절레 절레)

진희	불면 날아갈까 쥐면 부서질까 스크래치 하나 안 나게 하려고 금이야 옥이야 키워 놨더니, 뭐? (선호 흉내) '우리 집도 엉망이잖아?' 자기가 나가서 진짜 엉망이 뭔지를 겪어 봐야 정신을 차리지. 내가 저를 어떻게 키웠는데 제 엄마 심장에 이렇게 대못을 박아.
춘양	이래서 자식새끼 다 필요 없어.
진희	그래 필요 없어! (하며 짠 하고 각자 원샷)
춘양	(후…) 어릴 땐 참 이뻤는데. 힘에 부치다가도 그거 하나 웃는 거 보면 삭 풀리고. 고 귀여운 기억으로 나머지 구간을 다들 버티는 건가.
진희	(피식) 그치, 사실 우리 선호는 지금도 예뻐. 보통 미모는 아니라.
춘양	우리 집도 그런 쪽으로는 어디서 뒤지지 않지.
진희	(경쟁하는) 우리는 레벨이 좀 다르달까.
춘양	(보다, 됐다 싶어 후…) 이놈의 새끼가 뭔지. 술이나 마시자. (짠)
진희	(짠 하는)

S#28. 곱창집 / 밤

술잔 짠 하는 지윤, 운찬으로 이어진다.
소주 두 병 정도 비워져 있고… 운찬, 약간 취했고, 지윤, 쌩쌩하다.

지윤	(술 마시고) 오빠 인기 많죠?
운찬	어어? 나?
지윤	응원단에 성격도 좋고, 다시 보니 (얼굴 빤) 귀염상인데. 축제날

	보니까 인기 많을 거 같던데?
운찬	(당황했지만) O⋯Of Course? (사이) 내가 인기 많아 보여서 좋았어?
지윤	좋다고는 안했는데?
운찬	(머쓱) 아, 그치 Sorry⋯
지윤	(농담이라는 듯 웃다) 인기 많으면 좋죠. 남들 보기에도 괜찮은 사람이란 뜻인데, 나쁠 거 없잖아요? (술 마시고 신나서) 제가 또 한 인기하거든요. Born to be Celeb? 그럼 우리 둘이 만나면 셀럽 커플인가? (웃는)
운찬	아⋯ (어색하게 웃으며) 그래⋯ celeb 좋지.

운찬, 지윤에게 호응은 하지만, 마음 불편하다. 조용히 불판만 뒤적이는.

S#29. 해이 집_거실 / 밤

핸드폰으로 전화하며 거실로 들어오는 재이. 집에 불 꺼진 채 아무도 없다.

재이	집에 왔다.
재이 여친(F)	응. 이따 자기 전에 연락해. 사랑해.
재이	(불 켜며) 나도 사랑해. (하며 전화 끊는데)

불 켜지자 방에서 퀭하게 재이 노려보고 있는 해이.

알바 다녀왔는지 최집사 조끼 그대로 입은 채다.

재이	아 깜짝이야. 뭐야, 불도 안 켜고!
해이	(이죽거리는) 사~랑~해?
재이	(하… 젠장)
해이	(방에서 나와 재이 쪽으로 오며) 팔자 좋다? 고3이 연애나 하고.
재이	너도 고3 때 연애 했잖아.
해이	(뜨끔) 너랑 나랑 같아? 그래서 의대 갈 수 있겠어? 일분일초 공부만 해도 모자랄 판에 정신 상태가 빠져가지고.
재이	(방으로 가며) 내 일은 내가 알아서 할 테니 네 정신이나 챙겨. 불도 안 켜고 정신 나가 앉아 있던 게 누군데.
해이	네가 사랑을 알아? 머리에 피도 안 마른 놈이.
재이	(한심히 보다, 고개 절레절레하며 가는)
해이	(재이 방 쪽으로 와 문틀에 기대서서) 어이, 사랑꾼~
재이	(가방 정리하며 쳐다도 안 본다) 가라.
해이	어떻게 알았어? 사랑하는지?
재이	(책 꺼내며 쳐다도 안 보고) 가라고 했다.
해이	이건 주선 얘긴데. 최근에 원래 좋아하던 사람이 고백을 했는데, 그 직전에 다른 사람이랑 키스를 했대.
재이	(그제서 해이 보면)
해이	근데 이게 이제 이렇게 되고 보니까 누가 자기가 좋아하는 사람인지 모르겠더래. 그럼 주선은 어떻게 해야 할까?
재이	(보다) 뭘 어떡해. 좋은 사람 만나면 되지.
해이	그걸 모르겠다고! (사이) 주선이.

재이	(책상 앞에 앉으며) 알게 될 거야.
해이	(보면)
재이	(해이 보며) 그냥, 어느 순간 저절로 알게 될 거라고.
해이	…

이때, 춘양 집으로 들어온다.

춘양, 해이와 눈 마주치자 쌩하고 화장실로 들어간다.

해이	홍, 나도 삐졌거든. (하고 방으로 들어가는)

재이, 해이와 춘양 보다 절레절레하고 공부한다.

S#30. 교정 일각 / 낮

운찬, 단실 쪽으로 걸어가고 있으면, 운찬 발견한 소윤, 운찬 쪽으로 온다.

소윤	단실 가요?
운찬	어? 어…
소윤	(운찬 어색해 하는 거 보고 더 말 거는) 지윤이 만났다면서요. 좋았겠어요?
운찬	어… 그치.
소윤	(불편해 하는 운찬 보며) … 혹시 축제날 일 땜에 그래요?
운찬	(보면)

소윤	그 날 이후로 계속 좀 그래 보여서…
운찬	… 쪽팔려서.
소윤	왜 쪽팔려요. 잘못한 건 그 사람들인데.
운찬	… 맞거든. 걔네 말. 내가 거짓말 했어. 우리 아빠 삼전 사장이라고.
소윤	(보면)
운찬	첨부터 그러려고 그런 건 아닌데. 신환회에서 아빠가 삼진족발 사장이라고 한 게, 삼전 사장이라고 잘못 소문이 났어. 근데, 애들이 대단하다며 띄워주니까… 도저히 사실 우리 아빤 족발집 사장이라고 얘기 못하겠더라고. 그래서 그냥 대기업 사장 아들인 척 했어. 주목받고 싶어서. 그니까… 꼭 걔네 잘못만은 아냐.
소윤	… 저 사실 엄청 관종이에요.
운찬	?? (보면) 뭐?
소윤	저 사실 엄청 주목받고 싶은데… 아무도 주목을 안 해 줘서 응원단에 들어온 거예요. 응원단에 들어와서도 존재감 제로지만…
운찬	(보면)
소윤	그래서… 그거 뭔지 알아요. (사이) 그니까 쪽팔려 할 필요 없어요. 저도… 그러니까.
운찬	…
소윤	(망설이다 용기 내) 전… 아직 포기 안 했어요. 나한테도 언젠가 그런 반짝이는 순간이 올 거라고… 믿고 있어요.
운찬	(보면)
소윤	(운찬 보며) 오빠도 그럴 거예요. (말해 놓고 괜히 말했다 싶어) 전 여기, 가 볼게요. (얼른 먼저 가는)
운찬	… (소윤 보는)

S#31. 단실 / 낮

단실에 모여 있는 선자, 용일, 민재, 해이.

각자 시험공부, 핸드폰 게임 등 하고 있다.

해이, 졸린 표정인데, 선자가 해이 입에 코피코 하나 넣어 주고.

해이	(한입에 녹여 먹으며) 아, 이거 먹으니까 좀 잠이 깨네…
선자	(공부하는 해이 툭 치며) 드디어 오늘이 D-day군. 치정 결전의 날.
용일	치정 결전의 날? 그게 뭔데?
선자	들어는 봤나? 삼각관계. (손가락으로 삼각형 해 보이는)
용일	(호기심에 바짝) 삼각관계?
해이	(에이씨, 선자 입 막으려고 잽싸게) 재이 여친 있대.
선자	뭐?
민재	(보는)
용일	(선자 채근하는) 뭔데?
선자	(용일을 시끄럽다는 듯 치우고) 재이가 왜? 언제부터?
해이	몰라. 사랑한다던데? (얄밉게) O 고백 1 차임.
선자	(머리 쥐며) 말도 안 돼. 말도 안 돼!!
민재	거 봐. 내가 뭐랬어.
선자	(홱 째리면)
민재	(눈 피하는)
선자	아씨, 공든 탑은 안 무너진다며. 누가 그딴 개소릴 한 거야. (하며 엎어지는)
민재	(슬며시 웃음)

초희, 한쪽에서 전화하고 있다.

초희   (짜증 가득이다) 그래서 뭐. 오빠도 전에 만난 여친 있잖아. (사이, 일
　　　　　어나 단장실 쪽으로 전화하며 들어간다) 하… 진짜 후지게 이러지 말자.
　　　　　(문 닫는)

용일   (초희 힐긋 보는데 무슨 일인가 싶다. 걱정되고… 그러다 고개 털며) 아이다.
　　　　　내가 신경 쓸 일이 아이다.

일동   ('갑자기 왜 저래.' 보는)

S#32. 단실 밖 / 낮

단실에서 나가던 선자, 민재, 용일, 해이, 단실 쪽으로 오던 정우
와 마주친다.
정우, 해이 서로 흠칫. 신입생들 정우에 꾸벅 인사하면 정우 역
시 인사하고.

정우   (해이에게 어색하게) 그럼 이따 봐.

해이   (역시 어색하게) 네.

정우   (단실로 가면)

용일   이따 뭔데?

선자   치정 결… (하는데)

해이   (선자 입 막으며 데려가려는데)

단실 쪽으로 오던 유민과 마주친다.

신입생들, 꾸벅 인사하고 가려는데.

유민	현대영화사 족보 필요한 사람 있다며, 누구야?
민재	… 저요.
유민	(가방에서 꺼내 주며) 이거 완전 귀한 건 거 알지?
민재	(꾸벅) 감사…합니다.
유민	(민재 보다… 생각나서) 너 맞지? 3년 전 그 고등학생.
선자	3년 전? (하며 민재 보면)
민재	…

S#33. 단실 / 낮

단실에서 옷매무새 단장하고 있는 정우.

정우	괜찮나… (이때 단장실에서 핸드폰 보며 나오는 초희 보이자) 나 오늘 어때?
초희	(무심히 정우 보고) 평소대로 별로야. (하고 용건) 애들 받아 준다니까 세 명 더 들어온대, 돌아온다는 신입들한테 문자로 공지 때린다. (나가면)
정우	별론가… (다시 거울로 뒤태 보는데 이때 유민 들어오고, 유민 들어오자 뻘쭘해 얼른 옷매무새 정리하는 척 하다, 이내 슬쩍) 누나 저 오늘 이상해요? 셔츠 색이 별로인가?
유민	어? ('뭔 소리야.' 싶지만) 글쎄. 난 괜찮은 거 같은데…
정우	그쵸? (중얼) 태초희 맨날 별로래.
유민	뭐 중요한 일 있어?

정우	아니 뭐, 중요한 과제가 있어서요.
유민	('그렇구나.' 끄덕, 그건 그렇고) 정우야, 할 말이 있는데.
정우	(보는)

S#34. 진희 집_거실 / 낮

진희, 커피 마시며 책 보고 있다.

선호	(나오며) 엄마 진짜 카드 안 살려 줄 거야?
진희	응원단 그만두면, 바로 살려 줄게.
선호	맘대로 해. 나도 내 맘대로 할 테니까. (하고 나가면)
진희	(커피 내려놓고 현관 쪽 보며 격하게) 근데 저 자식이. (하다 도우미 아줌마 보자 우아한 척) 저 아이가 사춘기가 늦게 왔나.
도우미	(표정하다 선호 방으로 가는)

S#35. 선호 방 / 낮

도우미 아줌마 선호 방으로 청소하려 들어오는데,
이거저거 입어보며 옷가지 여기저기 늘어놓은 흔적들.
'이게 뭔 난리 통이야.' 싶어 방 둘러보는 도우미 아줌마.

S#36. 거리 / 낮

걸어가고 있는 해이와 선호.

선호	(시계 보는데 한 시) 나 네 시간 이따 여섯 시부터 단장이랑 네 시간?
해이	(어색하게) 어 알바 땜에 오늘밤에 시간이 안 돼서.
선호	오늘 데이트 코스는 내가 짰다 괜찮지?
해이	어. (어색하다 뚝딱거리며) 하하. (괜히 하늘 보며) 하늘이 참 맑네. 하하하.
선호	(뚝딱거리는 해이 보다) 삼다, 그날 키스 말야. 없던 일로 하자.
해이	어?
선호	네가 그거 땜에 자꾸 날 피하는 거 같아서. 그거 땜에 불편하면, 그냥 없던 일로 하자고. 그거 다 없었던 일로 하고, 오늘은 편하게 봐 봐. (농담처럼) 그래야 내가 얼마나 괜찮은 놈인지 보이지.
해이	(보다) … 그래. 딜.
선호	딜.
해이	(피식 웃는)
선호	(갑자기, 외운 걸 읽는 것처럼) 날씨도 좋고 오늘 데이트 기대되는 걸. (해이 보면)
해이	응? (약간 이상하지만) 그치, 날씨 좋다니까. (데이트란 말에 괜히 기분 이상)

S#37. 스튜디오 / 낮

30평 정도의 넓은 스튜디오. 한쪽에는 셀프 사진 촬영할 수 있게 돼 있고, 커다란 TV, 오락기, 소파, 냉장고 취사 용품 등 잘 구비되어 있다.

| 해이 | (둘러보며) 우와 여기 되게 좋다. (선호 보며) 근데 우리 만 원밖에 없는데? |

선호	아는 형 작업실인데 편하게 쓰래. (빙긋 웃으며) 공짜야.
해이	(둘러보며) 세상엔 이렇게 사는 사람도 있구나. 여기 우리 집보다 넓어. 살아도 되겠구먼. 이런 데선 뭘 작업하는 거야. (플스 보고) 우와! 여기 게임기도 있어.
선호	(신난 해이 보며 뿌듯해 웃는)

S#38. 단실 / 낮

　　　단실에서 얘기 중인 정우와 유민.

정우	(놀란) 유학을 간다고요?
유민	(끄덕) 원래 계획했던 일이야. 그래서 그 전에 돌아온 거고. 마무리는 하고 가야 될 거 같아서.
정우	그럼, 복학은 안 하는 거예요?
유민	(끄덕) 새로운 데서 다시 시작해 보려고.
정우	(생각지도 못한 일이고) 그치만…
유민	수일 오빠, 더 하진 못할 거야. 더하면 자기가 다칠 테니까.
정우	…
유민	나 말야. 돌아와 보길 잘했다 싶어.
정우	(보면)
유민	(단실 둘러보며) 지난 2년간 나한테 여긴 두렵고… 떠올리기 싫은 곳이었거든? 근데 막상 와 보니 아냐. 좋은 기억도 소중한 추억도 참 많더라. 다행이야. 두려워서 계속 피하기만 했으면 그런 시간들마저 모두 지워졌을 거야.

정우	역시 누나는 여전하네요.
유민	(보면)
정우	피하지 않고 정면 승부, 그게 원래 누나 스타일이잖아요.
유민	(그 말에 웃으며 정우 보는)

S#39. 스튜디오 / 낮

해이와 선호, 신나서 플스로 스트리트파이터 하고 있다.
선호, 해이한테 두들겨 맞고 K.O.

해이	아자! (의기양양해 선호 보면)
선호	(분해서 조이스틱 던지고 부엌 쪽으로 간다)
해이	패배를 인정해야 진정한 파이터지.
선호	(갑자기) 우리 잘 맞는 거 같아. 너랑 이런 사소한 것도 함께 할 수 있어서 좋다.
해이	('응???' 좀 이상하지만) 어… 그래.
선호	배고프지? (찬장 쪽으로 가 파스타면 꺼내며) 파스타 해 줄게.
해이	할 줄 알아?
선호	그럼. (하고 레시피 확인하듯 핸드폰 보곤 능숙하게 냄비 꺼내 소금 넣고 물 넣고 인덕션에 올리는)
해이	('오오~ 좀 해 봤나본데.')

/프라이팬에 올리브유 두르고 마늘 볶는 선호.
발열점 높아 연기 확 올라오며 마늘 타들어 간다.

선호, 당황하는데 이때 옆 인덕션에서 끓어 넘치는 물.

인덕션으로 물 넘쳐흐르고 당황해 냄비 손으로 집으려다 뜨거워 놓친다.

바닥에 떨어져 엎어진 냄비.

이미 프라이팬에서 새까맣게 타고 있는 마늘. 선호, 어쩔 줄 모르겠다.

해이　　괜찮아? (가스 불 끄는)

선호　　어? 어. (바닥에 엎어진 냄비와 까맣게 탄 프라이팬 보며) 연습할 땐 잘했는데.

해이　　(그 말에 선호 손 보는데 손가락에 밴드 여러 개 붙어 있다… 미리 연습한 거구나 싶고… 약간 감동이다.) 내가 할 테니 넌 냉찜질하고 있어.

선호　　아냐. 내가 해 줄게. (하면서 해이 말리려는데)

해이　　됐어. (하고 한쪽에 있는 선호 핸드폰 들어 보며) 레시피 뭔데.

선호　　(다급하게 뛰어가) 아냐, 그거 내가 알려 줄게. (하고 핸드폰 다시 가져오려는데)

해이　　(이미 핸드폰 본)

INS) 선호 핸드폰 메모장

◆그녀의 마음을 사로잡는 데이트 필살기

1. 오늘 데이트에 대한 기대감과 즐거운 기분을 표현하자.

"일찍 만나서 데이트하니까 좋다."

"날씨도 너무 화창하고, 오늘 데이트가 정말 기대되는구나. ^^"

"오늘따라 근사한데!"

2. 다음과 같은 말로 함께 즐기고 있는 장소에 몰입할 수 있도록 하자.

(중략, 자세한 내용 별첨*)

해이   그녀의 마음을 사로잡는 데이트 필살기? (선호 보는)

선호   (하… 망했다 싶고)

/한쪽 소파에 앉아 선호 핸드폰 메모장 읽는 해이.

해이   1. 오늘 데이트에 대한 기대감과 즐거운 기분을 표현하자.

         "날씨도 화창하고, 오늘 데이트가 정말 기대되는구나. ^^"

         2. 함께 즐기고 있는 장소에 몰입할 수 있도록 하자.

선호   (고개 푹 숙이고 고개 절레절레) 이건 꿈이야. 이게 현실일 리 없어.

해이   "우리 잘 맞는 거 같아.", "너랑 이런 사소한 것도 함께 할 수 있

         어서 좋다." (푸하하) 너 그래서 아까 갑자기 그런 거야? 어쩐지

         맥락이 무맥락이더라니. 천하의 진선호가 연애를 글로 배웠단

         걸 사람들이 알라나 모르겠네.

선호   (해이 쪽으로 와 핸드폰 뺏으려고 하면)

해이   (뺏기지 않으려고 메롱 거리면서 도망치는)

선호   (어떻게든 뺏으려 해이와 몸싸움하다 해이와 소파에 쓰러진다. 해이와 키스하

         기 직전처럼 얼굴 가까이 마주하고, 분위기 묘한)

해이   (가까운 선호 얼굴에… 민망해 하며) 알았어. 주면 되잖아. (하고 얼른 일어

         나 핸드폰 주면)

선호   (자신도 일어나 핸드폰 받으며) 나도 이런 거 검색해 본 거 첨이거든.

해이	(보면)
선호	기억에 남는 데이트 하고 싶었단 말야. (사이) 그래야 네가 오늘 끝나고 날 생각할 테니까.
해이	… (선호 보는, 약간 쿵 했다)

S#40. 교정 일각 / 낮

유민, 정우 함께 걸어가고 있다.

유민	뭘 배웅까지 해.
정우	정문까지만 갈게요.
유민	(걷다… 살짝 망설이고) 나 사실 약간 걸리는 게 있는데…
정우	(보면)
유민	2년 전에…

S#41. 교정 일각 / 밤 / 유민 회상

유민(E)	누군가가 항상 내 주변을 맴도는 거 같았거든.

으슥한 교정 일각. 유민 걸어가고 있는데 누군가 쫓아오는 것 같다.
걸음 빨리하면 역시 걸음 빨리해 따라오는 누군가.
유민, 무서워 뛰기 시작하면 뒷사람 역시 뛴다.

뛰던 유민, 갑자기 멈춰 뒤도는데 누군가 당황해 뒤돌아 후다닥
도망간다.

유민, 무서워 떨면서 누군가 본다.

S#42. 교정 일각 / 낮

유민	딱 한 번 그 사람인 거 같은 사람을 봤는데… 체구가 수일 오빠보다 확실히 더 작았어.
정우	(보면)
유민	(고개 저으며) 아니다. 그건 그냥 다른 사람이었겠지. 내가 또 걱정이 너무 많았네.
정우	(보다) 누나, 이제 여기 걱정은 그만 해요. 안 좋았던 건 다 잊고 새로운 데서 좋은 기억만 갖고 새 출발 해요. (농담처럼) 여긴 제 구역이니까 이제 저한테 맡기고요.
유민	(보다) 많이 컸다. 박정우.
정우	원래 내가 누나보단 컸다니까.
유민	(피식 웃곤) 그래, 너한테 다 맡기고 떠나련다. (정우 보며) 너도 이번엔 후회 없이 해 봐.
정우	(말없이 끄덕)
유민	(정문 가까이 다다르자) 다 왔다. (멈춰 서 정우 보고) 고마웠어. (악수하려 손 내밀며) 또 보자. 박정우.
정우	(피식하고 악수하며) 또 봐요.
유민	(빙긋 미소)

한쪽에서 그런 둘을 보고 있는 진일.

S#43. 거리 / 낮

해이와 선호, 걷고 있다.

해이   (앞에 정류장 보이자 멈춰 서는) 나 여기서 갈게. 오늘 덕분에 재밌었어.

선호   (아쉽고, 해이 손목 잡아끌며 애교) 안 가면 안 돼? 가지 마라, 응?

해이   (자기 손목 잡은 선호 손가락에 덕지덕지 붙은 밴드들 눈에 들어오고… 괜히 미
       안해지며 난감) 약속은 약속이니까…

선호   (쳇, 별수 없어 놔주며) 나보다 재미없을 거야. 단장이랑 노는 거. 꼭
       재미없게 놀아. (하고, 빠이빠이 하면)

해이   (빠이빠이 하고 돌아서 정류장 쪽으로 가는데… 마음이 복잡하다)

S#44. 전철역 앞 / 저녁

전철역 앞에서 기다리고 있는 정우.
해이, 정우 쪽으로 뛰어온다.

해이   (헉헉거리며) 죄송해요. 좀 늦었죠.

정우   뭐 하러 뛰어왔어. (뼈 때리는) 어차피 늦었는데.

해이   (헉헉대며 대거리) 여기로 오라 그래서 그런 거잖아요! 가까운 데서
       보자니까.

정우   보여 주고 싶은 게 있어서. 여기 근처에 싸고 맛있는 국숫집 있

다니까 밥부터 먹자. (앞장서 가면)

해이   (보다, 따라가는)

S#45. 국숫집 앞 / 저녁

허름한 노포 앞에 수많은 웨이팅 인파.

망연자실해 이를 보고 있는 정우와 해이.

직원   (정우 보지도 않고 번호표 나눠 주며) 두 시간 넘게 기다리셔야 돼요.

정우, 해이   (번호표 받고) …

정우   지금 저녁 시간이라 그런 거 같은데 이따 나와서 먹을까?

해이   (끄덕끄덕) 그게 좋겠어요.

정우   근처에 미술 도서관 있던데 들렀다 가자.

S#46. 의정부 미술 도서관 앞 / 저녁

'긴급 내부 수리 공사 중' 팻말 붙어 있는 미술 도서관.

역시 망연자실하게 그 앞에 서 있는 해이와 정우.

정우   (하늘 보고 애써 밝게) 그럼 해도 얼추 진 거 같은데 원래 가려던 데

             로 가 볼까?

해이   (이번엔 어딘가 싶고)

S#47. 의정부 천문대 앞 / 밤

천문대 쪽으로 가는 둘.

해이   근데 우리 만 원밖에 없는데?
정우   (끄덕하고) 여기 무료야.
해이   (오오…)

S#48. 의정부 천문대 몽타주 / 밤

#시청각 자료실
시청각 자료실에 앉아 동영상 교육 자료 보고 있는 해이와 정우.
해이, 꾸벅꾸벅 졸다 부르르 경기 일으킨다.
정우, 해이 보면 해이 안 잤다는 듯 눈 빠짝 뜨고 동영상 보는.

#아스트로관
아스트로관 돌아보며 구경하고 있는 해이와 정우.
정우, 한 곳 한 곳 멈춰서 설명 열심히 읽어보고 꼼꼼하게 보고
있다.
그런 정우 보는 해이… 정말 좋아하는구나 싶다.
해이, 읽어보는데 뭔 소린지도 모르겠고… 하품하다 정우한테
들키는. 뻘쭘.
정우는 해이가 지루한가 싶다…

S#49. 의정부 천문대 일각 / 밤

정우, 시계 보는데 8시 다 되어 간다.

정우   (해이 보고) 관측실로 가자.

해이   관측실이요?

정우   (끄덕) 예약해 놨어. (늦을까 서둘러 가는)

해이   (서둘러 가는 정우 따라가다 가방 떨어뜨리고, 소지품 쏟아져 나온다. '에이씨'

             하고 얼른 줍는)

정우   (보고, 그쪽으로 가 해이 가방에 소지품 같이 주워 주는데 선호와 해이가 함께

             장난스럽게 스튜디오에서 찍은 폴라로이드 사진, 즐거워 보이는 해이 표정에

             잠시 멈춰 보면)

해이   (슬쩍 보다 사진 손에서 뺏어 가방에 넣으며) 가요.

정우   어. 그래. (먼저 가는 해이 보는데… 자기 데이트만 망한 거 같아 얄게 한숨…)

S#50. 의정부 천문대 주관측실 / 밤

몇몇 관람객과 함께 주관측실에 있는 해이와 정우.
담당자, 돔 여는 스위치 누르면 위에 돔 열린다.

해이   (신기해) 우와! (망원경으로 뛰어가는)

             /망원경으로 위치 맞추고 있는 정우.
             해이, 망원경 맞추는 정우 보는데 뭔가 멋있다.

정우	(망원경 다 맞춘 듯) 봐 봐. 북두칠성이야. (손가락으로 그려보며) 이렇게 밝은 7개 별을 이으면 국자 모양.
해이	(망원경 보며) 오오~ 보여요. 보여. 와 엄청 신기해. 이게 그 말로만 듣던 북두칠성이구나. 근데 이건 왜 이름이 북두칠성이에요?
정우	칠 쌍둥이가 하늘의 별이 된 신화에서 유래된 이름이래.
해이	(아아… 신기해 하다) 사람이 죽으면 별이 된단 거, 진짤까요?
정우	(끄덕) 사실이야.
해이	(보며) 진짜요?
정우	인간이 별에서 만들어진 원소로 구성돼 있고 죽으면 다시 원자의 모습으로 우주 공간에 생성되는 별의 일부가 되거든.
해이	(표정) 그런 취지에서 물어본 거겠어요?
정우	(민망해 하다) 아… 아니야?
해이	(다시 별 보며) 아니 그냥, 아빠도 저기 어디 있을까 싶어서. (사이) 그럼 지금 엄청 오랜만에 가까이 보는 거니까.
정우	… (하늘 보며) 계실 거야.
해이	(보면)
정우	(해이 보며) 잘 자랐구나 하시면서 저기서 매일 보고 계실 거야.
해이	… (그 말이 어쩐지 뭉클하다. 괜히 말 돌리는) 다른 것도 보여 줘요. 아까 여기 아저씨가 토성 이런 거도 볼 수 있다던데. (재촉) 토성 빨리, 토성.
정우	다행이다.
해이	(보면)
정우	(미소로 해이 보며) 여긴 좋아하는 거 같아서. (망원경 쪽으로 가 위치 조작하면)

해이   (그런 정우 보는) …

S#51. 포장마차 / 밤

        포장마차에 잔치국수 하나 소주 한 병 놓고 먹고 있는 정우와
        해이.
        국수 후루룩 먹고 있는 해이. 정우 가방에 있는 (명품이 연상되는)
        선물 상자 망설이며 만지작거린다. 타이밍 보고 있는데… 해이,
        소주 원샷.

정우   (해이 보며) 천천히 마셔.

해이   오늘따라 술이 다네요. (하며 잔 내밀고)

정우   (별수 없단 듯 쇼핑백 다시 넣어 놓고 잔 채워 주는)

해이   (소주 다시 반샷하고 내려놓으며) 근데요… 갑자기 왜 고백했어요?

정우   (소주 먹다 컥 걸린) 아 (물 꿀떡꿀떡 먹고 좀 진정됐다) 넌 갑자기.

해이   아니 그렇잖아요. 언젠 오해하게 해서 미안하다면서 조심하겠다
        그러고. 내가 고백이라도 할 거 같으니까 하지 말라 그래 놓고.

정우   (할 말 없다) … 그랬지.

해이   근데 왜 갑자기 이제 와서, 너무 뜬금없지 않아요? 사람 갖고 노
        는 것도 아니고.

정우   네 입장에선… 그럴 수 있지.

해이   그쪽 입장은 뭐 다른 게 있나 보죠?

정우   … 두려웠어.

해이   (보면)

정우	처음엔 네가 점점 좋아져서 두려웠고. 그 담엔 내 감정이 널 힘들게 만들까 봐 두려웠어.
해이	(어이없다) 공포 영화예요? 두렵긴 무슨. 혼자 아주 쉐도우 복싱을 하고 계시네요.
정우	(해이 말에 피식하다) 그러게. 근데 그중에… 제일 두려웠던 건… 결국 이렇게 아무 말도 못 하고 널 놓치게 될까 봐, 그게 제일 두려웠어. 어쩌면 내 인생에 다시 없을 행운 같은 널 이렇게 놓쳐 버릴까 봐.
해이	(보면)
정우	혼란스럽게 해서 미안해. 늦게 와서… 미안해. 근데 나한테 한 번만 기회를 주면 안 될까?
해이	(마음이 복잡하고) … 피, 늦었어요.

둘, 각자 복잡한 마음인데… 포장마차 밖으로 내리기 시작하는 비.
정우와 해이, 빗소리에 포장마차 밖 보는.
/해이와 정우, 자리 정리하고 일어나는데.
정우 가방에서 상자 떨어진다.

정우	어어! (다급하게 상자 줍는)
해이	(뭐냐는 듯 보다 상자 보곤 기대하는 눈빛)
정우	(상자에서 꺼낸 물건 소라고…)
해이	(소라 보고 표정 변하며) 아… (실망감에 통명스럽게) 무슨 소라를 그런데 넣어 다녀요.

정우	(떨어지며 귀퉁이 깨진 소라 보고 탄식) 아…
해이	(왜 저렇게까지 안타까워 하나 싶어) 뭐 중요한 거예요?
정우	(그게… 망설이다) 너 주려던 건데… 아버지 계신 데 가져다 놓으라고. 혹시 바다 소리라도 들으실 수 있지 않을까 싶어서…
해이	(아… 생각나는) 그때… 바닷가에서 주운 게 이거였어요?
정우	깨져서 안 되겠다. (안타까운 마음으로 다시 상자에 소라 넣으려는데)
해이	(그런 정우 보다 손 내밀며) 주세요.
정우	**아냐, 이거 깨져서 갖다 놓기가.**
해이	(OL, 정우 손에서 소라 상자 가져와 가방에 넣으며) 깨져도 아빠한텐 들릴 거예요.
정우	… (해이 보는)

S#52. 거리 / 밤

한 우산 쓰고 걸어가고 있는 정우와 해이.
해이, 살짝 떨어져 걷는다.
해이, 정우랑 어깨 스치는데 영 신경 쓰인다.
f.o

S#55_0. 단실 / 낮

홀로 단실에 앉아 생각에 잠겨 있는 해이.
생각 복잡한 듯 얕게 '후' 하고 한숨 토한다.

S#53. 카페 / 낮

통창 밖으로 비 내리는 거 보며 카페에서 누군가 기다리는 선호.
긴장된 듯 커피 마신다. 이때 문 열고 우산 없어 비 맞은 거 털며
들어오는 사람, 해이다. 해이, 선호 발견하자 마음이 복잡한 얼
굴로 그쪽으로 간다.
/서로 마주 보고 앉아 있는 해이와 선호.

선호   (긴장) 그래서, 네 답이 뭔데?
해이   (선호 보는)

S#54. 카페 밖 / 낮

선호 카페 밖으로 나오다 카페 안의 해이 본다.
착잡한 얼굴로 가만히 앉아 있는 해이.
선호 자리에 선호가 두고 온 우산 놓여 있고.
선호, 해이 보다 돌아서 비 맞으며 간다.

S#55. 카페 / 낮

선호 나간 자리 보다 어딘가로 전화하는 해이.

해이   (굳은 얼굴로) 어디에요?

S#56. 교정 일각 / 낮

우산 쓰고 누군가 기다리고 있는 정우.
해이, 우산 없이 비 맞은 채 정우 쪽으로 오면, 정우, 얼른 해이 쪽으로 가 우산 씌워준다.
해이, 정우 앞에 표정 굳은 채 서 있다.

해이   안아 줘요.

정우   (해이 안아 다독이는)

S#57. 거리 / 밤 / 회상

S#54 이어.
해이, 정우랑 어깨 스치는데 영 신경 쓰인다.
신경 쓰여 옆 흘깃 보면 정우 얼굴 보이는데… 생각나는 재이 말.

재이(E)   그냥, 어느 순간 저절로 알게 될 거라고.

갑자기 우뚝 멈춰 서는 해이.
걸어가던 정우, '뭐지?' 싶어 해이 보다, 해이 비 맞을까 다시 그쪽으로 얼른 오는데.

해이   (중얼) 짜증나.

정우   어?

해이   (정우 보며) 아무래도 넌가 봐.

정우	뭐?
해이	네가 좋다고.
정우	(해이 보는)

비 오는 거리 우산 아래 서 있는 두 사람.

우산 툭 바닥으로 떨어지면, 해이와 정우 빗속에서 키스하고 있다.

힐긋힐긋 지나가며 둘 보는 사람들 속에서 키스하는 해이와 정우.

S#58. 교정 일각 / 낮

비 오는 교정.

우산 아래서 키스하는 해이와 정우 교차되며.

엔딩.

<별첨>

◆ 그녀의 마음을 사로잡는 데이트 필살기

1. 오늘 데이트에 대한 기대감과 즐거운 기분을 표현하자.

"일찍 만나서 데이트하니까 좋다."
"날씨도 너무 화창하고, 오늘 데이트가 정말 기대되는구나. ^^"
"오늘따라 근사한데!"

2. 다음과 같은 말로 함께 즐기고 있는 장소에 몰입할 수 있도록 하자.

"너도 이런 것을 좋아하는구나."
"우리 잘 맞는거 같아."
"너랑 이런 사소한 것도 함께 할 수 있어서 좋다."

3. 요리를 하며 가정적인 모습을 어필하는 것도 좋다. 화구에서 치솟는 불
    길처럼 당신에 대한 그녀의 마음도 타오를 것이니.

[그녀를 위한 로맨틱 레시피]
① 재료들을 썰어서 준비한다.
② 면을 삶아 줄 물에 소금 1T와 올리브유를 적당량 두른다.
③ 파스타를 8분간 삶는다.
④ 삶은 면은 체에 받쳐 물기를 빼고 올리브유를 듬뿍 두른다.

⑤ 올리브유를 두른 팬에 마늘을 먼저 볶는다.

⑥ 마늘 향이 올라오면 양파를 넣고, 그 후에 버섯, 베이컨, 새우를 넣어 볶아준다. (tip: 화이트 와인을 조금 둘러주면 잡내를 제거할 수 있습니다.)

⑦ 생크림과 우유를 1:1로 넣는다.

⑧ 치즈를 넣고, 치즈가 녹고 나면 면을 넣어 함께 졸여 준다.

⑨ 취향에 따라 우유나 생크림으로 농도 조절을 하자. 마지막으로 소금과 후추로 간을 해 주면 완성!

4. 해가 저무는 시간은 가장 예쁜 시간대이다. 타이밍을 놓치지 말고 노을을 바라보며 상대방을 설레게 만들자.

"너랑 함께 보니 더 좋다."

5. 근 시일 내에, 혹은 미래에 하고 싶은 것들, 등등에 대해 대화하며 서로의 미래를 함께 그리고 있다는 인상을 주자.

"방학하면 같이 자주 놀러 다닐래?"
"너랑 여행 가면 정말 재밌을 거 같아."

S#1. 해이 집 앞 / 밤

해이 집 앞으로 손 잡고 오는 두 사람.

해이   다 왔다.

정우   (아쉬운) 응… 그러게.

해이   가요, 그럼.

정우   어. 그치 가야지. (하면서도 쉽사리 가지 못하고 머뭇머뭇하다 아쉽게 돌아
         서면)

해이   근데요.

정우   (반갑게 빛의 속도로 돌아서) 어 왜.

해이   저희 사귀는 거 일단 비밀로 해야겠죠?

정우   … 네가 불편할 거 같으면 솔직하게… (하는데)

해이   (OL) 아뇨. 비밀로 해요. 그게 좋겠어요. 근데 주선한텐 말할게요.
         주선한텐 원래 다 말해서.

정우   그래. (망설이다) 근데… 우리 말 편하게 할까?

해이   (어색하게) 그럴…까?

정우	(역시 어색하게) 응 그러자.
해이	(끄덕하고 역시 어색해서) 가 봐요. 아니 가 봐.
정우	(끄덕하고 머뭇대다 돌아서 가면)
해이	(가는 정우 지켜보고 있는데)
정우	(급 돌아 해이한테 오더니 입술에 쪽 하고 자기 혼자 얼굴 빨개져 눈도 못 마주치고) 갈게. (하고 가는데 팔다리가 같이 나간다)
해이	(혼자 부끄러워하며 몸 배배 꼬고 집으로 들어가려고 돌아서는데)

한쪽에서 집으로 오다 이를 관전 잼이라는 듯 서서 보고 있는
춘양.

해이	!!
춘양	아주 볼만 하다.

S#2. 해이 집_거실 / 밤

춘양과 해이, 같이 집으로 들어온다.

춘양	(신나서 놀리는) 자기 얼굴이 더 빨개져서 도망가는데 걔 팔다리가 같이 나가더라. (하며 팔다리 같이 앞으로 가는 시늉)
해이	(팩 해서) 왜 변태같이 그런 걸 숨어서 보고 있어!
춘양	내가 숨어서 봤냐? 너희들이 버젓이 길에서 쪽쪽쪽 했잖아.
해이	우리가 언제 쪽쪽쪽 했어. (사이) 그냥 한 번 쪽 했지.
춘양	곧 죽어도 우리란다. 삼각관계는 청산 됐나 보네. 원래 치정은

	얽혀야 제맛인데. 아쉽구면.
해이	엄만 삐져서 말도 안하더니, 삐진 건 어떻게 청산했나 봐?
춘양	(아차 까먹었고) 아니 뭐. 어른의 아량으로 봐 주는 거지.
해이	놀리는데 정신 팔려 까먹었으면서. (삐쭉하며 방으로 쿵쿵 들어가면)
춘양	(해이 흘기며) 조건 어떻게 한마디를 안 져요. (하면서도 피식하고 화장실 쪽으로 가는)

S#3. 단실 건물 전경 / 낮

선자(E)	(놀란) 뭐?

S#4. 단실 / 낮

단실에 선자와 해이, 둘만 먼저 와 얘기 중이다.

선자	단장이랑 사귀기로 했다고?
해이	(혹여 누가 올까 조용히 하라는 듯 '쉿' 포즈)
선자	미쳤네. 완전 개미쳤. 이렇게 빨리?
해이	(부끄러워하며) 응.
선자	뭐야 그 보기 부끄러워하는 안 좋은 모양새는. 근데 단장이 어케 용케 CC를 한다고 했다?
해이	그런 거 아닐까? 사.랑.
선자	(뭐야 미친, 표정하다) 질 수 없지.

해이	(보면)
선자	나도! 연애할 거야! (결연한 표정으로 해이 보는)

이때 문 열리며 들리는 소리.

운찬	형 왔으면 들어가지 왜 여기 서 있어요.
진일	어, 지금 들어가려고.

해이와 선자, 꾸벅 운찬과 진일에게 인사하고, 해이, 진일이 혹
시 들었나 눈치 살피는데 별다른 말없이 책 챙기고. '못 들었나?'
안심하는 해이.
해이가 시선 돌리자 책 챙겨 나가며 해이 서늘하게 보는 진일에
서 타이틀 인 치얼업.

S#5. 단실 / 낮

선배들 앞에 서 있고, 신입생들 모여 있다.
선호, 해이와 눈 마주치자 눈 피한다. 해이, 어쩔 수 없다 싶다.

운찬	모두 방학이 시작됨을 축하하며 오늘부터 여름 훈련의 Start를
	알립니다!! (혼자 물개 박수)
신입생들	(그냥 보는)
운찬	장단 좀 맞춰 줌 안 될까?
선자	축하할 일은 아닌 거 같은데요?

소윤	(장단 맞추려 박수 짝짝하면)
신입생들	(별 수 없이 마지못해 박수 치는)

이때 진일, 단실 문 열고 들어와 단원들 모여 있는 쪽으로 온다.
진일, 신입생들 지나쳐 운찬 옆에 선다.

운찬	유민 선배 가면서 기획 총괄이 진일 선배로 바뀌었어. 우리 인원 부족하다고 특별히 여름 훈련도 같이 도와준다고 하니까 다들 잘 모셔라잉.
진일	(꾸벅 목 인사하고 고개 들며) 테이아 49기 김진일이야. 잘 부탁해.

인사하고 해이 보는 진일.
/정우, 초희, 진일, 한쪽에 모여 있다.

정우	(진일에게 악수하려 손 내밀며) 고마워. 도와줘서.
진일	(소심히 악수하는)
초희	너 수일 오빠 라인 아녔어? 방해하라고 수일 오빠가 심은 건가?
진일	… 아냐.
초희	(보면)
진일	응원단을… 도우려는 거야.
정우	(초희 툭 치고) 올해 인원이 부족해서 기획팀 백업이 다른 때보다 더 필요해. 잘 부탁해.
진일	(꾸벅하고 가는)
정우	(초희 보며) 넌 왜 거기서 수일 형 얘길.

| 초희 | 갑자기 돕는다고 나서는 게 이상하잖아. 가뜩이나 수일 오빠가 그딴 짓 벌인 거 들통난 마당에. (가는 진일 보며) 두고 봐야지. 아군인지 적군인지. |
| 정우 | (가는 진일 보는) … |

/신입생들 A4 용지 하나씩 받아 들고 넋이 나가 보고 있다.

| 선자 | (일정표 보며) 매일 오전부터 오후까지 훈련에, 끝나고 연호전 룰 공부하고 신곡 만들기까지? (운찬 보며) 뭐예요. 저희 국대예요? 방학 내내 훈련만 하다 죽으란 건가. |
| 운찬 | 뜨거운 여름이 될 거야. So hot. |

S#6. 단실 복도 / 낮

흩어지며 단실에서 나오는 신입생들.
소윤, 해이와 선호 번갈아 살피다, 운찬이 복도 한쪽에서 짐 정리하고 있는 거 보이자 그쪽으로 가 돕는다.
선자, 사물함 쪽으로 가며 목표를 탐색하듯 주변을 둘러보는데 용일 보고 넌 아니라는 듯 고개 절레절레, 선호 보고 바로 제치고, 마지막으로 민재 보고 잠시 고민하다 너도 아니라는 듯 고개 절레절레.

| 선자 | (하) 인물이 없다, 나의 여름을 so hot 하게 해 줄 인물이! |
| 민재 | ?? (선자 보는) |

해이, 사물함 쪽으로 가다 선호 눈치 슬쩍 보면, 선호, 해이에 눈길 한 번 안 주고 짐 챙겨 먼저 간다. 해이, 가는 선호 보는데…

S#7. 카페 / 낮 / 해이 회상

11회 S#55 이어지며 해이 앞에 앉은 선호.

선호	(긴장) 그래서, 네 답이 뭔데?
해이	(선호 보다 결심한 듯 두 손 꽉 쥐고) 미안해, 선호야.
선호	싫어.
해이	(보면)
선호	미안하지 마. 미안할 짓 안 하면 되잖아.
해이	… 미안해. 근데 난.
선호	(OL) 너 나랑 키스도 했잖아. 그냥 취해서 그런 거라고? 넌 정말 아무 감정 없었다고?
해이	그땐… 나도 헷갈렸어.
선호	그러니까! 헷갈렸단 건, 너도 나한테 마음이 있단 거잖아.
해이	(눈 딱 감고) 나 단장이 좋아.
선호	!!
해이	네가 축제날 고백할 때 솔직히… 설렜어. 너한테 흔들린 거 맞아. 근데… 그냥 어느 순간 알았어. 내가 좋아하는 게 결국… 그 사람이란 걸.
선호	(충격이다) … 그것도 헷갈린 걸 수 있잖아. 나랑도 헷갈렸다며.
해이	… 내가 한 행동 땜에 네가 더 화나고 상처 받았단 거 알아. 욕해

	도 할 말 없어. 앞으로 모르는 사람 취급한데도… 이해해.
선호	싫어. 계속 헷갈리게 할 거야. (일어나며) 그리고 나로 확신하게 할 거야.
해이	… 그러지 마. (마음 단단히 먹고 나쁘게 말하자 싶어) 그럼 난 계속 거절할 거야.
선호	!! (충격 받고 더 말 못 하고 나가는)
해이	(착잡한 마음으로 나가는 선호 본다)

S#8. 단실 복도 / 낮

가는 선호 보고 씁쓸하게 사물함에서 짐 챙기는 해이 쪽으로 다가온 선자.

선자	비선호랑은 이제 완전 척진 건가. 얼굴 계속 보는데 거시기하네.
해이	('후…' 짐 챙기는)
선자	엄마가 겉절이랑 반찬 가져가래. 이순자 여사 손이 어찌나 큰지 겉절이로 김장하는 줄. 오늘 알바 끝나고 들러.
해이	(곤란한 얼굴로 보면)
선자	왜? 데이트 있나?
해이	… (끄덕)
선자	아주 공사다망한 시스템에 연애까지 끼니 난리도 아니구나. 알았어. 겉절이는 오래 못 두니까 내가 갖다 놓던지 할게.
해이	주선 알랍. (하며 손하트 해 보이면)
선자	꺼지셈.

해이	넵 알바하러 꺼지겠습니다. (경례하고 슉 달려가는)
선자	(못내 서운하다. 쩝 하며, 가는 해이 보는)

/한쪽에서 운찬 도와 짐 정리하던 소윤, 계속 선호와 해이 힐긋 힐긋 관찰한다.

운찬	(소윤 힐긋 보다) 이번 vacation도 정신없이 가겠구먼~ (소윤, 가만있으면) 근데 너 요즘 발음 교정 안 한다?
소윤	(정신 해이 쪽에 두고 있다 놀라) 네? 아… 싫어하는 거 같아서…
운찬	아니 뭐 (아무 말) 나 관종이잖아. 무플은 또 서운하네.
소윤	… vacation. (소심하게 강조) 비 아니고 브이. (하면서 손으로 브이)
운찬	('뭘 또 저렇게까지…' 하면서도 따라서 브이) 븨케이션?
소윤	(이제 운찬 안 피하는 거 같아 배시시 웃으면)
운찬	(소윤 웃는 거 보고 따라 웃는)

S#9. 단실 건물 앞 / 낮

해이, 서둘러 가고 있는데 앞에 진일 보인다.
해이, 꾸벅 인사하고 가려는데.

진일	나도 나가는 길인데 정문까지 같이 갈까?
해이	('아… 싫다고 하기도 뭐하고.') 예, 그럴까요.

/어색한 공기 흐르며 걸어가는 진일과 해이.

진일	(슬쩍 해이 보다) 응원단 생활은 어때?
해이	응원단요? 좋아요. 재밌어요.
진일	… 규칙이 많아서 힘들지 않아? CC 금지에… (하는데)
해이	(괜히 오버해서 OL) 아뇨, 전혀요. 저 완전 체제 순응적 인간이거든요. 규칙은 지키라고 있는 거죠! 규칙은 소중하니까요.
진일	(그 말에) … 그렇더라.
해이	네?
진일	규칙이 중요하다고. 어기면… 피해가 생기니까.
해이	(난감) 그죠… ('역시 그때 들었나? 긴가민가)
진일	너랑… 유민 누나랑 비슷하다고 하던데.
해이	그 얘기 많이들 하던데, 뭐가 닮은 거예요 대체?
진일	유민 누나도 그랬거든. 계속… 눈에 띄었어. 너도 그렇잖아. 계속… 눈에 띄었잖아.
해이	(갸웃) 유민 선배는 저랑 전혀 다른 사람인 거 같은데. 성격도 뭐도 전부 다.
진일	… 맞아… 다르지.
해이	?? (보면)
진일	넌 다르다고.
해이	그죠. (정문 보이자 이 어색한 분위기에서 탈출하는 게 반가워 얼른) 아 저 알바 땜에 먼저 가 볼게요. (하고 얼른 뛰어가면)
진일	(가는 해이 서늘히 보며) 네가 더 최악이지. (서늘히 해이 보다, 가는)

S#10. 단장실 / 낮

단장실에 마주 보고 앉아 있는 정우와 수일.

정우   형이라면서요.

수일   (하…) 그래. 미안하다.

정우   왜 그런 짓을 한 거예요? 형이 응원단 짤린 게 화가 나서? 아니
          면 저한테 화가 나서?

수일   (후…) 미안해. 지난 일인데 다 잊자. 내가 뭐에 씌었었나 봐. (하고
          화해하자는 듯 어깨 치려는데)

정우   (그럴 생각 없다는 듯 수일 손 잡으며 내려놓고) 근데 왜 해이였어요?

수일   (보면) 어?

정우   그럼 절 타겟으로 했어야지. 왜 해이였냐고요.

수일   그게… (모르겠다 나도) 어쩌다 보니 그렇게 됐어. 내가 죄인이다.
          죄인이야.

정우   지켜볼 거예요. 앞으로도 계속.

수일   그래.

정우   (수일 보다 일어나면)

수일   (중얼거리며 짐 챙기고 일어나며) 날 지켜본다고 될지 모르겠지만.

정우   (그 소리에 보면)

수일   (일진 사납다는 듯 나가는)

S#11. 치얼스 / 밤

          손님 가득한 치얼스.
          해이, 서빙하고/손님 간 테이블 치우고/새로 온 손님 세팅한다.

해이, 빈 그릇 쟁반에 들고 바 테이블 쪽으로 가는데, 바에서 오매불망 문 쪽만 바라보고 있는 영웅.

해이	(여유로운 영웅 보며) 이래서 사장을 해야 돼.

해이, 새로 나온 음식 테이블에 서빙하려고 가져가려는데, 이때 치얼스로 들어오는 지영.

영웅	(기다리던 사람 왔다 손들며) 어 왔어!
해이	(누군가 보면, 지영이다) 어? 차장님? (꾸벅 인사)
지영	(인사 받고 영웅 쪽으로 오며) 오늘 손님 많네?
영웅	(바 테이블 자기 앞쪽 자리 가리키며) 여기. 여기 앉아. 내가 비워뒀어.
해이	(음식 서빙하러 가며 '둘이 뭐지?' 싶은)

S#12. 치얼스 전경 / 밤

S#13. 치얼스 / 밤

영업 끝난 치얼스. 영웅과 지영, 둘만 남아 있다.

영웅	(지영 손 꼭 잡고) 나 좋은 생각났어.
지영	뭐?
영웅	네 생각.

지영	하… 너 정말 징하다.
영웅	(시무룩)
지영	어메이징!
영웅, 지영	(서로 좋아서 키득키득)

해이, 언제부터 봤는지 그런 둘 보고 얼음. (퇴근 준비 마치고 나온)
영웅과 지영, 얼른 떨어진다.

해이	제가 생각하는 그게 맞는 거죠.
영웅	('어쩌지?' 지영 눈치 보면)
지영	어 우리 사귀어.
해이	!! 여친이… 차장님… (충격에 지영 보면)
지영	나 말야. 가끔 사람 치기도 한다?
해이	네?
지영	(자기 입술 검지로 툭툭 치며) 내가 입 잘못 놀려서 잘못된 사람은 많이 봤는데 입 무거워서 나쁜 케이슨 거의 못 봤어. (빙긋 웃으며) 무슨 말인지 알지?
해이	네! 명심하겠습니다. (입에 지퍼 채우는 모션 하고 꾸벅) 좋은 시간 되십쇼! (쌩 사라지는)
지영, 영웅	(다시 키득키득 꽁냥꽁냥)

S#14. 한강 공원 일각 / 밤

한강 라면 각 하나씩 갖고 공원 벤치 쪽으로 오는 해이와 정우.

해이, 가방에서 맥주 두 캔 꺼내 옆에 내려놓는다.

정우　　(라면 기다리며) 앞으로 같이 뭐 하고 싶은 거 없어?

해이　　지금 하고 있잖아요. ('아 반말하기로 했지') 아니, 하고 있잖아. 남친 이랑 한강에서 한강 라면 먹으면서 맥주 마시기. (아직 약간 어색한 반말) 이거 대학 오면 완전 해 보고 싶었거든.

정우　　다른 건 뭐 더 해 보고 싶은데?

해이　　음… (생각하다) 주접?

정우　　주접?

해이　　아니 알바 끝나고 나오는데 (하다, '아… 입조심 해야 되지.' 싶어) 알바 하다 어떤 커플을 봤는데, 주접이… (고개 절레절레) 아니 아저씨도 그 나이에 그렇게 분발하는데. 더 어리고 풋풋한 우리가 지면 안 되잖아?

정우　　아저씨? 분발? ('뭔 소리야.')

해이　　(보다, 일발 장전 발사) 단장 근로기준법 위반이에요. 단장 미모가 주 7일 24시간 일하잖아.

정우　　아… 이런 거…

해이　　(뻘쭘해 괜히 다그치듯) 뭐해요. 빨리 단장도 하나 해 봐요.

정우　　(고민하다) 내 생각엔 넌 구리와 텔루늄으로 돼 있어. CUTE 하니까.

해이　　??????

정우　　(머쓱) 구리가 CU고, 텔루늄이 TE야 합치면 CUTE.

해이　　(표정) 아… (끄덕끄덕하며 갑자기 말 편하게 놓는) 그래. 우리가 질 수도 있지. 세상에는 연륜이란 게 있으니까. 이제 먹어도 될 거 같은 데 라면이나 먹을까? (라면 먹는)

정우	(의기소침해 라면 먹으려다 해이 보며) 너 얼굴에 뭐 묻었다.
해이	(라면 튀었나 보다 싶어) 어디? 여기? (하면서 입가 닦는데)
정우	**예쁨…**
해이	(순간 정적 흐르고)
정우	(민망해서 화르륵, 급하게 라면 먹는)
해이	푸하하하하 (손가락질하면서) 뭐야 얼굴 완전 빨개졌어.
정우	**웃지 마.**
해이	(손가락질하면서 꺄르르 계속 웃으면서) 수치스러워하는 거 같은데.
정우	(손가락질하는 팔목 잡으며) **웃지 말라니까.**
해이	(팔목 잡히고 정우 가까이 있자 괜히 민망) 알았어요. 발끈하긴. (하는데)
정우	(팔목 잡은 채 기습 뽀뽀 쪽)
해이	(!!, 부끄러워하며) 뭐야 갑자기.
정우	(손 놓고) **예뻐서.** (자기가 해 놓고 민망해 라면 먹으면)
해이	(역시 부끄러워하며 라면 먹는)

S#15. 버스 정류장 / 밤

버스 정류장에 손을 잡고 앉아 버스 기다리는 정우와 해이.
앞에 전광판으로 뮤지컬 보인다.
해이, 이를 보고 있으면, 정우, 해이 뭐 보나 싶어 시선 따라가 전
광판 본다.

정우	보고 싶어?
해이	(빠르게) 아니. 지금은 아냐.

정우	(보면)
해이	내 꿈은요. 저런 비싼 뮤지컬 표도 가격 생각 안 하고 보고 싶으면 탁탁 사서 볼 수 있을 만큼 돈에서 자유로워지는 거예요. 두고 봐. 꼭 그렇게 될 거니까. 그때까진 그럴 여유 없어. 열심히 달려야지.
정우	(보는)
해이	(정우 힐긋 보다) 미안. 맨날 내가 알바해서 이렇게 밤늦게 잠깐밖에 못 보고.
정우	훈련 때 맨날 보잖아. 그리고 (해이 보고 빙긋) 나도 바빠.
해이	(피식, 하지만 못내 미안하고)
정우	(해이 이해한다는 듯 손 더 꽉 잡는다) f.o

S#16. 단실 / 낮

훈련 끝나고 기진맥진한 신입생들.

용일	와 이렇게까지 하는 기가.
운찬	(언제 왔는지 슥 와서) 지금 체력 안 쌓아 놓으면 연호전 6시간 못 버텨.
용일	(영혼 털린 눈으로 운찬 보며) 연호전까지 가지도 몬 하고 전사할 거 같은 데예.
운찬	(무시하고) 내일부턴 드디어 대망의 합숙 훈련이다! 9 o'clock 까지 정문 집합!
선자	아니 진짜 가는 날까지 어디 가는지 안 가르쳐 주고 비밀로 해요?

운찬	(고개 저으며 가면서) 기대하시라 coming soon.
선자	(혼자 헛된 상상) '이렇게 개고생했으니 즐겨!' 하면서 서프라이즈로 리조트 같은 데 가겠지? 바다가 착 보이는 로비에서.
용일	(같이 헛된 상상) 난 피나 콜라다 먹을란다.

해이, 한쪽에서 짐 챙기고 있으면.
선호 역시 해이에게 인사 없이 지나친다. 이를 보는 용일.
해이, 선호 보다 다시 짐 챙기면, 선자, 해이 쪽으로 온다.

선자	오늘도 바로 가?
해이	(끄덕) 합숙 땜에 알바 빠져서 이번 주 대타로 시간 늘렸거든.
선자	(아쉽) 삼다 요즘 우리 그런 느낌이야. 같이 살지만 대화 없는 권태기 부부 같은 너낌.
해이	(선자 어깨 쓸며) 기다려 자기. 합숙에서 뜨거운 밤 보내자고.
선자	(해이 손 치우며 상황극) 자기, 나 그렇게 쉬운 여자 아니거든. 뜨밤을 원하면 성의를 더 보이라고.
해이	(시계 보고) 가야겠다. 낼 봐용 자기. (하고 뛰어가면)
선자	('그래 합숙에서 놀자!' 하는 얼굴로 가는 해이 보는)

S#17. 단실 복도 / 낮

선호, 사물함에서 짐 챙기고 있으면, 용일, 선호 쪽으로 온다.

용일	이러다 디지뿌겠다. 삭신이 안 쑤신 데가 없다.

선호	(웃는)
용일	(힐긋 보다) 니 근데 해이랑 싸웠나?
선호	(보다) 어.
용일	(눈 커지며) 진짜가? 어쩐지 둘이 쎄한 게 내 딱 매의 눈으로 캐치했다 안 카나.
선호	(어이없어 피식 웃으며) 한참 됐거든요.
용일	(더 놀라) 진짜가? 와 싸웠는데?
선호	(용일 보는)
용일(E)	(잔뜩 취해서 올 기세로) 차였다꼬?

S#18. 술집 / 밤

술집에서 술 마시고 있는 용일과 선호.
이미 둘 다 취해 있다.

선호	(술 취해 술병 껴안고 끄덕 하고 또 원샷)
용일	아이고 우리 선호가 차였구나. 아이고 우리 선호 우야노. 이리 차여서.
주변	(뭐야 이러면서 힐긋힐긋 쳐다보고)
용일	(갑자기) 괘안타. 내도 차였다.
선호	(반갑다) 너도? 반갑다 친구야. (하며 악수 흔들흔들)
용일	니가 내보단 낫다. 낸 고백도 못하고 차였쁘다.
선호	(감격) 역시 너밖에 없다. (하면서 하이파이브 손 내밀면)
용일	(하이파이브)

S#19. 술집 밖 / 밤

서로 어깨동무하고 술집 밖으로 나와 하이파이브하고 난리 부
르스 치다가 찢어지는 용일과 선호.
용일, 지그재그 비틀대며 걸어가고 있는데 귀에 꽂히는.

친구1(E)   태초희 온대?

용일   (그 말에 그쪽으로 시선, 초희 현남친과 친구들 모여 담배 피고 있다)

현남친   (끄덕)

친구1   이야. 천하의 태초희를 이렇게 영접하나.

현남친   (으쓱)

용일   (보다 신경 끄자는 듯 고개 흔들고 가려는데)

친구1   (취기에) 태초희 진짜 끝내주냐? ('알잖아?'라는 뉘앙스로) 아 왜 밤에,
             아 낮에도 하나? (하며 낄낄)

친구2   (팍 치며) 이 새끼 취했네.

친구1   (취기에 더 깐족) 걔 운동부 애들 그렇게 만났는데, 부담 좀 되겠다?

현남친   (표정 굳으면)

친구3   (표정 굳은 현남친 보고, 역시 취기에) 그러게. 내가 걔 사귀지 말랬잖
             아. 그렇게 말 많은 애 만나면 탈난다니까. (하고 담배 털면)

현남친   (그 말에 자존심 상해 허세 부리며) 야, 나도 눈이 있고, 귀가 있어. 알면
             서도 만나는 거야. 그런 애들이 오히려 가볍게 만나긴 좋잖아.

친구3   그래, 즐기다 빨리 끝내.

현남친   투자한 공력이 있는데 이번 달까진 놀아야지.

용일   (와서 현남친 퍽)

현남친   (어이없어 용일 멱살 잡으며) 뭐야? 넌?

용일	(취기에 더 흥분해) 그래! 헤어져라! 너 같은 새끼 만나기엔 초희 누나가 너무 과분하다!
현남친	뭐야 이 새낀. (하면서 용일 치면)
용일	(지지 않고 엉겨 붙어 때리고)

둘이 엉겨 붙어 치고받고 하고 있는데… 말리기도 애매한 하찮은 몸싸움.

초희	뭐 하는 짓이야!
현남친, 용일	(보면)

초희, 그쪽으로 온다.

용일	(당황해 초희 보는데)
현남친	(초희 보며) 넌 대체 뭘 어떻게 하고 다니길래 이딴 새끼가 꼬… (하는데)
초희	(현남친 뺨 후려갈기고)
일동	!!
현남친	야! (하며 초희 보면)
초희	너야말로 뭘 하고 다니는데? 앞에서 그딴 말을 싸지르는 친구란 새끼들이나, 맞장구치는 너나.
현남친	('하… 들었구나.' 싶고)
초희	하도 기회를 달라고 사정해서 만나줬더니. (현남친 매섭게 보며) 다신 연락하지 마. (하고 돌아서 용일 쪽으로 가면)

용일	(자신도 뺨 맞나 싶어 움찔하는데)
초희	(차갑게) 너 선 넘었어. (하고 가는)
용일	(망연자실한 표정으로 가는 초희 보는)

S#20. 해이 집_거실 / 밤

부산스럽게 짐 싸고 있는 해이.

춘양	부산스럽다 부산스러워. 어디로 간대?
해이	몰라. 근데 느낌에 막 바다 보이는 리조트 이런 데 갈 거 같아.
춘양	키야. 좋~겠다.
해이	(그 말에 맘 안 좋은) …

이때 해이 집 문 두드리는 소리. 춘양과 해이, '뭐지?' 싶어 현관 문 보는데.

선호(E)	(취해서) 해이야, 도해이. 해이야.
춘양	이게 뭔 소리야. (해이 보며) 경찰에 신고해야 되는 거 아냐?
해이	(문 쪽 보는데)
선호(E)	해이야, 나야 선호. 해이야. 문 좀 열어 봐.
재이	(어느새가 방에서 나와 현관 쪽으로 가서 문 여는데)
선호	(문에 기대 있다 털푸덕 현관으로 쓰러진다)
춘양	에구구 (하며 얼른 가서 선호 부축하곤) 황진희 아들 아냐?
선호	(춘양 보며 울먹울먹) 죄송합니다. 제가 이렇게 늦은 시간에.

춘양	그니까. 왜 이 늦은 시간에 우리 집 대문을. (하며 해이 보면)
선호	(취해서) 어무니. 제가 가슴이, 가슴이 너무 아파서. (가슴 치면서) 가슴이 너무 아파서 왔어요. 해이 얼굴 보면 나아질까 해서.
춘양	(아…)
선호	(갑자기 엉엉 울며 춘양 부둥켜안고 우는) 장모님이라고 부르고 싶었는데.
춘양	(얼결에 등 톡톡 해 주며 해이 보고 입 모양으로) 얘 왜 이래.
해이	(후… 마음 안 좋고)
재이	(춘양 쪽으로 가 취한 선호 부축한다)
선호	(재이 보고) 처남 말이 맞았어. 내가 재수가 없어서 해이가 날 안 좋아하나 봐. 처남 근데 내가 처남이라고 계속 불러도 될까?
재이	(자기 방으로 데려가며) 제정신 아닌 거 같으니까 일단 내 방에서 재울게. 둘은 들어가 자.
춘양	(해이 툭 치며) 뭐야 너 뭔 짓을 했길래 애가 저래.
해이	(선호 보며) 그러게… 내가 뭔 짓을 한 거지…

S#21. 해이 집 전경 / 아침

S#22. 해이 집_거실 / 아침

상에 모여 앉아 밥 먹고 있는 선호, 해이, 재이, 춘양.
선호, 연신 눈치 보며 북엇국 떠먹고 있다.

| 선호 | 죄송합니다… |

춘양	어떻게 가슴은 좀 괜찮아?
선호	네?
춘양	그렇게 아프다며. (가슴 치며 선호 흉내) 가슴이 가슴이 아파요.
해이	(춘양 그만하라는 듯 말리면)
춘양	(밥 먹으며) 인생이 원래 그 모양이야. 다른 사람 맘이 내 맘대로 안 돼요. 그니까 어차피 안 되는 거 싸워서 이기려 들지 말고 받아들여. 그게 에너지가 덜 드니까. (선호 보며) 그냥 똥 밟았다 생각하고 있음 시간이 해결해 줄 거야.
선호	…
해이	(똥 씹은 표정으로 춘양 보며 중얼) 그래도 딸한테 똥이 뭐냐. (선호에게) 속은 괜찮아?
선호	… (춘양 눈치 보다) 아니…
해이	좀 있음 합숙 집합인데 (시계 보는데 8시) 짐은 쌌어?
선호	(고개 젓는)
춘양	(선호 보며 쯧쯧쯧쯧쯧쯧)

이때 띵동 초인종 소리. 일동 '뭐지??' 그쪽 보는.
/춘양 집 현관에 서 있는 진희.
짐 싼 가방 하나 툭 거실로 던진다.
선호와 해이, '어떻게 된 거지?' 하는 얼굴로 서서 진희 보고 있다.

선호	엄마가 여긴 어떻게…
진희	네 짐이야. 이 기회에 가출해. 집 나가서 바깥세상이 얼마나 혹독한지 제대로 살아 봐.

춘양	(부엌에서 나와 가방 들어) 잠 못 자고 기다릴 거 같아서 내가 어제 전화했지. 오는 길에 짐 좀 갖고 오라 했어. (선호 주며) 이거 들고 합숙 가면 되겠네.
진희	뭐? 합숙?
춘양	얘네 오늘 합숙 간다는데, 몰랐어?
진희	진선호, 너 진짜!
선호	(가방 챙기며) 다녀올게. (꾸벅하고 재이 방으로 들어가는)
해이	(진희한테 꾸벅 인사하고 방으로 간다)
진희	저게 근데!
춘양	(그런 진희 툭툭 해 주며) 냅 둬. 가슴이 아프시단다.
진희	뭐?
춘양	(자기 가슴 잡으며 선호 흉내) 가슴이 가슴이.
진희	저게 요새 진짜 왜 저래. 사춘기 때 속 한 번 안 썩히고 잘 큰다 했더니.
춘양	원래 모든 인생에 지랄 총량의 법칙이 존재하는 법이야. 한 살이라도 어릴 때 와서 다행이다 생각해. 마흔에 안 온 게 어디야?
진희	그딴 걸 위로라고. (째리는)

S#23. 해이 집_재이 방 / 아침

선호, 짐 정리하고 책가방 싸고 있는 재이 쪽으로 간다.

선호	어제 신세가 많았어, 처남. (하다) 아 이제 처남이라고 하면 안 되지.
재이	(가방 챙기며) 상관없어요.

선호	(보면)
재이	처남이라고 불러도 상관없다고요. (선호 보며) 어차피 매형이 누군지는 식장 들어가기 전까진 모르는 거잖아요?
선호	??
재이	(선호 툭툭 해 주고 나가며) 형 보기보다 근성 있네요. 전 형 편이에요.
선호	(나가는 재이 보며 감격해서) 처남…

S#24. 해이 집 앞 / 아침

선호와 해이, 짐 들고 나온다. 서로 데면데면한 분위기.
이때 해이 집 앞에 서 있는 외제 차 운전석 창문 슥 내려가면, 선글라스 낀 진희 등장한다.

진희	야 타.
선호, 해이	(진희 보는)

S#25. 진희 차 / 아침

진희, 운전하고 있다. 선호, 진희 옆자리 타 있고, 해이, 뒷좌석에 타서 둘 눈치 본다.

진희	진선호. 반항이라면 이 정도 했음 됐지 않아? 언제까지 이렇게 엄마 실망시킬 거야?
선호	(백미러로 해이 보는데 쪽팔리고, 진희 입 막듯이) 반항 아니야. 그냥 하고

싶어서 하는 거야.

진희   너 저 춘향이 딸 (하다 백미러로 해이 보고, 말 고르며) 때문에 그래? 내가 진짜 백번 양보해서, 그거 안 말릴게. 그러니까 이제 그 시간 잡아먹는 응원단 왔다 갔다 하는 건 그만둬. 너 맨날 아침에 나가서 밤늦게 들어오고 방학 내내 얼굴 한 번을 제대로 못 봤어.

해이   (가시방석이 따로 없다)

선호   (쪽팔리니까 제발 그만 했으면 하는 맘에 이 꽉 깨물고) 해이 때문 아냐.

해이, 진희   (보면)

선호   응원단 힘든데 재밌어. 친구들도 좋아. 뭔가 하고 싶다 생각든 건 이게 처음이야. 그래서 그냥 해 보고 싶어.

진희   (선호 말에 좀 당황했다) 지금이 인생에서 얼마나 중요한 땐데. 원래 뭐든 첫 단추가 중요한 거 몰라? 이렇게 첫 단추를 잘못 꿰면…

선호   (OL, 버럭) 그만 좀 해. 엄만 그냥 내가 엄마 맘대로 안 되니까 이러는 거잖아. 사실 내가 지금 일 년 이거 좀 한다고 인생 어떻게 되는 건 아니잖아!

진희   **진선호!**

선호   (여러 의미로) 원래 다른 사람은 자기 맘대로 안 되는 거래. 엄마도 이제 받아들여 다른 사람 맘이 내 맘대로 안 된다는 거.

진희   (당황했다) …

해이   (선호, 진희 눈치 보는)

진희   (백미러로 해이 눈치 보곤 한쪽에 차 세우며) 그래 오늘은 일단 가. 가는데, 다녀와서 다시 얘기해.

선호   (말없이 쾅 내리면)

해이   (눈치 보다) 감사합니다… (하고 꾸벅하고 내린다)

진희	저게 진짜 사춘기가 왔나. (교문으로 들어가는 선호 보다 '후…' 한숨 쉬고 운전해 가는)

S#26. 연희대 정문 / 낮

집합해 있는 단원들.
해이, 선호가 괜찮은지 힐긋힐긋 보며 그쪽으로 온다.
둘 함께 들어오는 거 보는 정우.

선자	(해이 그쪽으로 오자) 저 찬 뭐야? 어떻게 둘이 같이 와?
해이	(정우 눈치 보며 선자에게 더 말하지 말라는 듯 고개 도리도리하며) 어쩌다 보니 그렇게 됐어.
선자	??
선호	(말없이 용일 쪽으로 가는)
정우	('뭐지…' 신경 쓰인다)

한쪽에서 선호 보다, 정우 보다, 해이 보는 진일.

S#27. 풀빌라 펜션 앞 / 낮

건물 앞에 서 있는 신입 단원들.

해이	(숙소 건물 보며) 우와!
운찬	(지나가며) 영웅 선배가 쏘는 거야.

선자	(역시 감탄) 와우.

이때 들리는 호루라기 소리. 돌아보면 정우가 교관처럼 근엄하게 서 있다. 그 뒤로 초희, 운찬, 소윤 등 보이고.

정우	테이아 51기. 건물 1층 숙소로 들어가 환복 후 족구장에 모입니다. 정확히 15분 줍니다.
일동	?
정우	왜 대답이 없습니까. 테이아 51기. 대답 못 합니까? (더 큰 소리로) 15분 후 환복한 복장으로 모입니다! 1분 늦을 때마다 훈련 시간 10분씩 추가됩니다.

일동, 그제야 상황 파악하고 우왕좌왕 뛰어서 들어가는데.

S#28. 족구장 / 낮

족구장으로 환복하고 모여 있는 신입 단원들. 선자와 해이, 허둥지둥하며 나오는데.

정우	(타이머 멈추며) 1분 22초 지각. 훈련 시간 20분 연장하겠습니다. 그럼 지금부터 여름 훈련 합숙을 시작합니다. 일동 전방을 향해 함성 10초!
일동	(어색해 하며 함성)
정우	이게 최선입니까? 목소리 안 커지면 족구장 스무 바퀴 갑니다.

다시 함성 10초!

일동   (아아아아아아아악)

/족구장 구보 훈련하는 신입생들.
/PT 체조 하는 신입생들.
/여기저기 널브러져 있는 신입 단원들.

선자   (다 죽어가는 목소리로) 무슨 부귀영화를 누리겠다고…
용일   내 피나 콜라다는 우예된기고…
해이   말하지 마. 에너지 아껴야 해…
용일   (간신히 몸 일으키며) 하도 굴렀더니 입에서 흙냄새가 난데이. 씻어
        야겠다. (비틀거리며 가면)
선자   (해이 보며) 어떻게 좀 해 봐. (속닥) 여친 찬스 이런 거 없어?
해이   (고개 저으며) 제 남친 못 보셨어요? 아무래도 잃어버린 거 같은데.
선자   (후… 힘들어 환장하겠다)

S#29. 펜션 일각 / 밤

        해이, 막 씻고 나온 듯 수건으로 머리 털며 가는데 진일과 마주
        친다.
        해이, 진일에게 꾸벅 인사하는데.

진일   이제 씻은 거야? 곧 교육인데?
해이   아 그게 차례가 좀 밀려서…

진일	(헤이 안 들릴 정도로 작은 소리로 중얼) 한결같긴.
해이	(안 들린다) 네?
진일	규칙은 지키라고 있는 거라며. 거짓말이었니?
해이	(아…) 죄송합니다. 얼른 가서 준비할게요. (뻘쭘해 얼른 인사하고 방으로 뛰어가는)
진일	(뛰어가는 해이 노려보는)

S#30. 여자 숙소 방 / 밤

각자 짐 챙기고 있고, 선자도 씻고 와 짐 정리하고 있는데 핸드폰으로 전화 온다. 발신자 '이순자 여사', 선자, 전화 받는다.

선자 부모(F)	생일 축하합니다. 생일 축하합니다. 사랑하는 우리 딸 생일 축하합니다.
선자	(피식 웃다) 뭐야 내일이거든요. 여하튼 오버하긴.
선자 부(F)	낼은 우리가 젤 먼저 축하 못 할 수도 있잖아.
선자 모(F)	(선자 부, 시끄럽다는 듯 치우고) 딸내미 거기서 어떻게 생일 밥은 얻어먹는 거야?
선자	그럼. 번쩍번쩍한 풀빌라에서 피나 콜라다 먹으면서 성대하게 파티할 거니까 걱정 붙들어 매셔.
선자 모(F)	그래. 해이도 있으니까 생일 초는 챙겨 불겠지.
선자	응. (사이) 알았어 알았어. 네네 건강히 돌아가겠습니다. (전화 끊는)

이때 해이 숙소로 들어와 선자 옆쪽으로 와 짐 챙긴다.

선자	(슬쩍) 삼다, 낼 며칠이지?
해이	낼? 8월 27일. 왜?
선자	(해이 전혀 눈치 못 챈 기색이라 약간 실망했지만 희망 버리지 않고) 좋은 날이네. 8월 27일. 아주 길일이야.
해이	?? (표정 하다 다시 짐 챙기며) 그러게. 왜 이 좋은 날 우린 이 개고생을… (하면서 짐 챙기면)
선자	(진짜 모르는 건가 해이 슬쩍 보다 '에이 설마…' 하며 다시 짐 챙기는)

S#31. 펜션 일각 / 낮

폼 훈련하고 있는 단원들.

초희, 정우, 소윤, 운찬 교관처럼 신입생들 주변 맴돌며 동작 고쳐 준다.

/곳곳에 녹아내리듯 널브러져 있는 신입 단원들.

해이, 선자 눈치 계속 보는데, 선자는 해이에게 눈길도 주지 않는다.

이를 보는 민재.

용일	나 집에 갈란다. 여서 택시타면 얼마고.
선자	오늘 같은 날 이건 너무 하잖아.
용일	오늘이 뭔 날이가?
선자	어, 아주 중요한 날이지. (하며 해이 보면)
해이	(널브러져 녹다운 돼 있다)
선자	('진짜 잊었나 보네…' 싶고)

정우, 신입생들 쪽으로 걸어온다.

정우   다음 훈련은 수영 훈련입니다. 10분 내로 수영복 챙겨서 수영장
                으로 집합합니다.

용일   (울고 싶다) 아니 응원하는데 수영 훈련은 왜 필요한 긴데. 물에서
                응원하는 것도 아닌데.

S#32. 수영장 / 낮

수영장 앞에 모여 있는 단원들.

운찬   여름 훈련 합숙의 Last! Final은 바로바로~~~ 물놀이였습니다!

정우   다들 수고 많았어. 마지막 훈련은 다치지 않고 재밌게 노는 거야.

일동   (와!!!)

환호하는 단원들.
그러다 갑자기 서로 텔레파시라도 통했다는 듯이… 정우 들어
서 빠뜨린다.

S#33. 수영장 일각 / 낮

해이, 양손에 검은 봉지 들고 주차장 쪽으로 가고 있는데, 누군
가 해이 손 확 잡아끈다. 놀란 해이.

빈 오두막으로 끌려 들어온 해이. 해이 끌고 온 사람, 정우다.

해이	(퉁명스럽게) 뭐야, 놀랐잖아요.
정우	이렇게 안 하면 둘이 있기가 어려워서.
해이	왜 저랑 둘이?
정우	응?
해이	저 아세요? 제가 며칠 사이에 남친을 잃어버려서.
정우	미안. (의기소침) 이깟 단장이 뭐라고. (자기 머리 퍽퍽 치는)
해이	(정우 손 잡으면)
정우	(봐주는 건가 싶은데)
해이	왜 이렇게 살살 쳐? 더 세게 쳐. (하고 정우 손 잡고 정우 머리 팍팍)
정우	아! (단말마 비명과 머리 잡으면)
해이	(놀라서) 너무 세게 쳤나? 힝, 장난이었는데 (하며 정우 머리 보며 어쩔 줄 몰라 하면)
정우	('속았지?'라는 듯 해이 보며 쪽 뽀뽀)
해이	(보면)
정우	(한 번 더 쪽)
해이	(좋은)

선호, 용일, 정미, 세정, 수영장에서 놀고 있다.
선호와 용일, 공놀이 하고 있고, 정미와 세정, 큰 튜브에 누워서

일광욕하고 있다.

선자, 기분 안 좋은 채 선베드에 홀로 앉아 있다.

한쪽에서 젠가 하고 있는 소윤, 운찬, 혁준, 초희.

소윤, 젠가 빼는데 흔들흔들 쓰러질 거 같자, 운찬, 이를 보고 얼른 재채기 해 쓰러뜨린다.

운찬	(실수한 척) 아… 이런.
초희	(고개 옆으로 까딱까딱하며 몸 풀고) 대.
운찬	(이 와중에 두렵고)

운찬, 등 대고 엎드리면.

소윤 포함 일동, 인디언밥 극악스럽게 때리는. 운찬, 아프다…

초희, 아파하는 운찬 보다 고개 돌리는데 물 밖으로 나오던 용일과 눈 마주치고, 용일, 초희와 눈 마주치자 시선 피하며 다시 물로 들어간다.

그런 용일 보는 초희.

선호, 수영장에서 나와 선자 쪽으로 와 물 마시며.

선호	해인, 아직?
선자	그러니까. 어디 갔는지 아까부터 안 보여. (하다 선호 보며) 근데 네가 웬일로 삼다를 찾냐?
선호	(답하지 않고 물 마시고 다시 물속으로)
선자	여튼 비선호. (표정 하다 일어나며) 앤 어딜 헤매고 있는 거야. (하고 나가는)

S#36. 오두막 / 낮

한쪽 벽에 기대앉아 있는 해이와 정우.
정우, 해이 손 꼭 잡고, 해이, 정우 어깨에 기대앉아 있다.

정우   앞으로도 계속 이럴 텐데 괜찮겠어?

해이   (갑분 버럭) 아니 솔직히 개오버 아니냐구. 무슨 군대야? (갑분 차분)
          싫지만 어쩔 수 없지. 모르고 시작한 것도 아니고.

정우   대신 둘이 있을 때 내가 두 배로 더 잘할게.

해이   진짜지?

정우   (끄덕) 아니 열 배로 잘할게.

해이   (끄덕끄덕) 백 배도 괜찮고.

정우, 해이 보면 둘 순간 묘한 기류 형성되며 정우 가까이 다가
가 키스하려는 찰나, 덜컹하며 문 열리는 소리.

손님(E)   이 방이야?

정우, 해이   !!

S#37. 오두막 밖 / 낮

해이, 정우 손 잡고 오두막 밖으로 도망 나온다.
해이 찾아 두리번거리다 이를 보는 선자.
'아… 단장이랑 노느라 그렇구나.' 싶어서 기분 더 안 좋아졌다.
표정 구겨져 가는데 또 다른 한쪽에서 손 잡고 도망가는 해이,

정우 보고 있는 진일. 서늘하게 둘 본다.

초희(E)	김진일!
진일	(그 소리에 돌아보면)
초희	(진일 쪽으로 와) 너 먼저 가서 세팅 좀 도와줘.
진일	…

S#38. 수영장 / 낮

단원들 몇 수영장에서 놀고 있는데 선자 홀로 부루퉁해 앉아 있다. 가방 쪽에서 뭔가 챙겨 주머니에 넣는 민재. 홀로 있는 선자 쪽으로 와 옆에 앉는다.

민재	왜 수영 안 하고.
선자	나 수영 못해.
민재	물 얕은데.
선자	됐어. 그럴 기분도 아냐.
민재	(선자 기분 살피다 주머니에서 작은 봉투 하나 꺼내 선자에게 준다)
선자	?? (봉투 열어 보는데 머리핀이다) ?? 뭐야 이건?
민재	(쑥스러워 괜히 먼 산) 너… 생일이잖아.
선자	(!!) 어떻게 알았어?
민재	너네 집 갔을 때 달력에 엄청 크게 써 있던데. (사이) 주선자 탄신일이라고.
선자	(의외의 선물에 감동해) 고마워.

민재	(쑥스러워) 아니 뭐 별거 아닌데.
선자	별 거야. 올해 내 첫 생선이란 말야. 너 아녔음 오늘 진짜 최악으로 끝났을 거야.
민재	(무슨 맘인지 알거 같아) … 해이도 하겠지.
선자	글쎄다. 요즘 워낙 공사가 다망하셔서. 뭐 그래 생일이 별거냐 정신 없음 모를 수도 있지. (하면서도 섭섭한 얼굴)
민재	…
해이(E)	주선 여깄네.
선자	(해이가 자기 부르는 소리에 얼른 머리핀 주머니에 넣곤) 왜?
해이	포커 카드 사 오래. 같이 가자.
선자	('후' 내키지 않지만 일어나는)

S#39. 편의점 근처 / 낮

편의점에서 포커 카드 사 나오는 해이와 선자.

선자, 심드렁한 표정이다.

해이	(핸드폰 보며) 버스에 내 카드지갑 떨어져 있대. 들렀다 가자.
선자	(심드렁) 갔다 와. 나 먼저 가 있을게.
해이	에이 같이 가자. 심심하단 말야. (하고 선자 끌면)
선자	(별수 없이 끌려가는)

S#40. 주차장 / 낮

버스 쪽으로 가는데, 해이, 버스 보이자 후다닥 뛰어간다.

선자, 설렁설렁 걸어가는데, 해이, 버스 앞에 도착해 뒤돌아보고 손짓하며.

해이   주선 언능 와. 언능.

선자   (별수 없이 뛰어가는데 가다 해이 앞에서 슬리퍼 벗겨지며 넘어진다) 악!

해이   (놀라 선자 쪽으로 오며) 괜찮아?

선자   (무릎 까져 피 나고, 이래저래 짜증이 난다) 아, 피.

해이   (힝) 어떡해. (하면서 호호 부는)

선자   (거추장스럽다는 듯 치우며) 그니까 너 혼자 갔다 오라고 했잖아. (일어나 절뚝거리며 펜션 쪽으로 가며) 챙겨 와. 먼저 가 있을 테니까.

해이   (선자 잡으며) 주선, 잠깐 같이… (하는데)

선자   (해이 뿌리치며) 아 쫌.

해이   (보면)

선자   (짜증 가득해) 내가 네 장단 다 맞춰 줘야 돼?

해이   (보면)

선자   너 이거저거 다 하고 시간 날 때 와서 뭐 하자 하면 난 그거 다 맞춰 줘야 되는 거냐고. 내가 뭐 네 딱가리야?

해이   (표정 굳는)

선자   너 오늘 나 기분 별로인 것도 몰랐지? 몰랐겠지. 단장이랑 몰래 노느라 그거 알아챌 정신이 있었겠어? 맨날 나나 챙겼지. 오늘 내 (말하려다 됐다는 듯) 매번 나만 맞춰 주는 것도 지긋지긋해. (하는데 열리는 버스 문)

운찬   아니, 지금 열면.

운찬, 버스 입구에 초 붙인 케이크 들고 이러지도 못하고 저러지
도 못하고 난감한 표정으로 서 있다. 그 뒤로 버스 가득 메운 단
원들 보이고.
버스 풍선으로 Happy B-day 장식돼 있다.

운찬　　　(어색하게 웃으며) 서, 서프라이즈. 하하.

선자　　　(아… 서프라이즈… 해이 보면)

해이　　　…

S#41. 버스 / 낮

단원들 태우고 달리는 버스 안. Happy B-day 풍선 그대로 붙어
있고.
해이와 선자, 말없이 각자 앉아 있다. 단원들 슬쩍 둘 눈치 본다.

운찬　　　(초희에게 속닥) 근데 설마… 단장이랑 해이…

초희　　　(아무 말 말라는 듯 째리면)

운찬　　　(입 다물고 정우와 해이를 번갈아 본다) 후… (한숨 쉬다 다시 초희에게 속닥)
　　　　　근데 저희 지금 그거 할 분위기가.

초희　　　(홱 보면)

운찬　　　딱이죠. 분위기가 딱이네 딱이야.

초희　　　(역시 좀 걱정돼 정우 보면)

정우　　　… (이래저래 해이 걱정되지만 티도 못 내고…)

S#42. 폐건물 복도 끝방 밖 / 낮

　　폐건물 복도 끝방 문 바로 옆에 전기 배선함 보고 있는 진일.

S#43. 폐건물 / 낮

　　지영, 소복 입고 손거울 보며 처녀 귀신 화장하고 있는데, 좀비
　　분장한 영웅, 지영 뒤쪽으로 슬그머니 와 확 잡는다.

영웅	왁! (놀라게 하면)
지영	(싸늘하게 영웅 본다)
영웅	(지영 분장에 자기가 놀라고, 머쓱)
지영	(급변) 아잉 지영이 놀래짜나.
영웅	울 애기 놀래쪄요?
지영	(심장 쪽 손으로 하며) 여기가 쿵 해쪄.
영웅	아이고, 울 애기 심장이 아야 해서 어케.

　　이때 진일, 그쪽으로 온다.

지영	(갑자기 목소리 깔고) 제대로 해라. (옷 더 흐트러뜨리며) 이렇게 이렇게. 더 실감 나게.
영웅	(꾸벅) 네. (하고 무슨 일이냐는 듯 진일 보면)
진일	영웅 선배는 화장실, 지영 선배는 2층 3호실 맡아 주심 될 거 같아요…
영웅	화장실? 거기 냄새나던데. 나도 그냥 지영이랑 같이 하면 안 돼?

진일	… (곤란해 하면) 그게… (우물쭈물)
지영	됐어. 시키는 대로 해. 화장실, 딱이구먼.
영웅	(시무룩)
진일	그럼 부탁드릴게요… (꾸벅하고 가는)
지영	(가는 진일 보며) 쟨 저 성격에 용케 총괄을 하네.
영웅	(진일 보며) 그래도 현역 때부터 워낙 열성이었대.
지영	('그렇구먼.' 이내 관심 없고 영웅 보며 심장 부여잡고) 아직 아야 해.
영웅	(오버하며 심장 쪽에 '호' 해 주는)
용일(E)	단부총을 찾아라요?

S#44. 폐건물 앞 / 낮

운찬, 앞에 서 있고, 모여 폐건물 보고 있는 신입생들. 이건 또 뭔
가 싶고.

운찬	(끄덕) 단장, 부단장, 기획총괄이 (폐건물, 고갯짓하며) 저기 곳곳에 숨어 있어. 찾아오는 사람에겐 그에 상응하는 present가 있다.
민재	뭔데요?
운찬	그건 se… (하는데)
용일	시크릿이겠죠. 보나 마나.
운찬	(말 뺏겼다. 용일 흘기고) 그치. 모두 Good luck.

선자와 해이, 여전히 데면데면하다. 그런 선자, 해이 보는 민재.
/신입생들 터덜터덜 폐건물 쪽으로 가면, 이를 보는 운찬.

운찬   이게 참… 그럴 분위기가 아닌 거 같은데…

S#45. 폐건물 복도 / 낮

폐건물 복도 걸어가는 정우와 초희.

초희   너 도해이랑 사귀어?

정우   … 어.

초희   (하… 한숨 쉬고, 중얼) 걸리지나 말든가.

정우   내가 해결할게. 어떻게든. 문제 안 생기게.

초희   됐고, 일단 숨어. 나중에 얘기하자. (정우 툭툭 치고 다른 쪽으로 가면)

정우   (초희 보다, 가는)

S#46. 폐건물 입구 / 낮

폐건물 입구로 들어선 신입생들. 각자 삼삼오오 흩어지는데, 선자, 해이보다 먼저 반대쪽으로 가 버리면 해이 역시 그 반대쪽으로 가 버린다.

각각 선자 쫓아가는 민재, 해이 쫓아가는 선호.

용일, 선호 쫓아가려다가 해이와 같이 가는 거 보고 멈칫.

용일   그래, 둘만의 시간을 주자. (주먹 쥐고 바들바들 떨며) 나, 나는 무섭지 않다 무섭지 않다. (결연히 주먹 꼭 쥐고 주변 둘러보며 경계 태세로 걸음 옮긴다)

S#47. 폐건물 전경 / 밤

S#48. 폐건물 복도 / 밤

　　　　선자, 복도 한쪽 걸어가면 선자 옆쪽으로 따라붙는 민재.
　　　　이때 화장실에서 좀비 분장한 영웅 튀어나오면.

민재　　　아악! (하면서 바들바들 떨고)

선자　　　(한심하다는 듯 영웅 보고 지나가면)

영웅　　　(뻘쭘)

민재　　　(선자 쪽으로 얼른 따라붙어 힐끗 보다) 괜찮아?

선자　　　('저 좀비?'라는 듯 영웅 보다, 다시 민재 보며) 어.

민재　　　아니… 아까.

선자　　　(아 그거…) 넌 알았으면 미리 말 좀 해 주지.

민재　　　… 서프라이즈라 그래서…

선자　　　(하…) 지긋지긋하다까지 갈 건 아니었는데… (머리 쥐어뜯는)

민재　　　(선자 보는) … 둘이 진짜 친한가 보네. (사이) 난 그런 게 뭔지 몰라

　　　　　서… 이럴 땐 무슨 말을 해야 할지.

선자　　　(보는) … (뭐라 말해야 할지 몰라 말 돌리며) 참 너 그때 그거 뭐야?

민재　　　(보면)

선자　　　그 유민 선배가 3년 전 고등학생 부적 어찌고.

민재　　　아… 그거.

S#49. 노천극장 / 밤 / 민재 회상

축제 무대에서 센터로 응원제 무대 서고 있는 유민.

민재, 넋이 나가 그런 유민 보고 있다.

삼촌   어때 동기 부여 확실히 되지?

민재   (넋이 나가 유민 무대 보며) … 네.

S#50. 노천극장 뒤쪽 출입구 / 밤 / 민재 회상

응원 무대 끝나고 어디론가 가고 있는 유민.

삼촌과 민재, 그런 유민 본다. 민재, 유민 알아보고 상기된 표정.

삼촌, 그런 민재 표정 알아보고.

삼촌   저기 학생.

유민   네? 저요?

삼촌   얘가 내 조칸데. 올해 고3이거든요? 근데 오늘 응원단 무대 보고 완전 반해서 연대 오고 싶대요. 수능 대박 나라고 사진 한 장만 박아 줄래요? 기념 삼아.

유민   어… 잠깐만요. (하고 슝 가는)

삼촌   (뻘쭘) 싫으면 그냥 싫다고 하지… (민재 눈치 보면)

민재   … 사진 필요 없어요. (하고 가려는데)

유민   (테이아 티셔츠 갖고 헐떡거리며 민재 쪽으로 와 건네는) 이거 수능 대박 나라는 선물.

민재   (티셔츠 받는) …

삼촌	야, 김민재 완전 횡재했네.
유민	그럼 부적으로 사진 한 방 찍을까? (웃으며 민재 보는)

/테이아 티셔츠 입은 민재, 단복 입은 유민과 함께 사진 찍는다.

| 삼촌 | 자 찍는다. 하나 둘 셋. (찰칵하면 그 순간 활짝 웃는 유민 힐긋 보는 민재) |

INS) 사진
7회 S#23 민재 컴퓨터에 있던 유민과 함께한 사진.

S#51. 폐건물 복도 / 밤

선자	헐 너 그럼 진짜 이거 땜에 삼수한 거야? 그 정도면 집착 아냐?
민재	… 집착 맞아.
선자	아니 뭘 또 그렇게 수긍을… (숙연)
민재	여기에… 속해 보고 싶었어. 아무 데도 제대로 속해 본 적이 없 거든.
선자	(보면)
민재	그래서 그걸 계속 생각하고 생각하면서 버티니까.

S#52. 폐건물 복도 / 밤

함께 걸어가는 선호, 해이 보고 있는 진일 위로.

민재(E)	어느 순간… 집착이 되더라.
진일	(해이 보다, 다른 쪽으로 간다)
선호	(기분 다운된 해이 보며) 주선은 걱정 마.
해이	(보면)
선호	부부싸움은 칼로 물 베기라잖아. (빙긋 웃으며) 너네 부부나 마찬가지잖아.
해이	(피식하고 선호 흘깃 보다) 저기… 어차피 다 알게 된 거 같지만, 나 말야 단장이랑… (하는데)
선호	(OL) 말하지 마.
해이	(보면)
선호	안 듣고 모르는 걸로 할게. 그날 부산에서 키스한 것도 없던 일로 하기로 했잖아? (해이 보며) 네가 나 찬 것도 없던 일로 하고, 우리 그냥 편하게 지내자.
해이	(보면) ??
선호	네 맘이 내 맘대로 안 되는 건 알겠는데, 문제는 내 맘도 내 맘대로 안 돼. 그래서 생각해 봤는데 일단 바꾸려고 안 하고 맘 가는 대로 할라고.
해이	??
선호	네가 날 친구로 대하는 게 편하면, 그렇게 해. 근데 나한테 넌 친구 아냐. 넌 네 맘 가는 대로, 난 내 맘 가는 대로. 그렇게 하자.
해이	그건 좀… 이상한 거 같은데…
선호	그러다 보면 모르지. 그 끝에 네 맘도 내 맘도 바뀌어 있을지도?
해이	… 차라리 욕을 하면 안 될까?
선호	(빙긋) 싫어. (하고 옆방 보며) 난 여기 뒤져 볼게. 단장 잡아서 상 타

야지. (하고 문 쪽으로 가면)

해이   후… (하고 다른 쪽으로 가는)

S#53. 폐건물 방 / 밤

선호, 들어온 방 앞쪽 문에 기대앉아 이를 듣고 있던 정우. 선호
가 뒷문으로 들어오려고 하자 얼른 숨는다.

S#54. 폐건물 복도 / 밤

해이, 홀로 걸어가는데 복도 끝 쪽에서 보이는 불빛.

해이   ?? (보다 불빛 쪽으로 가 보는)

S#55. 폐건물 일각 / 밤

해이, 불빛 있는 쪽으로 가는데 복도 끝방 안에서 새 나오는 불빛.
해이, 복도 끝방 안으로 들어가 본다.

S#56. 복도 끝방 / 밤

해이 복도 끝방 안으로 들어가 불빛 나오는 곳으로 가 보는데.
켜져 있는 플래시.

해이	에이 뭐야. (하며 플래시 들고 돌아서는데)

그 순간 방송으로 '고스트 버스터즈' 현장 버전 응원곡 흘러나온다.

(E)	귀신이 나타났다. 이야호.
해이	아 깜짝이야. (하면서 놀란 가슴 진정시키고) 가지가지 하네 진짜. (하고 방 더 둘러보다 별 거 없자 문 쪽으로 와 문 열려는데 문 안 열린다) 어? (하는데 문 쪽으로 번지는 불길 보인다. 다급하게 문 두드리는) 거기 아무도 없어요? 여기요! 여기 사람 있어요! (하면서 문 쾅쾅 두드리는)

S#57. 폐건물 복도 / 밤

화장실 앞에서 기다리던 선자. 어디선가 쿵쿵 소리 나는 것 같아 갸웃한다.

선자	(노래 나오는 스피커 보곤) 효과음이야 뭐야. (그쪽보다 고개 갸웃하며 가보는)

/민재, 화장실에서 나와 두리번거리는데 선자 없다.

S#58. 폐건물 복도 / 밤

선자, 소리 나던 쪽으로 가는데 보이는 불길.

선자	어? 어 불이야! 불! (하며 돌아서 사람들에게 알리려는데)
해이(E)	(간신히) 거기 누구 없어요?
선자	(그 소리에 불길 번지는 복도 끝방 쪽 보는 선자) 삼다?

S#59. 복도 끝방 + 복도 끝방 밖 / 밤

불길 번지는 방에서 콜록콜록 대며 숨 막혀 쓰러질 거처럼 괴로
워하고 있는 해이.

선자	삼다 삼다 거깄어?
해이	(문에 기대) 주선? 나 여기 있어, 주선. (하며 가쁜 숨 쉰다)
선자	삼다 기다려. (하며 문 열려는데 걸쇠에 걸려 안 열리는 문, 어찌 된 영문인 지 문 도저히 안 열리자 콜록콜록 대며 주변 둘러보는데 문 부술 만한 거 보이지 않고, 이때 연기 사이로 보이는 누군가. 반가운 마음에) 여기요 여기!! 여기 사람 있어요! (하며 손짓하면)

연기 사이로 보이는 누군가, 진일이다.
진일 선자 쪽으로 다가오는 데서.

엔딩.

S#1. 면접실 / 낮 / 진일 회상

　　　　　응원단 면접 보고 있는 진일.

유민　　　(지원서 보고) 응원단은 고등학교 때부터 들어오고 싶었다고요?

진일　　　네.

수일　　　(진일 별로 맘에 안 들어 농담처럼) 에이 괜히 면접이라고 오버하긴. 떨

　　　　　어지면 딴 데 갈 거잖아?

진일　　　(갑자기 목소리 높여 간절하게) 아뇨.

일동　　　(갑자기 커진 목소리에 놀라 보면)

진일　　　(다시 눈 깔고) 그럼 내년에 다시 볼 겁니다. (자기 바지 꾹 쥐어 보며)

　　　　　꼭… 하고 싶습니다.

유민　　　영광이네요.

진일　　　(보면)

유민　　　이 정도로 좋아해 주는 지원자를 만나다니. (진일 보며 웃는)

진일　　　…

/삐걱삐걱 대지만 최선을 다해 절박하게 춤추는 진일.

S#2. 도서관 / 낮 / 진일 회상

도서관에서 공부하는 유민, 두 책상 정도 건너 책상에서 몰래 쳐다보고 있는 진일.

S#3. 단실 앞 / 밤 / 진일 회상

유민 사물함 앞에 서 있는 진일.
유민 사물함 열고 가방에서 편지, 향수, 장미꽃 꺼내 넣어 놓는다.
긴장된 표정으로 사물함 닫고 단실 쪽으로 가는데, 열린 문틈 사이로 규진과 손 잡고 웃으며 얘기하는 유민 보인다.
진일 충격이고…
표정 굳어 이를 보다 다시 사물함 쪽으로 와 편지, 향수, 장미꽃 꺼내 쓰레기통에 버리고 간다.

S#4. 진일 방 / 밤 / 진일 회상

책상에 앉아 있는 진일 앞으로 테이아 표식, 단체 사진, 유민 사진 등 보인다. 진일 그중 유민 사진 빤히 보다 컴퓨터로 뭔가 작성한다.

INS) 컴퓨터 화면 에타 게시글

'테이아 부단장 이유민 신입생과 CC로 특혜' (제목 타이핑하는 진일)
/핸드폰으로 페북 메시지 보내는 진일.

INS) 페북 메시지

진일(E)   네가 다 망쳤어.

S#5. 노천극장 / 낮 / 진일 회상

리허설 중인 유민 위로 떨어지는 조명.
퍽 소리와 함께 비명 울려 퍼지고.
이를 한쪽에서 보고 있던 진일, 놀라다 이내 받을 벌을 받았다는
듯 유민 보고 돌아서 가는 데서 타이틀 인 치얼업.

S#6. 폐건물 복도 / 밤

함께 걸어가는 선호, 해이 보는 진일 얼굴 이어진다.
둘 보다, 돌아서 가는 진일.

선호   네가 날 친구로 대하는 게 편하면, 그렇게 해. 근데 나한테 넌 친
       구 아냐. 넌 네 맘 가는 대로, 난 내 맘 가는 대로. 그렇게 하자.
해이   그건 좀… 이상한 거 같은데…
선호   그러다 보면 모르지. 그 끝에 네 맘도 내 맘도 바뀌어 있을지도?
해이   차라리 욕을 하면 안 될까?

선호	(빙긋) 싫어. (하고 먼저 옆방으로 들어가며) 난 여기 뒤져 볼게. 단장 잡아서 상 타야지.
해이	후… (하고 다른 쪽으로 가는)

S#7. 폐건물 방 / 밤

방 둘러보고 있는 선호.
이때 앞 캐비닛 쪽에서 부스럭 소리.
선호, 그쪽보다 조심스럽게 한 발씩 떼며 그쪽으로 가 캐비닛 쪽 보면 아무도 없다.
'후' 안도의 한숨 쉬며 뒤도는데 뒷문으로 빠져나가려다 딱 걸린 정우.

선호	찾았네요, 단장.
정우	에이씨. (냅다 튀는)
선호	(냅다 잡으러 가는)

S#8. 폐건물 복도 / 밤

용일, 경계 태세로 걸어가고 있는데 정우 쌩 지나간다.

용일	어? (그 뒤로 쌩 지나가는 선호) 뭔데. (하다 옆으로 방 보이자 방 쪽으로 가는)

S#9. 폐건물 방2 / 밤

용일, 방으로 들어와 조심스레 걸음 옮기는데.
인형 머리 쿵 하고 떨어진다.

용일   옴마야. (하며 뒤도는데)

뒤돈 자리에 처녀귀신 분장하고 서 있는 지영 보인다.

용일   으아아아악! (하면서 도망 나간다)
지영   (뿌듯해 씨익 웃는)

S#10. 폐건물 복도 / 밤

용일, 앞뒤 안 가리고 뛰어나오다 누군가와 부딪힌다.

용일   (더 놀라) 아아아아악! (하면서 보는데 부딪힌 사람 초희다. 목소리 잦아들며)
                아아. (하다 조용히 입 다무는)
초희   (용일 보는)
용일   (얼결에 초희 스티커 떼고 중얼) … 잡았네.
초희   (황당)

S#11. 폐건물 탈락자 방 / 밤

한쪽에 말없이 어색한 기류로 앉아 있는 용일과 초희.

초희	(용일 보다) 그때 네가 내 생각해서 그런 거, 나도 알아. 그렇게까지 할 건 아니었는데 (사이) 미안해.
용일	지가 죄송합니더. 주제 넘게 끼어 들어서. (망설이다) 근데… 선 넘은 김에 한 번만 더 넘어도 됩니꺼?
초희	(보면)
용일	지는… (눈 질끈 감고 에잇 말해 버리자는 듯) 누나가 귀한 사람이라고 생각합니더!
초희	(황당) 뭐?
용일	그래서 전 누나가 자꾸 그렇게 상처 주는 사람들 만나지 말았음 좋겠어예. 누나가 그런 대우를 받으면 절대 안 되는 사람인데…
초희	…
용일	(초희 표정 보고) 죄송합니더. 제가 많이 주제 넘었지예. (일어나며) 전 화장실 좀…
초희	… (생각 많아진다) 후…

S#12. 폐건물 복도 끝방 밖 / 밤

해이가 복도 끝방으로 들어가는 거 보인다.
문 쪽으로 가는 진일.
문 안 열리도록 잠그는 진일.

진일	(잠긴 문 보며) 규칙을 어겼으면 벌을 받아야지.

S#13. 폐건물 일각 / 밤

쫓기는 정우와 쫓아가는 선호.

정우, 막다른 골목에 내몰려 돌아서면, 선호, 이미 쫓아와 앞에
서 있다.

선호   잡았다. (하며, 헉헉대면)

정우   하… ('결국 잡혔구나.' 싶고) 그래. 내가 졌다. (선호 보며 뼈 있게) 졌으
             면 깨끗하게 승복해야지.

선호   (헉헉대며 정우 보는)

이때 방송으로 흘러나오는 '고스트 버스터즈' 현장 버전 응원곡.

(E)   귀신이 나타났다. 이야호.

선호와 정우, 스피커 보는.

혁준(E)   불 났어요! 불!

정우, 선호   (놀라, 소리 나는 쪽으로 뛰어가는)

S#14. 폐건물 복도 / 밤

복도 끝방 쪽에서 불길 올라오고 있다.

정우와 초희, 복도 뛰어다니며 대피 못 한 단원들 있나 확인하고
있는데.

폐건물로 뛰어 들어오는 선호, 민재, 용일.

정우	(그쪽으로 와) 너희들은 밖에 대기하고 있으란 말 못 들었어? 당장 돌아가!
선호	선자랑 해이가 안 보여요.
정우	!!
선호	찾아야 돼요. (하며 불길 있는 쪽으로 뛰어가려는데)
정우	(선호 막으며) 돌아가.
선호	찾아야 된다고요!
정우	너네 안전도 내 책임이야. 당장 돌아가. 찾아도 내가 찾아.
선호	(정우 밀치며) 저도 찾아요. (하고 불나는 쪽으로 가려 하는데)

연기 속에서 해이 둘러업고 선자와 빠져나오는 진일.
정우와 선호, 진일 등에 업힌 해이 보고 그쪽으로 뛰어간다.

S#15. 폐건물 앞 / 밤

구급차에 해이, 선자, 진일을 실으면, 정우, 보호자로 구급차에 탄다.

초희	정리하고 따라갈게.
정우	(끄덕하는데)
선호	저도 갈래요.
초희	(고개 저으며) 자리 없어. 단장이 연락줄 거야. 너무 걱정 마.

구급차 떠나면, 선호, 할 수 있는 것도 없고 환장하겠다.

S#16. 구급차 안 / 밤

구급차에서 의식 없는 해이 손 꼭 잡고 걱정스럽게 보고 있는 정우.
그런 정우 옆에서 보는 선자와 진일.

S#17. 응급실 전경 / 밤

S#18. 응급실 / 밤

해이, 수액 맞으며 자고 있다.
선자, 해이 옆에 앉아 수액 꽂은 채 울먹거리며 해이 손 잡고 보
고 있다.

선자   삼다… (울먹거리는)
정우   (역시 걱정스럽게 해이 보다 선자 위로하듯 어깨 툭 치며) 의사 선생님이 괜
          찮을 거래.

이때 진일, 그쪽으로 온다.

정우   (진일 팔 쪽에 붕대 감은 거 보고) 괜찮아?
진일   (팔 쪽 붕대 보여 주며) 약간 덴 거예요. 괜찮아요.

선자	(진일 보고) 선배 아녔음 삼다 죽을 뻔 했어요.
정우	너 아녔음 큰일 날 뻔했어. 고마워.
진일	(해이 보며) 해야 할 일을 했을 뿐인데요…

이때 초희, 응급실로 들어오고, 초희 발견한 정우, 그쪽으로 가자,
진일, 누워 있는 해이 보며 슬쩍 미소 짓는다.

S#19. 응급실 밖 / 밤

정우와 초희, 얘기 중이다.

초희	경찰이 전기 배선이 오래 된데다 습기가 차서 누전된 거 같대. (하…) 재수 없게 왜 하필 우리 왔을 때 이런 사고가.
정우	… 문은?
초희	문?
정우	선자가 문이 잠겼다 그러던데… (생각하며) 왜 하필 그 문이 잠겼을까…
초희	(생각하다! 정우 보며) 두 번이나 갇히고 화재경보기가 울렸었어. 근데 이번엔 갇히고 불이 났다?
정우	(역시 같은 생각이다) 우연이라기엔 이상하지.
초희	(보는)
선자	(뛰어오며) 삼다 깼어요. (정우 보며) 찾을 거 같아서…
정우	(선자 말에 얼른 응급실로 뛰어가는)
선자, 초희	(뛰어가는 정우 따라간다)

S#20. 응급실 / 밤

깨어난 해이 쪽으로 뛰어가는 정우.

정우   괜찮아?

해이   (끄덕) 괜찮아.

정우   (이제야 안심했다는 듯 긴장 풀려 해이 안으며) 다행이다. 다행이야.

해이   (초희, 선자 오는 거 보고 이래도 되나 싶어) 저기 단장 여기가 좀 오픈된
       곳인데.

정우   (안고 울먹거리며) 다행이야. 정말 다행이야.

해이   … 괜찮아요. 괜찮아. (하며 정우 등 툭툭 해 주는)

한쪽에서 이를 보고 있는 초희, 선자 그리고 진일. f.o

S#21. 해이 집 전경 / 낮

S#22. 해이 집_해이 방 / 낮

해이, 이불에 누워 있다 좀이 쑤셔 일어나려는데 동치미 담은 그
릇 갖고 들어오던 춘양, 얼른 해이 다시 눕힌다.

춘양   절대 안정 취해야 된다니까!

해이   이러다 지겨워서 병나겠어. 말짱한데 왜 자꾸 누워 있으래. 알바
       도 못 가게 하고.

춘양	너 연기 마시는 게 얼마나 큰일인 줄 알아? 폐에 막… (시끄럽다는 듯 동치미 국물 그릇 쥐어 주며) 군소리 말고 이거 마시고 누워 있어.
해이	(동치미 보고) 아 동치미를 하루에 몇 번을 마시래. 이러다 피가 동치미로 흐르겠어. 이거 인터넷 찾아봤는데 효과 하나도 없대.
춘양	시끄러 이것아. 원래 옛날부터 연탄가스 마시면 다 동치미 먹고 그랬어.
해이	(삐쭉하고 별수 없단 듯 받으며) 국수라도 좀 말아 주던가. (하고 꿀떡꿀떡 마시는)

이때 울리는 벨 소리. 해이와 춘양, 그쪽 보는.

S#23. 해이 집 거실 / 낮

보자기로 싼 보따리 양손 가득 들고 들어오는 선자.
해이와 춘양, 이게 뭐냐는 듯 선자 보면.

선자	(한쪽 보따리 내려놓으며) 이건 동치미.
해이	(표정)
선자	(한쪽 보따리 내려놓으며) 이건 엄마가 반찬 좀 쌌대요.
해이	왜 엄마들은 다 동치미로 대동단결인 거야…
춘양	(시끄럽단 듯 표정으로 해이 일갈하고 보따리 챙기며) 매번 이렇게 얻어먹어 어째.
선자	이순자 여사, 이게 낙인걸요. 괜찮아요.
춘양	감사하다고 전해드려. 아 맞다. 저번에 큰집에서 김 보내 준 거

있는데 그거 싸 줄게.

선자   (손사래) 아녜요, 아녜요.

춘양   가져가. 어차피 줄 것도 그거밖에 없어. 밥 먹고 갈 거지? 갈 때 싸가. 밥 얼른 해 줄게. (하고 부엌 쪽으로 가면)

선자   그럼 감사히 먹겠습니다. (하고 해이 보며) 괜찮아?

해이   (큰 동치미 통 보며) 몸은 괜찮은데 동치미를 하도 먹어서 속이 메슥거려.

선자   (해이 어깨 툭툭 치며) 주둥이 살아 있는 거 보니 살만하네.

해이   (동치미 어디 숨길 데 없나 들고 두리번두리번하는)

이때 현관문 열고 재이 들어온다.
재이, 해이가 동치미 들고 설치는 거 보고 왜 저러나 표정 하다,
선자 보고 꾸벅 인사한다.

선자   (부드럽게) 재이 여친 생겼다며?

재이   네? (하고 해이 쩨리면)

해이   뭐! 비밀이었어? 네가 무슨 연예인이야?

선자   행복하니?

재이   아… (딱히 뭐라 대답하기 애매해서) 네 뭐.

선자   그래. 그럼 됐다.

재이   (뻘쭘해 하다 고개 꾸벅하고) 그럼 쉬세요. (하고 방으로 들어가면)

선자   (아련하게 재이 들어간 데 보며) 안녕.

해이   (동치미 잘 숨겨 두고 선자 옆에 털썩 앉으며) 취향하곤, 저런 애가 뭐가 좋다고.

선자	(해이 째리며) 네 취향보단 낫거든. 꼰대 취향인 주제에 어디서 취향을 논해.
해이	(큼큼하다) 주선, 그날 말인데.
선자	뭔 날.
해이	생일날… 너 화난…
선자	(아…)
해이	생각해 보니 진짜 그랬더라고. 매번 난 알바한다 뭐 한다, 바쁘다고 동동거리기만 하고 네가 다 챙겼는데, 그걸 너무 당연하게 생각했어. 미안해. 세상에 당연한 건 없는데.
선자	(뻘쭘) 뭘 각 잡고 새삼스럽게. (사이) 지긋지긋은 오버였어. (민망해 딴 데 보며) 그냥 사람이 감정이 격해지다 보니까.
해이	(선자 팔짱 끼며) 내가 잘할게. 진짜 잘할게. (동치미 보며) 동치미도 한 방울도 안 남기고 다 먹을게.
선자	(해이 떨어내려 팔 털며) 왜 이래. 거추장스럽게.
해이	(더 엉겨 붙으며) 주선 나 버리지 마. 너 없으면 나 누구랑 놀아. 나 친구라곤 너밖에 없는데. 우리가 (재이 방 보며) 사돈으로 엮이긴 힘들 거 같지만 친구로는 영원해야지.
선자	('에이씨' 하다) 그래. 네가 교우 관계란 것이 굉장히 좁긴 하지. 잘하란 말야.
해이	(경례해 보이며) 명심하겠습니다.
선자	(피식 웃는)

S#24. 치얼스 / 낮

모여 있는 기획팀 선배들, 정우, 초희, 운찬, 소윤, 진일.
영웅과 지영도 보인다.

영웅   해이랑 선자는 어때?

정우   다행히 괜찮아요.

영웅   진일이 네가 큰일 했다. (진일 얼굴에 난 상처와 손에 붕대 감은 거 보며)
      너 다친 덴 괜찮아?

진일   (끄덕) 네 괜찮아요.

기획팀1   진일이 아녔으면 진짜 큰일 날 뻔했다. 거기서 사고라도 났어 봐.
      생각만 해도… (고개 절레절레)

진일   … (그 말에… 힐긋 미소)

기획팀2   요즘 진짜 사고가 왜 이렇게 많은 거야. 굿이라도 한 판 해야
      되나.

정우   정말 사고일까요? 한두 번도 아니고… 사고라고 치부하기엔 석
      연찮은 점들이 너무 많아요.

기획팀1   뭐 그럼 누가 고의로 하기라도 했단 거야?

정우   … (긍정의 묵언)

진일   (정우 보는)

일동   ('뭐지?' 잠시 심각해졌다가)

기획팀1   (이내 풀리며) 에이 너무 갔다. 누가? 뭘 위해 그런 짓을 해? 우리 마
      피아 아냐. 그냥 일개 대학 동아리야. 너 영화를 너무 많이 본 기
      아냐?

기획팀2   (맞장구) 너 여자 친구가 다쳤다고 오버하는 거지? 애들이 그러더
      라. 너 도해이랑 사귄다고.

기획팀1	여자 친구? (정우 보면) 진짜야?
정우	…
기획팀1	('진짜구나.') 이 새끼 너 그래서.
정우	그래서가 아니고요.
기획팀2	(OL) 야 단장이랑 신입이면, 애들 말 나오기 딱 좋은 거 몰라? 단장이란 놈이 빠져 가지고.
지영	CC 원투데이 하는 것도 아니고. (기획팀1 보며) 너도 CC였잖아?
기획팀2	(뜨끔해) 차장님은요. 차장님도 CC였다면서요. 진섭 선배가 그러던데.
영웅	(확 보면)
지영	(당황) 야! 그건.
영웅	(중얼) 단실 쪽쪽이…
지영	(하… 기획팀2 확 째리며) 넌 언제적 얘길.
기획팀2	(무서워 눈 피하는)
정우	… (이게 무슨 분위긴가 싶다… '후' 하고) 올해 문제 안 생기게 잘 마무리 할게요. 걱정 마세요.
기획팀1	야, 이 새끼 패기 보소.
기획팀2	사랑이네 사랑이야.
진일	응원단 내에서 이렇게 커플이 생기면 문제가 생기니까 룰이 있는 거죠. (사이) 유민 누나 때도 그렇고.
선배들	… (그렇긴 한데…)
지영	애초에 CC 금지 같은 게 후진적 룰이야. 이렇게 모아 놓고 맨날 굴리는데 거기서 정분이 나는 게 당연하지. 이 김에 폐지해.
영웅	그랬구나… 정분이 났구나.

지영	아니 그게 아니라. (하… 괜한 말 했다 싶고)
기획팀1	그래 뭐 지금 어차피 정우 대체할 사람도 없잖아?
진일	그치만… 그건 룰을 깬 건데… 이렇게 넘어가면 앞으로 다른 애들도 규칙을 지킬 필요가 없다고 생각하지 않을까요…?
기획팀1	(진일 툭 치며) 너무 **빡빡**하게 굴지 마. 사람 사는 데 그 정도 융통성은 있어야지. (농담처럼) 너도 그러다 CC할지 모른다?
진일	…
정우	(진일 보는)

/흩어지는 선배들. 정우, 굳은 표정으로 나가는 진일 본다.
지영, 영웅 쪽으로 온다.

지영	이따 저녁에 한잔 할까?
영웅	글쎄. 스케줄을 좀 확인해 봐야 해서. (새초롬하게 주방으로 들어가면)
지영	(기획팀2 나가는 거 보며) 아 저 새끼 CC 얘긴 왜 해 가지고. (하는데 핸드폰 알람음, 메일 수신음이다. 메일함으로 들어가 보는데)

INS) 메일함 제목

Admission Decision from The University Of Chicago Political
Science

메일 제목 보고 살짝 긴장하고, 복잡한 마음으로 들어간 영웅 쪽
보다, 심호흡 크게 하고 메일 클릭해 본다.

S#25. 해이 집 앞 / 밤

해이, 선자 배웅 겸 함께 걸어가고 있다.

선자 응원단… 그만둘까?

해이 어?

선자 아니 또 사고 나면 어떡해. 왜 자꾸 그런 사고가 너한테만 일어
    나냔 말이야. (사이) 진짜 방송부 영상처럼 뭐 있는 거 아냐.

해이 그치? 나도 사실 좀 그래. 누가 일부러 그런 건가… 싶다가도.
    왜? 날?

이때 앞으로 보이는 정우. 해이네 집 쪽으로 오다 마주친다.

선자 단장 알고 보니 엄청 사랑꾼이네요. (이죽거리는) 하루라도 안 보
    면 입안에 가시가 돋는 건가.

정우 (뻘쭘)

선자 방해꾼은 사라져 드리죠. (하고 해이 보며) 너 동치미 한 방울도 남
    기지 말고 먹어.

해이 (경례) 옛설.

선자 (표정 하며 정우 지나쳐 가는)

해이 (정우 쪽으로 가 팔짱 끼며) 그런 건가? 하루라도 안 보면 입안에 가
    시가 돋는 건가?

정우 응. (웃으며 해이 보면)

해이 (역시 배시시 웃는)

해이(E) 그만둬?

S#26. 공원 / 밤

공원 벤치에서 얘기하고 있는 정우와 해이.

정우 꼭 그만두라기 보단. 일단 안전이 젤 중요하니까. 네 생각은 어
떠냐는 거지.

해이 사고가 아니라고 생각하는 거야? 뭐 짚이는 게 있어?

정우 (말 아끼는) 혹시 모르니까.

해이 (곰곰) 여름 훈련 전에 얘기하지.

정우 (보면)

해이 이 개고생을 하고 연호전을 안 한다고? 그건 너무 억울하지. 몇
달을 굴렀는데. (고개 절레절레)

정우 (아…)

해이 지켜봅시다. 사고인지 고의인지. 그리고 똥이면 피하는 게 아니
라 치워야지.

정우 (보다 별수 없단 듯) 그래.

해이 단장 뭐 더 아는 거 같은데, 풀어 봐요. (결연) 그래야 같이 똥을
치우지.

정우 (씩씩한 해이에 웃곤, 걱정할까 뭐라 말 않는) 그런 건 아니고.

S#27. 해이 집 앞 / 밤

정우, 해이 데려다준다.

정우 그럼 들어가.

| 해이 | (미적미적) 발이 왜 이렇게 무겁냐. (무거워서 안 떨어지는 시늉) |
| 정우 | (웃는) |

정우, 해이 들여보내고, 해이, 손 흔들며 인사하고 있으면, 간식 사 들고 해이 집 쪽으로 가던 선호.
둘 모습 보고… 씁쓸히 간식을 쓰레기통에 버리고 돌아서 간다.
f.o

S#28. 단실 / 낮

선자와 해이, 단실에서 노닥거리고 있다.
우르르 들어오는 신입생들. 해이 보자마자.

용일	괜않나?
선호	괜찮아?
일동	(여기저기서 '괜찮아?', '괜찮아?')
해이	(괜찮아 폭격에 혼미해져서) 나 완전 괜찮아. 완전 멀쩡합니다. 걱정 끼쳐 드려 송구하고요. 이제 괜찮냐는 질문은 여기까지.

이때 소윤과 운찬, 포스터 한 뭉텅이씩 낑낑대며 들고 오다 해이 보자마자.

| 운찬, 소윤 | (동시에) 괜찮아? |
| 해이 | (쩝) |

/신입생들 모여 있으면 앞에 선배들 서 있고, 얘기하고 있는 정우.

정우   불미스런 사고 때문에 다들 놀라고 걱정했을 거 알아. 추후에 이런 일이 재발되지 않도록 단원들 안전에 더 각별히 신경 쓰고 체크하도록 할 거야.

정미   (손 들며) 근데요…

정우   (말하라는 듯 보면)

정미   단장이랑 해이랑… 사귀는 거죠?

해이   헙. (하다 입 막고)

선배들   (당황)

초희   그건.

정우   (자기가 얘기하겠다는 듯 초희 막고) 그거 때문에 불공정하거나 문제될 만한 상황 없도록 연호전 곡 선발 선정에 관해서는 부단장이 모두 일임할 거야. 혹여나 이 일로 인해 불필요한 피해가 없도록 최선을 다할 테니까 걱정들 마.

일동   ('사귀는구나.' 힐긋힐긋 해이 보는)

해이   …

운찬   (분위기 환기 시키려) 자, 그리고 (포스터 툭툭 하며) 대망의 정기 연호전 포스터 나왔습니다. 게시판에 붙이는 건, your job.

일동   (헐 하는 표정으로 막대한 양의 포스터 보는)

/흩어지는 신입생들. 세정, 정미, 해이 쪽으로 온다.

세정   너 말야, 단장이랑 사귀잖아?

해이	('뭐지.' 괜히 긴장)
정미	(손 덥석 잡고 읍소) 단장한테 훈련 좀 줄여 달라고 하면 안 돼? 어케 네가 부탁하면 들어주지 않을까?
해이	(아…)
선자	(고개 저으며) 들어주지 않을 거야. 피도 눈물도 없는 인간이거든.
해이	(끄덕) 합숙 때 봤잖아. 나 구르는 거.
세정, 정미	('후' 좌절) 봤지… 봤어…
혁준	너희들 우리 없는 사이에 뭐 더 생긴 거 아냐? 다들 그냥 커밍아웃하지? 나 완전 촉 좋아. (선자 보며) 너 혹시… (민재 지나 쪽으로 고개 돌리면)
선자	(뜨끔)
혁준	(민재 바로 지나쳐 용일이 보며) 용일이랑!
선자	(표정 썩어서) 완전 똥촉이구먼, 똥촉이야. 뺑 아니고 쟤 줘도 안 갖거든!
용일	야! 에타에 내 귀엽다는 글 몇 개나 막 올라왔다 안 카나! 내 인기 폭발이다 요새.
일동	(안 믿는 눈치)
용일	이 봐라.

용일 자기 폰으로 에타 켜서 '응원단' 검색해서 보여 준다.
제일 먼저 보이는 글 들어간다.

INS) 에타 게시물
[제목: 응원단은 인싸들만 들어가는 줄 알았는데.

내용: 축제 때 보니까 좀 너드 같은 남자도 한 명 있어서 신기
했음]

[댓글 익명1: 안경 낀 애 말하는 거 아님?

익명(글쓴이): ㅇ ㅇ

익명1: ㅇ ㅇ 걔 진짜 찐따 같더라.]

민재 표정 안 좋아지고…

선자	(핵 용일 째리면)
용일	(눈치 보며) 이기… 아닌데.
선자	자기들이 뭔데 얼평이야? (민재 보며) 야, 괜히 이런 거 보면서 상처 받지 마.
용일	민재라곤 안 써 있는데…
선자	(아차 싶고)
민재	…

S#29. 단실 전경 / 낮

S#30. 단실 / 낮

모두 가고 선호와 해이, 둘만 남아 있다.
둘이 포스터 배분 하고 있으면, 정우, 단장실에서 나오다 둘 있
는 거 보는데…

INS) 12회| S#53

교실에 앉아 복도 쪽 선호, 해이가 하는 말 듣고 있는 정우.

선호(E) 그날 부산에서 키스한 것도 없던 일로 하기로 했잖아?

정우 !!

선호 (해이 보고) 몸은 이제 다 회복한 거?

해이 (알통 포즈 해 보이며) 쌩쌩하지. 이게 다 동치미 덕이다.

선호 ?? (하다) 그래 단장이 알아서 잘 챙겼겠지.

해이 (선호 보는)

선호 (말 돌리려 해이 팔뚝 손가락으로 푹 찔러 보며) 안 쌩쌩한데?

해이 야, 뭔 소리야. 나 완전 장난 아냐. (하면서 다시 알통 포즈 해 보이며) 봐 봐, 이거 다 근육이야.

선호 (알통 꾹꾹 해 보며) 오 제법인데.

정우, 둘 장난치는 거 보고 있는데,
시선 돌리던 선호, 자신들 보고 있는 정우 발견한다.

선호 (흠칫) 뭐…예요?

정우 나가던 길이었어.

선호 근데 왜 안 나가요.

정우 단장실에 뭘 두고 온 게 생각나서. (하고 다시 단장실로 가는)

선호, 해이 ??

S#31. 단장실 / 낮

단장실에 들어와 문 닫고 문 앞에서 중얼거리는 정우.

정우   아 짜쳤어. 너무 짜쳤어.

S#32. 단실 밖 복도 / 낮

게시판에 포스터 붙이고 있는 민재와 선자.

선자   (민재 흘깃 눈치 보다) 아니 아깐 뭘 잘못 보고 너라고 착각했을까?
            거참 시력 검사라도 해 봐야 하나.
민재   … 내가 응원단에 좀 안 어울리긴 하지. (쓰게 웃으며) 나도 알아.
            괜찮아.
선자   (보다) 누나 한번 믿어 볼래?
민재   ?? 어?

S#33. 진희 집 안방 / 낮

진희 방에서 아이패드로 대학생 필독서 서머리 보고 있는데, 생
각나는 선호 말.

INS) 12회 S#21

선호   (여러 의미로) 원래 다른 사람은 자기 맘대로 안 되는 거래. 엄마도

이제 받아들여 다른 사람 맘이 내 맘대로 안 된다는 거.

진희, '후' 한숨 쉬며 생각 복잡해지는데, 이때 방으로 들어오는
민철.
진희, 놀라 벌떡 일어나 옷매무새 정리하고.

진희	어떻게 연락도 없이 일찍 왔어요?
민철	얘기 좀 하려고.
진희	?? (보는)
민철	…

S#34. 단실 거울 방 / 낮

연습 끝나고 널브러져 있는 신입생들. 몇몇은 짐 챙기며 정리 중
이다.
정리하고 있는 정우, 핸드폰으로 메시지 온다.

INS) 문자 메시지

해이(E)	오늘 알바 없는데 영화 볼까?

정우, 메시지 보고 웃으면, 한쪽에서 그런 정우 보고 씩 웃는 해이.
한쪽에 널브러져 있는 민재, 그 옆에서 널브러져 발로 툭 치는
선자.

민재, 선자 보면. 선자, 움직이라는 듯 고갯짓하고.

민재, 신호 받고 일어나 짐 챙긴다.

선자, 미적거리며 일어나 짐 챙기고.

/소윤, 소품 정리하고 있으면, 운찬, 그쪽으로 와 돕는다.

소윤	금방 하는데.
운찬	둘이 하면 더 금방 하잖아.
소윤	(운찬 요즘 왜 저렇게 자길 챙기나 싶고) 오늘 지윤이 만나기로 했다면서요?
운찬	어? 아… 어.
소윤	(끄덕) 잘 돼 가나 보네. 다행이에요.
운찬	…

S#35. 단실 밖 복도 / 낮

사물함에서 짐 챙기고 있는 선자와 민재.

선자	(위풍당당하게 먼저 걸어가며) **따라와.**
민재	(얼른 졸졸 쫓아가는)

S#36. 단실 거울 방 / 낮

단원들 모두 떠나고 해이, 정우 둘만 남은 연습실.

정우, 해이에게 뮤지컬 표 주고 있다.

해이, 놀라 정우 보면.

정우	요즘 일이 많았잖아. 기분 전환되라고.
해이	(그치만) 이거 비쌀 텐데…
정우	좋은 자린 못 구했어. 미안.
해이	(고개 저으며) 좋은 자리야. 완전 좋은 자리. (설레는 표정으로 표 보면)
정우	(웃으며, 해이 머리 쓰담쓰담 하는데)

문 열리고 들어오는 선호와 용일.

용일	아…
선호	(표정 굳는)
정우	(당황해 갑자기) 그니까 그 동작은 그렇게 하면 안 된다니까!
해이	네! 그쵸! 그렇게 하면 안 되죠?! (팔 휘적휘적하는)
선호	(한쪽으로 가, 놓고 간 소지품 정도 챙기며) 됐어요. 뭐 불륜도 아닌데 오버는. (하고 나가면)
용일	(눈치보고 따라 나가며) 그럼 좋은 시간 되이소. (하고 나간다)
정우, 해이	(뻘쭘)

S#37. 단실 밖 / 낮

용일, 선호 따라가며 힐긋 보고.

용일	(선호 어깨 툭툭) 네 맘 다 안다.

선호	나 아무렇지도 않거든.
용일	(계속 톡톡)
선호	아 하지 말라니까.
용일	(장난처럼 계속 톡톡)
선호	하지 말라고.

둘이 티격태격 대면서 가는.

S#38. 단실 / 낮

단실 쪽에서 짐 챙기는 해이와 정우.

정우	머리는 괜히 쓰다듬었나 봐.
해이	왜? 나 완전 좋았는데 머리 쓰다듬는 거.
정우	그래? (하고 다시 쓰다듬어 주면)
해이	(좋아하며) 다시 오진 않겠지?

살짝 열린 단실 문틈으로 그런 해이, 정우를 노려보고 있는 진일 보인다.

S#39. 카페 / 밤

카페에서 이야기하고 있는 지윤과 운찬.

운찬	좋아하는 사람이 생겼어… 그 말 하러 나왔어. 정말 미안해.
지윤	(어이없다) 그런 말 할 거였음 그냥 톡으로 하지 뭘 만나서 얘기해요. 시간 아깝게.
운찬	아니… 난 그게 실례일 거 같아서…
지윤	이게 더 실례거든요. 우리가 뭐 사귄 것도 아니고, 그냥 썸 좀 탄 건데. 오늘도 얼굴 보자 해서 편의점 가는 마음으로 가볍게 나왔구먼. 누가 보면 내가 오빠 되게 좋아하는 줄 알겠어요?
운찬	아… 그치 그러니까. 내가 너무 오버했네. (하며 어색하게 웃으면)
지윤	할 말 다 한 거죠? 가도 되죠?
운찬	… 어.
지윤	(일어나 가는)
운찬	(가는 지윤 보고 '후…' 한숨 쉬는데)
지윤	(빽 해서 다시 돌아와 운찬에게 대뜸) 어떤 앤데요? 어떤 애이길래 날… (까고는 차마 말 못하고)
운찬	… 내가 나다울 수 있는 애…
지윤	(왠지 진 거 같은 기분) 허. (하고 다시 돌아가는)

S#40. 옷가게 / 밤

탈의실 밖에서 민재 기다리는 선자.
문이 열리고 머리부터 발끝까지 메이크 오버한 민재가 나온다.
선자, 민재 보고 두근.

| 민재 | (머리 긁적이며) 어색하다. |

선자	(멍하니 민재 보며) 계속 어색하면 안 될까? 어색한 거 완전 내 스탈인데.
민재	…

S#41. 옷가게 밖 / 밤

쇼핑백 들고 옷가게 밖으로 나오는 민재와 선자.

선자	(만족한 듯 민재 보며) 누나 한번 믿어 보랬잖아.
민재	엄밀히 말하면 나인 내가 더 많은…(데 하려는데)
선자	됐고. 고마우면 밥 사.
민재	… 그래. 살게. 근데… 왜 이렇게 해 준 거야?
선자	(보면)
민재	(다급하게 오해 말라는 듯) 아니 고마운데, 왜 갑자기 이렇게 신경 써 주나 해서…
선자	네가 내 생선 1호잖아.
민재	(아…)
선자	(힐긋 보다) 그리고 자신감 좀 가지라고.
민재	(보면)
선자	아니 뭐, 원래도 난 나쁘진 않았는데 본인이 본인을 과소평가하는 거 같아서. 이 아웃룩의 변화가 기분 전환이 될 수도 있잖아?
민재	(보면)
선자	솔직히 응원단, 네가 젤 오래전부터 하고 싶어 했고, 열심히도 젤 열심인데 우리 중에 네가 젤 어울리지. 너 아니면 누가 어울리냐?

민재	… 고마워.
선자	(쑥스러워서) 나 비싼 거 먹을 거다. (하며 먼저 주변 식당 둘러보며 가며) 소고기 집이 어딨나.
민재	(보다 웃으며 따라가며) 근데 나 오늘 돈을 많이 써서…
선자	(아랑곳하지 않고 식당 둘러보는)

S#42. 소윤 집 / 밤

소윤, 거실 소파에 앉아 TV 보는데 지윤, 씩씩대며 들어온다.

소윤	운찬 오빠 만나러 갔었던 거 아냐?
지윤	(그 말에 소윤 보고) 아니, 글쎄 기운찬이… (멈칫)
소윤	운찬 오빠가 왜…?
지윤	(말하려다가 문득) 기운찬이 나한테 고백했다?
소윤	(왠지 철렁)
지윤	근데 찼어. 다시 보니 별로라서. ('흥' 하더니 방으로 들어가 버린다)
소윤	아… (테이블 위의 핸드폰을 물끄러미 본다) 괜찮나…

S#43. 해이 집_해이 방 / 밤

해이, 온갖 옷 다 꺼내 놓고 거울 앞에 대 보고 있다.

춘양	(그런 해이 보며) 아주 6.25 때 난리는 난리도 아니구먼.
해이	아니 난 왜 다 이런 옷 밖에 없는 거야. (강조) 뮤.지.컬. 에 입고 갈

만한 드레시한 옷이 필요한데.

춘양 ('놀고 있다.' 하는 표정으로 화장실로 가는)

S#44. 선호 집_거실 / 밤

선호, 들어오는데 불 꺼진 채 인기척 없는 거실.

선호, 갸웃거리다 불 켜는데, 부엌 쪽에 쓰러져 있는 진희 보인다.

선호, 얼른 부엌 쪽으로 가면 식탁 위에 빈 위스키 3병 정도.

진희, 홀로 바닥에 쓰러져 있다.

선호, 진희 흔든다.

선호 (걱정에 울부짖으며) 엄마 엄마 정신 차려 봐. 엄마. (선호 연락처에서 '아버지 진민철' 찾아 전화하는데 '전화기가 꺼져 있어' 연결음 나오고, 전화 끊고 다급하게 119 누르는)

S#45. 해이 집_거실 / 밤

해이, 옷 입고 머리 세팅 중인데 선호한테 전화 온다.

'무슨 일이지…' 싶어 전화 받는데.

해이 여보세요.

선호 (다급하게) 너희 엄마 계셔?

해이 어? 엄마? (이때 화장실에서 나오는 춘양) 있지.

춘양 (엄마 소리에) 왜?

선호	너희 엄마 좀 바꿔 줘.
해이	(다급한 선호 목소리에 뭔가 싶어 춘양 전화 주며) 엄마 바꿔 달래.
춘양	나? 누군데?
해이	선호.
춘양	선호? ('?? 뭐지.' 하고 전화 받는데, 선호 얘기 듣고 표정 바뀌는)

S#46. 단장실 / 밤

정우, 초희 함께 책상에서 여름 합숙 참가자 리스트 보고 있다.
그중 진일 포함 7명 정도 이름에 동그라미 쳐져 있다.

정우	여름 합숙에 참가하고 2년 전 일을 아는 사람. (초희, 정우 이름 지우며) 나랑 널 제외 하면.
초희	다섯 명.

이때 생각나는 유민의 말.

유민(E)	딱 한번 그 사람인 거 같은 사람을 봤는데… 체구가 수일 오빠보다 확실히 더 작았어.
정우	유민 누나가 수일 형보다 체구가 작은 사람이 자길 쫓아온 적이 있다고 했어.
초희	(그 말에 몇 명 제하자, 진일 포함 세 명 정도 리스트에 남는다. 세 명 이름 보고) 진일인 해이랑 선자 구해 줬잖아. (하며 진일 제하면 두 명 남는다. 고개 갸웃하며) 얘넨 아닐 거 같은데.

정우	(생각에 잠기는)
초희	(생각에 잠긴 정우 보며) 왜?
정우	근데 수일 형은 왜 자기가 범인이라고 했을까…
초희	하 그러게. (아무래도 헛다리 짚는 느낌) 이거 그냥 우연인데 우리가 너무 오버해서 생각하는 건가?

이때 생각나는 수일의 말.

수일(E)	(중얼거리며 짐 챙기고 일어나며) 날 지켜본다고 될지 모르겠지만.

정우, 생각에 잠겨 있는데, 이때 울리는 벨 소리, 보면 발신자 해이다.

S#47. 병실 복도 / 밤

병실 쪽으로 급하게 가는 춘양 뒤쫓아 가며 전화하는 해이.

해이	(어렵게 말하는) 나… 오늘 못 갈 거 같아. 일이 좀 생겨서.
정우(F)	일? 무슨 일.
해이	그게… 나중에 설명할게. 미안. 특별히 신경 써서 예약한 건데…
정우(F)	그건 괜찮은데 뭐 안 좋은 일 생긴 건 아니지?
해이	내 일은 아니고… (선호 개인적인 얘기를 하기도 뭐하고) 암튼 너무 걱정 마요. 그런 거 아니니까. (사이) 연락할게. (끊고 춘양 얼른 따라가는)

S#48. 단장실 / 밤

         걱정스런 얼굴로 자리로 돌아오는 정우.

초희   (리스트 날리며) 담에 하자. 어차피 이거 본다고 뭐 답도 없고.

정우   … 그래. 담에 하자. (하고 짐 정리하는)

S#49. 병원 1인실 / 밤

         1인실에서 수액 맞고 있는 진희.
         그 옆에 앉아 있는 선호, 걱정돼 진희 손 꼭 잡고 있다.
         춘양과 해이, 병실로 들어온다.

선호   (일어나 꾸뻑 인사한다)

춘양   (아직 자고 있는 진희 보고, 선호 보며) 뭐래?

선호   스트레스가 심한 상태에서 술을 많이 마셔서 일시적으로 뇌 혈류
         량이 감소된 거 같다고 수액 맞고 깨어나면 정밀 검사 해 본대요.

춘양   (휴… 하고 털썩 앉으며) 왠 술을 혼자 그리 마셨대.

선호   … 죄송해요 갑자기. 생각나는 어른이 아줌마밖에 없어서…

춘양   아냐, 잘했어. 잘했어. 네가 얼마나 놀랐을 거야.

해이   (진희 보다, 선호 보는데, 선호 안색도 말이 아니다. 선호 어깨 토닥토닥해 준다)

선호   …

S#50. 병원 전경 / 밤

S#51. 병실 / 밤

춘양과 선호, 얘기 중이고, 해이, 병실로 들어가 그쪽으로 간다.

선호   제가 있을게요.

춘양   병수발도 아무것도 할 줄 모르는 너보단 내가 나. 깨어나면 연락
          줄 테니까 넌 집에 가 있어.

선호   … 집에… 가기 싫어서 그래요.

춘양   (선호보다…) 그럼 우리 집에 가 있든가. (해이 보며) 엄만 여기서 잘
          테니까, 낼 네가 알아서 밥 챙겨 먹이고.

해이   알았어.

춘양   (얼른 가라는 듯 둘 떠밀면)

해이   (선호 데려가며) 가자. 엄마가 깨어나시면 연락줄 거야.

선호   … (별수 없이 해이 따라가는)

S#52. 병원 복도 / 밤

병원 복도 걸어 나오는 해이와 선호.
해이, 선호 힐긋힐긋 보기만 하고 섣불리 말 못 시킨다.
이때 선호 핸드폰으로 걸려 오는 전화. 발신자 '아버지 진민철'
이다.
발신자 보다… 전화 받는 선호.

선호   네. (사이) 엄마 입원했어요.

민철(F)   !! … 지금은, 괜찮고?

선호	괜찮으면 입원했을 리가 없잖아요!!
해이	(선호 보는)
민철(F)	… 어디 병원이냐?
선호	(화 누그러뜨리며) ##병원이요.
민철(F)	강 박사님한테 전화 넣으마. (전화 끊는)
선호	(전화 끊긴 핸드폰 어이없어 보다 던지면)
해이	(놀라서 얼른 가서 핸드폰 줍는) 힝 깨졌다. (선호 보면)
선호	(열 받아 눈물 나오는 거 얼른 닦는)
해이	…

S#53. 해이 집 앞 / 밤

선호 한층 더 다운된 모습으로 해이네 집 쪽으로 가는데.

선호	(가다 멈춰서) 나 그냥 집에. (하는데)
해이	(배에서 꼬르륵, '헉 뭐야.' 배 잡는데 또 꼬르륵)
선호	(해이 보면)
해이	(민망해 하며 자기 배 보고) 이 눈치 없는 자식이…
선호	(어이없어 피식하다) 그래. 가서 라면이나 끓여 먹자.
해이	… 그럴래?
선호	(피식 웃으며 앞장서면)
해이	(얼른 따라가는)

해이 집 쪽으로 오던 정우 둘 본다.

정우, 해이와 선호 함께 있는 거 보고 그쪽으로 가려다 선호의 굳은 표정 보고 일단 멈춘다. 대체 이게 무슨 일인가 싶다.

S#54. 해이 집_거실 / 밤

해이와 선호, 라면 먹고 있으면 문 열고 들어오는 재이.
저 형은 또 왜 우리 집에 와 있나 싶다.

재이   (들어오며) 우리 집에 하숙해요?

해이   ('그거 아냐, 그 분위기 아냐.' 선호 안 보이게 고개 절레절레하며 재이한테 수신
          호 보내는)

재이   (해이 보며 왜 저러나 싶고)

선호   처남도 배고프면 와서 한 젓가락 해.

재이   전 됐습니다. (하고 방으로 들어가면)

선호   바닥에 이불 깔아 줘. 오늘도 신세 좀 질게.

재이   (어이없어 선호 보는)

해이   (얼른 재이 헛소리 못 하게) 그래그래 내가 깔아 줄게. (하고 재이 그냥 들
          어가라는 듯 수신호)

재이   (대체 뭔 일인가 싶고)

S#55. 재이 방 / 밤

침대에 누워 있는 재이. 바닥 이불에 누워 있는 선호.

선호	처남 자?
재이	잡시다.
선호	안 자는구나.
재이	자요. 저 고3이에요. 내일 아침부터 또 공부해야 됩니다.
선호	처남, 난 처남네가 좋아. 여기 있으면… 마음이 편해진달까.
재이	… 남의 집이라 그래요. 남의 집에는 나랑 엮인 게 없으니까.
선호	… 그렇구나. 그래서 그런 거구나… (사이) 처남은 언제부터 그렇게 똑똑했어?
재이	태어날 때부터요.
선호	(아…) 처남
재이	(OL) 잡시다 좀.
선호	그래. 이제 방해 안 할게.
재이	… 마음 편해지고 싶을 땐 와요. 재워 줄 테니. 그렇다고 너무 자주 오지는 말고.
선호	… 고마워 처남. 잘 자, 내 꿈… (하는데)
재이	(OL) 에이. (역정 내며 선호 보면)
선호	(웃으며) 농담이야. 진짜 잘 자. (눈 감으면)
재이	(선호 괜찮은가 싶어 보다, 자기도 자는)

S#56. 단실 복도 / 낮

단실로 가는 선호와 해이. 해이는 선호를 힐긋힐긋 보며 계속 눈치 살피면.

선호	그렇게 계속 눈치 살필 필요 없어. 나 괜찮아.
해이	어? 아니 그게… 그래.
선호	고마워. 어젠 너희 집 덕분에… 견딜만 했어. (농담처럼 웃으며) 들키는 것도 괜찮네.
해이	(선호 보는데)

이때 단실에서 나오는 정우와 하진. 정우는 선호와 해이가 같이 오는 거 보고 멈칫. 해이 역시 정우와 함께 나오는 하진에 멈칫하다 꾸벅 인사.

하진	(빙긋 손 인사하며) 자주 보네 에이스?
해이	그러게요. (둘 보며) 무슨 일로…?
하진	(정우 보며 장난처럼) 박정우 꼬시러 왔지.
해이	(어색하게 웃는데 입꼬리 굳는)
정우	(농담 말라는 듯 표정하고, 둘 보며) 어떻게… 같이 오네?
선호	네. 그렇게 됐어요.
하진	둘이 예전부터 친해 보이던데. 알고 보면 몰래 사귀는 거 아냐?
해이	(또 어색한 웃음)
선호	저흰 그럼, 일 보세요.
해이, 선호	(꾸벅 인사하고 먼저 단실로 들어가면)
정우	(둘 들어가는 거 본다)
하진	(정우를 뭐지 싶어 보는)
정우	(하진 시선 느끼고 이내) 가자.
하진	(더 묻지 않고) 그래.

초희, 그쪽으로 뛰어오다 정우 보자 다급하게 뭔가 말하려다, 하진 보고.

초희   잠깐. (하고 단실로 들어가면)
하진   (무슨 일인가 싶어 초희 보다 눈치껏 빠져 주는) 밖에서 기다릴게. (하며 먼저 나가는)
정우   (단실로 들어가는)

S#57. 단장실 / 낮

정우   왜 무슨 일인데.
초희   (곤란) 수일 오빠, 무죄래. 삼백만 원 축제 폭죽 비용 누락된 걸로 종결 났대.
정우   !!

S#58. 옥상 / 낮

수일, 옥상에서 누군가 홀로 기다리고 있다.
핸드폰 전화 와 보면, '박정우 개새끼'다.

수일   (전화 받는) 너도 들었구나.
정우(F) … 형, 만나요. 만나서 얘기해요.
수일   개새끼, 내가 널 왜 만나. 네 면상은 두 번 다시 보고 싶지도 않아.

정우(F)	… 물어보고 싶은 게 있어요.
수일	사과라도 하나 싶어 받았더니, 그게 뭐든 답해 줄 생각 없으니까 짜증나게 하지 말고 끊어.
정우(F)	(OL) 형 아니죠? 그 메시지 보낸 사람.
수일	(그 말에 멈춰) 왜?
정우(F)	형 아는 거죠? 진짜 범인이 누군지.

이때 진일, 옥상으로 올라온다.

수일	끊어 새끼야. (전화 끊는)
진일	(수일 쪽으로 온다)
수일	나 무죄 판결 났다?
진일	… 근데요?
수일	상황 파악이 영 띄엄띄엄이네. 더 이상 네 협박이 안 먹힌단 소리야.
진일	…
수일	(진일 보며) 너 말야. 혹시 이번에 합숙 가서 애들 화재난 거, 네가 한 거냐?
진일	(움찔)
수일	너구나?
진일	…
수일	('진일 맞구나.' 어처구니가 없다) 와, 이거 아주 간이 배 밖으로 나왔네. 너 그거 범죄야.
진일	저 아니에요. 사람 함부로 몰지 마세요.

수일	(진일 다친 손 보며) 너 네가 불 질러 놓고 구하는 코스프레까지 한 거야? 대체 목적이 뭐야? 뭐 그렇게 사람들 관심이라도 끌어 보려는 거야?
진일	그런 거 아니라고!
수일	(어이없어 보다) 넌 진짜 가만두면 안 되겠다. 너야말로 경찰 조사 받을 준비하고 있어. (고개 절레절레하고 가며) 박정우 새끼 얼굴 보기 싫은데 별수 없이 봐야겠네.
진일	(수일 노려보는)
진일	… 지켰을 뿐이야.
수일	(어이없는) 불 질러 놓고 지키긴 네가 뭘 지켜.
진일	(가만히 수일 보며) … 규칙을 어겼으면 벌을 받아야지. 너도, 이유민도, 도해도 벌을 받는 거야.
수일	(쎄하다, 헛웃음) 허, 네가 뭔데?
진일	무시하지 마! 망친 건 너희들이고 그걸 지킨 게 나야! 내가! 다 지킨 거라고!
수일	이거 완전 또라이네. (하며 가려는데)
진일	(나가려는 수일 노려보다 수일 쪽으로 돌진한다)
수일	(잡아서 진일과 몸싸움하다 난간 쪽으로 내동댕이친다. 쓰러져 있는 진일 보며) 미친 새끼. 좀만 기다려 경찰서에 쳐 넣어 줄 테니까. (비틀대며 가방 챙기는데)

스틸레토 칼집 꺼내 위협하듯 수일 쪽으로 내미는 진일.
차마 칼 펴진 못하고.

수일	(어이없어 진일 보며) 왜? 그걸로 찌르게? (비웃고 가면)
진일	(결국 칼 못 펴고 다시 수일에게 돌진한다)
수일	이 자식이 근데. (이번엔 진일 잡아 패는 수일)

진일, 안간힘 쓰며 수일과 몸싸움하다, 수일 밀리는 듯싶더니 전세 역전 돼 진일 잡고 패기 시작한다.
얻어맞는 진일.

수일	이 소름 끼치는 관종 새끼야. (하며 패는데)
진일	(맞으며 손에 쥔 칼집 버튼 눌러 스틸레토 칼날 펴 수일 쪽으로 향하는)

S#59. 단장실 / 낮

정우, 수일 핸드폰으로 문자 보낸 거 확인하는 데 수일 메시지 안 읽는다. (메시지: 형 만나서 얘기해요)
정우, 안 되겠다 싶어 다시 수일 핸드폰으로 전화하는데 전화음 한참 울리고 전화, 소리샘으로 넘어간다.

S#60. 진일 집 / 밤

진일, 옷가지 망쳐져 있고 얼굴도 흐트러진 채 방에 들어온다.
들어오자마자 손 부들부들 떨며 문 앞에 주저앉는다.
밖에서 나는 소리.

진일 부(E)   저 자식은 또 방에 처박힌 거야?

진일 모(E)   냅둬요.

진일 부(E)   남자 새끼가 맨날 방에 처박혀서 뭘 하는 건지.

진일, 덜덜 손 떨고 있다.

S#61. 옥상 / 낮 / 진일 회상

　　　S#58 이어.

　　　피 흘리며 쓰러져 있는 수일.

　　　그 앞에 손 덜덜 떨며 어쩔 줄 몰라 하며 서 있는 진일.

S#62. 진일 방 / 밤

　　　책상 의자에 덜덜 떨며 앉아 있는 진일.

　　　응원단 삼대 예언 적어 둔 종이 보는데.

　　　INS) 테이아 3대 예언.

　　　1. 2002년 나라가 붉은 물결로 떠들썩할 때, 연희대 응원단도
　　　붉은 물결로 떠들썩할 것이다.

　　　2. 2011년 응원단에서 네 개의 다리가 부러질 것이다.

　　　3. 2019년도 응원단 현역 단원 중 한 명이 죽는다.

　　　마지막 예언 '2019년도 응원단 현역 단원 중 한 명이 죽는다.'에

시선이 꽂힌다.

그 옆에 해이 사진 보이고…

진일   (덜덜 떨리는 목소리로) 규칙을 어기니까 벌을 받는 거야.

떨며, 광기에 중얼거리는 진일에서.

엔딩.

S#1. 노천극장 / 낮 / 해이 꿈

해이, 단장복 입고 홀로 신나게 무대하고 있다.

무대 끝나고 사람들 환호성 들리고 벅찬 얼굴인데.

S#2. 단실 거울 방 / 낮 / 해이 꿈

화면 전환되며 단장복 입은 채 불 꺼진 단실에 홀로 서 있는 해이.

해이, 이게 어떻게 된 일인가 주변 둘러보는데, 밖에서 들리는 쾅 소리.

해이, 깜짝 놀라 보는데, 쩍 하고 갈라지는 해이 정면으로 보이는 거울.

해이, 공포에 돌아보는데 갈라진 거울들로 해이의 공포에 질린 얼굴 비친다.

그러다 바닥으로 뚝뚝 떨어지는 피 보이고.

해이, 뭐지 싶어 보면, 배에서 번지고 있는 피.

해이(E) (번지는 피에 배 움켜쥐며) 아악.

S#3. 해이 집_거실 / 밤

거실에서 대자로 드러누워 자고 있다 악 소리와 함께 깨는 해이.
춘양, 실수로 해이 배 밟고 지나가다 흠칫 놀라 해이 본다.

해이 (배 아파 움켜쥐며) 뭐하는 거야!
춘양 (현관 쪽으로 가며) 그러게 왜 거기 누워 있어. 그렇게 아무데서나
      자빠져 자다 입 돌아가 이것아.
해이 (춘양 확 보며) 그렇다고 딸을 밟고 다녀?
춘양 **빽빽대는 거 보니 멀쩡하네.** (나가며) 병원 갔다 올게.
해이 (나가는 춘양 보다 다시 천장 보는데 꿈이 영 찝찝하다. 이때 해이 핸드폰으로
      전화 들어온다. 발신자 '우리꼰댕♥', 배시시 웃으며 전화 받는) 여보세용.

배시시 웃으며 전화 받는 해이에서 타이틀 인 치얼업.

S#4. 해이 집 앞 / 밤

정우, 해이 기다리고 있는데 핸드폰으로 수일에게 문자 들어온다.

INS) 문자메시지

수일(E) 너랑 할 얘기 없어.

정우, 문자 보는데… 이때 발랄하게 뛰어나오는 해이.
정우 표정 안 좋은 거 보고 무슨 일인가 싶은.

S#5. 진일 방 / 밤

진일 핸드폰 보다… 내려놓으면 수일이 정우에게 보낸 '너랑 할 얘기 없어.' 문자 보인다. (수일 핸드폰으로 진일이 보낸 것)

S#6. 병실 / 밤

일어나 앉아 있는 진희에게 물 갖다 주는 춘양.

춘양	뭘 술을 정신을 잃을 정도로 마셔.
진희	(춘양이 준 물잔 받아 마시고 내려놓으며) 이혼하자네.
춘양	(놀라 보면)
진희	사람같이 살고 싶다고 이혼하재. 자기가 사는 게 죽은 나무 껍데기 같다나. (피식하며) 죽은 나무 껍데기 붙들고 송장처럼 산 게 누군데. (춘양 보며) 변호사도 이미 선임했대.
춘양	…
진희	(창밖 보며) 사는 게 참 개 같네.
춘양	… (진희 시선 따라 창밖 야경 보며) 그치, 사는 게 참 야속하지.

이때 선호 들어온다. 진희, 선호 들어오는 거 본다.

정우와 해이, 공원 벤치에 딱 붙어서 손 잡고 앉아 있다.

해이   무슨 일 있어?

정우   어? 아니 없는데.

해이   아까 표정이 안 좋아서.

정우   (아…) 별 거 아냐.

해이   뭔데.

정우   그냥. 요즘 좀 일이 많았잖아.

해이   뭐 수뇌부의 톱 시크릿 이런 거야? 우리 국정원 아냐. 여튼 가끔 보면 오버 쩐다니까.

정우   너까지 이런 거 신경 쓰게 하고 싶지 않아서. 다 정리되면 그때 얘기해 줄게.

해이   그래 그럼.

정우   (말 돌리려) 넌 어제 무슨 일 있었다고?

해이   (아…) 그게, 음… 일이 있었는데 엄밀히 말하면 내 일이 아니라… 그래서 이게 말하기가 좀 그래. 그 사람은 다른 사람한테 말하길 원치 않을 수 있을 거 같아서…

정우   선호 일이야?

해이   (어떻게 알았냐는 듯 보면)

정우   그냥, 그런 거 같아서. (사이) 그래, 그런 거라면 얘기 안 하는 게 낫겠다. 설명 안 해도 돼.

해이   … 괜찮아?

정우   뭐가?

해이	아니… 서운할 수도 있을 거 같아서…
정우	(음…) 아예 아무렇지도 않다면 거짓말인데 (해이 보며) 네가 그렇게 한 덴 그만한 이유가 있겠지. 널 믿을게.
해이	… 오빠 되게 여유 있다?
정우	그런 척 하는 거야. (사이) 찌질한 거 안 들키려고.
해이	고마워. (손 꼭 잡으며) 믿어 줘서.
정우	(해이 손 꼭 잡으며) 근데 안 서운한 건 아니야.
해이	(퍽 치면)
정우	(장난이라는 듯 웃으며) 아프다…

S#8. 해이 집 앞 / 밤

정우, 해이 데려다 주고 있다.

정우	그럼 들어가. 아직 더 쉬어야지.
춘양(E)	그니까 아직 더 쉬어야 될 애를 왜 오밤중에 불러 내셨나.
해이, 정우	(그 말에 보면, 춘양, 선호와 함께 집 쪽으로 오고 있다)
해이	(선호 보며) 왜… 같이 와?
춘양	병원 왔길래 밥 먹고 가라고 데리고 왔어. 간병인 아줌마 오늘부터 쓴대.
해이	(아…)
춘양	(정우 보며) 자네도 먹고 가던가.
해이	어? (빠른 속도로 선호와 정우, 초조하게 번갈아 훑고) 그건.
정우	그럼 감사히 먹겠습니다.

해이	에?
춘양	(앞장서 들어가며) 들어와.
정우	(따라가면)
해이	('이게 뭐지?' 황망히 서 있는데)
선호	(해이 툭 치며) 얼른 와 뭐해. (하고 들어가는)
해이	(이게 뭔 상황인가 싶다. 따라 들어가는)

S#9. 해이 집_옥상 / 밤

> 삼겹살 굽고 있는 춘양.
> 해이, 정우, 선호, 재이, 미묘한 분위기로 상 앞에 앉아 있다.
> 춘양, 요상한 분위기다 싶은 표정으로 해이, 정우, 선호 본다.
> /고기 먹고 있는 정우, 재이, 해이, 선호, 춘양.

춘양	(상추쌈 먹고 있는 정우 보다) 그래, 우리 딸 행복하게 해 줄 수 있겠나?
정우	(푸우)
해이	엄마!
춘양	(정우 튄 거 더럽다는 듯 닦으면)
정우	아 그게, 죄송합니다.
해이	내 행복을 왜 단장한테 찾아? 그건 내가 알아서 찾을 테니까 그런 거 묻지 마!
춘양	한 번 해 보고 싶었어. TV에서 딸 남자 친구가 찾아오면 그런 거 물어 보잖아.
해이	그건 결혼 허락 받을 때고.

춘양	결혼할 수도 있지. (정우 보며) 안 그런가?
정우	맞습니다.
해이	(발그레)
선호	(분위기 별로다 고기 뒤적이며) 고기 타네요.
춘양	아이고 이 귀한 걸.
선호	(고기 뒤적이다 재이에게) 처남, 거기 상추 좀. 고기 올려놓게.
재이	(상추 주면)
정우	근데… 왜 처남이라고 불러?
해이	(쌈 싸먹다 쿨럭쿨럭)
정우	괜찮아? (하며 얼른 물 챙겨 주면)
해이	(물 꿀꺽꿀꺽)
선호	(그런 둘 보다) 그게 처음에 그렇게 불러 버릇했더니 버릇이 돼서.
정우	그래도… 처남은 좀 그렇지 않나…?
재이	전 별로 상관없는데.
선호	(재이가 자기 편 들어주자 승리의 미소로 정우 보면)
정우	(그런 선호 보다) 그래. (재이 고기 챙겨 주며) 이것도 먹어 처남.
해이	(푸우 하고 먹던 맥주 뿜으면)
춘양	아 드러. 넌 왜 이렇게 유난스럽게 먹어.
해이	(맥주 닦으며) 하하하. 그러게. 오늘따라 내가 좀 그르네.
춘양	(피식하며, 넷 보는데 재밌다 싶다)

S#10. 해이 집 밖 / 밤

정우와 선호 가면, 배웅하는 춘양과 해이.

해이	(정우 보며) 들어가.
정우	(끄덕끄덕)
선호	('서로 말 놨구나.' 싶어, 정우와 해이 보는)
해이	(선호 보며) 너도 잘 가. (둘 보며) 둘이 뭐 방향도 다른데 얼른 각자 들 가요.
정우	아냐, (선호 보며) 같이 가자.
선호	(보고) 그러죠.
해이	(좌불안석, '뭐지 이건.')
춘양	난 그래, 이기는 편 우리 편.
해이	엄마! (주책 부리지 말라는 듯 춘양 집 쪽으로 밀면)
춘양	(피식하며) 또 보자고. (하고 들어가면)
해이	(걱정되듯 둘 보며) 그럼 잘들 가. (하고 안 내키는 걸음으로 춘양 밀고 들어가는)

선호와 정우, 해이와 춘양 들어가는 거 보고 뒤돌아 가는데.

정우	(선호 보며) 한잔 더 할래?
선호	(보다) 그래요.

S#11. 술집 / 밤

선호와 정우, 술집에서 간단한 안주에 각자 맥주만 꿀떡꿀떡 마시고 있다.
잠시 침묵 흐르고.

정우	(뭔가 말하려고 하는데) 너.
선호	(OL) 제가 먼저 할게요.
정우	(왠지 진 거 같지만) 그래.
선호	저, 해이 좋아했어요.
정우	(보면) 했어요?
선호	솔직히 뺏으려고 했어요. 그럴 자신도 있었고.
정우	근데?
선호	이쯤에서 그만하는 게 맞다 싶어서요. 내가 더 하면 해이도 곤란할 거 같고, (정우 보며) 지금은, 해이가 단장이랑 있는 게 좋아 보여서 포기하기로 했어요. (강조) 지금은.
정우	… 그래. (근데…) '지금은'이란 게 맘에 좀 걸리네? 나중은 어떻게 될지 모른다는 건가?
선호	해이가 단장이랑 있는 게 별로가 될 수도 있잖아요.
정우	그럴 일은, 없을 거야.
선호	미래는 속단하지 말자고요. (술 마시고) 해이랑 전 친구예요. 그건 이해해 줘요.
정우	그건 나도 알아. 솔직히 되게 반갑지 않은데 어쩌겠어. 이해해야지. (선호 보며) 선은 넘지 마.
선호	여튼 멋진 척은 혼자 다 하려고 든다니까.
정우	척이 아니라 멋진 거야. (하며 술 마시는)
선호	(어이없어 보다) 참 처남은 포기 못해요.
정우	(그 말에 맥주 '푸우' 하면)
선호	(더럽다는 듯 맥주 닦으며) 아 드러. 커플이라고 하는 짓이 똑같네.
정우	처남은 포기를 못한다니? 그게 뭔 소리야.

선호	우리가 이미 쌓아 온 역사가 좀 있어요. 뭐 그 정도는 해 줄 수 있잖아요?
정우	이게 그 정도라고 할 수 있는 일인가? 그럼 족보가 이상하게.
선호	(OL) 멋진 척 한 김에 좀 더 써요. 마셔요 마셔. (하며 맥주잔으로 정우 잔 짠 하면)
정우	(얼결에 짠 하며 찜찜)

S#12. 연희대학교 전경 / 낮

S#13. 단실 / 낮

단실 한쪽에서 얘기 중인 초희와 정우.

초희	수일 오빠 내 연락도 안 받아. 상황이 이런데 우리랑 말 섞기 싫겠지… 며칠이라도 좀 지나면 얘기해 보자.
정우	… (후… 끄덕)

이때 단실 쪽으로 들어오는 하진과 호대생 몇 명.

정우	왔어?
하진	(빙긋 인사)

/한쪽에 앉아 있는 정우, 초희, 소윤, 운찬.

반대편에 대치하듯 앉아 있는 하진, 호대생 몇 명.

운찬　　　(놀란 듯) 방송이요?

하진　　　(끄덕) SBC에서 이번 호연전, 대학 문화 중 하나로 한 꼭지 내보
　　　　　내면 어떻겠냐고 해서. 우리는 한다고 했어, 너네만 동의하면,
　　　　　해 보면 어떨까 싶은데. 하면 호연전 행사 스폰 지원해 주겠대.

운찬　　　(혹하는) 진짜요?

초희　　　근데 저희야 그렇다 치고, 호대는 이걸 왜 하려는 거예요?

하진　　　재밌을 거 같아서? 좋잖아. 기록으로 남으면 의미도 있고.

초희　　　홍보용 아니고요?

운찬　　　홍보요??

초희　　　대학 생활 열심히 하는 재벌 4세, 그림이 괜찮잖아요? 기업 이미
　　　　　지에도 도움 될 거고.

하진　　　(빙긋 웃으며) 역시 그런 쪽으로 머리가 잘 돌아간단 말야. 그것도
　　　　　뭐 나쁘지 않은 것도 사실이고.

운찬　　　(아… 중얼) 다르네 달라.

초희　　　그러니까 이 방송은, 야마가 사실 언니를 중심으로 한 호대고 우
　　　　　리는 그 백업 노릇을 해 달라?

하진　　　그건 비약이고.

초희　　　엎어 치나 메치나죠. (보다) 그럼 지원금은 우리한테 몰아주죠?
　　　　　어차피 호대는 이번에 예산도 빵빵하고 티켓도 잘 팔려서 지원
　　　　　금 필요 없잖아요?

하진　　　(보다) 그래.

일동　　　(보면)

소윤	진짜…요?
하진	호연전은 양측이 팽팽해야 재밌는데 너네가 너무 떨어지면 보는 사람도 흥이 안 나지 않겠어? 우리 쪽 사기 충전을 위해서라도 그렇게 하는 게 이득일 거 같아서.
초희	(기분 나쁘고) 예산이 전력의 다는 아니죠.
하진	상당 부분이긴 하지.
운찬	(울컥해) 그런 지원 받을 바엔 차라리 구걸이 낫겠는데요.
하진	괜한 객기로 신입생들 힘들게 하지 말고.
초희, 하진	(팽팽하게 서로 쳐다보는데)
정우	(분위기 마무리하려) 생각해 볼게.

/호대 가고 남아 얘기하는 운찬, 소윤, 정우, 초희.

운찬	(씩씩대며) 이건 완전 humiliated 라구요. 절대 안 할 거죠?
정우	하자.
운찬	(의외다) 잉?
초희	(이미 알고 있던 듯) 이번 화재 보상금에 축제 예산도 생각보다 더 써서 연호전 예산이 턱없이 부족하대.
소윤	(끄덕)
정우	지금 상태면 부족한 돈 신입생까지 동원해서 갹출해야 될지도 몰라. 객기 부리다 애들 고생시킬 순 없잖아.
운찬	… 그쵸…
초희	그까짓 들러리 함 해 주면 되지, 우린 그걸로 우리 거 잘하는 데 더 힘쓰고.

| 운찬, 소윤 | (끄덕) |
| 정우 | 어쨌든 얼굴 나가는 거니까 신입생들 의견은 들어 봐야지. |

S#14. 단실 복도 / 낮

스타일 확 바뀐 민재, 복도로 들어온다.
그 앞에서 의기양양한 표정으로 민재 보란 듯 앞서 걷는 선자.
'누구지?' 하는 얼굴의 몇 명. 민재 바뀐 거 알아보고 놀라는 몇 명.
각각의 리액션.

용일	누꼬? 낯이 엄청 익은데?
선자	민재.
용일	(눈 똥그래져) 민재? (놀라, 민재 보며) 뭔 일이 있었던 거가?
민재	(부끄러워하며 걸으면)
선자	(뿌듯하게 그런 민재 보는)

S#15. 단실 거울 방 / 낮

신입생들 모여 있으면 정우 앞에서 얘기하고 있다.

선자	방송이요?
용일	(설레발) 오늘부터 관리해야 되는 기가.
정우	어쨌든 외부에 노출되는 문제니까 너희들 의견도 중요해서 물어보는 거야.

용일	좋습니더! TV에 나가다니 가문의 영광입니더.
선자	난 싫은데. (용일 보며) 네가 유명인의 삶을 몰라서 그러는데 얼굴 팔리면 피곤하다고.
선호	너도 모르지 않나?
선자	(선호 확 째리는)
민재	해요. 저희 예산 모자른 것도 지원해 준다면서요. 운찬 선배가 그러던데…
초희, 정우	(그 말에 휙 운찬 보면)
운찬	(모른 척 다른 데 보고)
민재	필요한 일이면 다 같이 하는 게 맞죠.
신입생들	(여기저기서 '그래요 해요.', '괜찮아.', '난 좋아.' 등)
선배들	(그런 신입생들 보며 피식 웃는)

/흩어지는 단원들.
한쪽에서 정리하고 있는 소윤 옆으로 가 정리 도와주는 운찬.

소윤	(흘깃 보다) 혼자 해도 되는데…
운찬	같이 하면 더 빠르잖아.
소윤	(슬쩍 운찬 보다) 혹시… 지윤이 땜에 그래요? 자꾸 (운찬 돕는 거 보며) 도와주는 거…
운찬	어? ('아… 오해했구나.' 싶어) 그런 거 아닌데…
소윤	(고민하다 대뜸) 오늘 한잔 할래요?
운찬	(보는)

S#16. 단실 복도 / 낮

해이, 선자 사물함에서 짐 챙기고 있는데.

선자에게 음료수 주는 민재.

선자   (괜히 부끄러워하며) 고마워.

민재   (쑥스러워 하며 가면)

해이   (선자 보며) 뭐야 이건.

선자   네가 생각하는 그것.

해이   민재 너한테 돈 빌렸어?

선자   (에이씨 버럭) 딱 보면 몰라? 썸이잖아!

해이   (벌떡 일어나) 진짜? 김민재랑 네가?

선자   (끄덕) 아무래도 쟤가 나 좋아하는 거 같아.

해이   (헐) 왜?

선자   (에이씨 보며) 사랑에 이유가 어딨어.

해이   (헐) 넌?

선자   (얼버무리는) 뭐 고려 중이야. (일어나며) 드디어 나도 연애의 계절이

                    오는 것인가.

해이   (계속 놀란 채로 얼음)

S#17. 병원 방사선과 대기실 / 낮

환자 검사복 입고 대기하는 진희.

생각에 잠겨 있다.

S#18. 병실 / 밤 / 진희 회상

S#6 이어.

선호, 진희 곁에 앉아 있다. 자리 비우고 없는 춘양.

진희   밥은 먹었어?

선호   아직. 이제 먹어야지.

진희   끼니 거르지 말고. 아줌마한테 챙겨 달라 그래.

선호   (끄덕) 내 걱정 말고 엄마 몸부터 챙겨.

진희   … 아들 놀랬지? 엄마가 술 끊었는데 진짜 안 마시다가 한 번 마
          신 게.

선호   (OL) 괜찮아.

진희   그래 엄마 다신 술 안 마셔. 그니까 걱정 마. 다신 이런 일 없어.

선호   (진희 보며) 나 괜찮으니까, 이혼하고 싶으면 이혼해. (하고 진희 손 잡
          는)

진희   … (선호 보는)

선호   난… 엄마가 행복했으면 좋겠어. 엄마가 행복할 수 있는 자리면
          난 어디라도 괜찮아. 그니까 엄마 하고 싶은 대로 해.

진희   …

S#19. 병원 방사선과 / 낮

역시 검사복으로 갈아입은 춘양. 생각에 잠긴 진희 쪽으로 온다.

춘양   뭔 생각을 그렇게 해?

진희	(춘양 보는)
춘양	(진희 얘기 들은 듯) 다 컸네.
진희	다 크긴. 진짜 괜찮아서 한 말이겠어. 그냥 나 맘 편하라고 한 말이지.
춘양	그니까, 다 컸다고. 엄마 맘 편하라고 그런 말도 하고.
진희	… 후. 그르게. 언제 이렇게 컸나.
춘양	그래서, 어쩔 건데?
진희	몰라 나도. (푸념하듯) 난 언제 크냐. 이 나이 먹도록 제 맘 하나 모르고.
춘양	(진희 보다) 우리 할머니가 백세에 돌아가셨거든? 근데 돌아가실 때 하신 말씀이 있어.
진희	(보면)
춘양	(할머니 흉내) 내 살아생전 평생 원하는 게 자식들 잘 사는 거 밖에 없다고 생각했는데 죽을 때 되니 알겠어, 내가 진짜 원한 건 새끼도 남편도 없이 훨훨 자유롭게 사는 거였어.
진희	(보면)
춘양	그래 놓고 병원에서 곧 떠나신다 준비하셔라 한 날, 제주 사는 넷째 고모가 비행기 결항 돼서 그 이튿날 오니까, 그걸 고모 올 때까지 안 가고 버티다 결국 사남매 다 모이고 나서야 눈 감으셨단 거 아니냐.
진희	(보면)
춘양	내 그때 알았다. 백 년을 살아도 죽을 때까지 자기가 진짜 원하는 게 뭔지 모르는 게 사람이란 걸. (진희 보며) 백 년을 살아도 안 되는데 그 반밖에 안 산 우리라고 그게 되겠냐?

진희	(피식 웃으면)
간호사(E)	성춘양 님 들어오세요.
춘양	(일어나며) 대체 사지 멀쩡한데 이걸 왜 받으란 거야.
진희	야 이거 비싼 거야. 너 병간호해 준 거 고마워서 플렉스 한 거니까 군소리 말고 받아.
춘양	그래. 돈 많은 여사님 친구 덕에 건강 검진으로 플렉스 한 번 해보자. (하고 들어가면)
진희	(들어가는 춘양 보고 피식하다, 홀로 생각 많아진다)

S#20. 치얼스 / 밤

어수선한 치얼스. 풍선이니 꽃이니 온갖 이벤트 소품들이 널려 있다.

해이	이게 다 뭐예요?
영웅	(비장) 아름답고 숭고한 사랑의 결실, (사이) 오늘 100일이다.
해이	('아' 표정하다 이내 신나서) 그럼 오늘 장사 안 해요?
영웅	장산 안 하지만 넌 할 일이 있지.
해이	??

/중얼중얼 욕하면서 촛불 길 까는 해이.

해이	아니 그 나이에 뭔 100일을 챙겨. 남들은 있는 결혼기념일도 안 챙길 때 아녜요?

영웅	(같이 촛불 길 깔며) 이 나이니까 더 소중한 거야. 이 나이에 백일 가기가 어디 쉬운 줄 알아.
해이	(중얼중얼) 늦바람이 무섭다더니 유난도 이런 유난이 없어요.
영웅	원래 아는 맛이 더 무서운 법이란 말야.
해이	네??
영웅	둘이 있다, 혼자되면 남들 축하하는 날이 더 쓸쓸해진다고. 둘이 있던 기억 때문에.
해이	(보면)
영웅	그래서 더 유난스럽게 축하하는 거야. 궂은 길 돌아왔으니 안 좋았던 기억, 더 좋은 기억으로 덮으라고.
해이	(그 말에 영웅 보고) 아저씨는 참 생각보다 생각이 있는 편이에요? (군말 않고 촛불 길 깔며) 문득문득 놀란다니까.
영웅	(에이씨 하며 해이 보다, 제법 완성된 촛불 길 보며) 좋아하겠지?
해이	(역시 뿌듯하게 보다) 근데 이게 차장님 취향이 맞는 거죠?
영웅	어? 글쎄. (불안)
해이	(같이 좀 불안)

S#21. 술집 / 밤

술집에서 술 마시는 운찬과 소윤. 소윤, 이미 취해 있다.

소윤	(얼른 소주 원샷하고 취기에 흥분해) 괜찮아요!
운찬	(보면)
소윤	지윤이한테 차인 남자들 많아요. 사람이 좀 개노잼일 수도 있죠,

좀 찌질할 수도 있고! 걔가 너무 사람 가리는 거예요. 그러니까 너무 기죽지 마요.

운찬	(이게 위로인가 공격인가…) 위로… 맞는 거지?
소윤	(잔 들고) 짠 해요. 짠.
운찬	(짠 하고 술 마시고) 나 괜찮아. 어차피 나랑은 잘 안 맞았던 거 같아.
소윤	네?
운찬	그냥, 지윤이가 원했던 사람은 내가 아니었던 거 같아. 좀 더 잘난 나를 보여 줘야 할 거 같은데… 이번엔 나도 그러고 싶지 않아서… (술 마시는)
소윤	…
운찬	(소윤 보며 나름 의미 담아) 앞으론 날 꾸며내지 않아도 괜찮은 사람을 좋아하려고.
소윤	그래요. 마셔요, 마셔. 마시고 풀어. (하며 짠 하고 꿀떡꿀떡 소주 마시는)

소윤, 소주 원샷 하고 잔을 쾅 내려놓는데 건너 구석 테이블에서 키스하는 남녀 보인다.

소윤	(손가락으로 가리키며) 어? 또 한다.
운찬	(그 말에 보면 키스하는 남녀)
소윤	와… 자꾸 해. 차장님이랑 영웅 아저씨도 하고, 선호랑 해이도 하고.
운찬	(혼란스럽다.) 차장님, 영웅 아저씨? 선호, 해이?
소윤	(빤히 운찬 보며) 사람들은 왜 자꾸 제 앞에서 키스를 할까요…
운찬	응?

소윤	(중얼중얼) 키스… 그렇게 좋은 건가?
윤찬	안… 해 봤어?
소윤	오빠, 해 봤어요?
윤찬	그야 당연… (하다가) 안 해 봤지.
소윤	아… (취해서 멍하니) 해 볼래요?
윤찬	어?

S#22. 치얼스 / 밤

불 꺼진 치얼스. 하트 촛불 길 보이고, 영웅이 지영의 눈을 가리고 들어온다.

영웅	절대 눈 뜨면 안 돼~ 알았지~?
지영	응. 어차피 떠도 안 보여. 네가 가려서.
영웅	(가운데 지영 세우고) 이제 눈 떠.
지영	(놀라) 뭐야… 이게?
영웅	(얼른 바 자리 쪽에 있는 100일 머리띠 쓰고 꽃다발 갖고 와) 우리 백일 기념 서프라이즈!
지영	(아…) 백일… 난 생각도 못 했는데.
영웅	(지영 손 잡으며) 난 말야, 사실 최근에 기대라는 게 없었어. 그냥, 살아지는 대로 살았지. 근데 너를 만나고, 다시 그런 게 생기더라. 앞으로 내 삶이 어디로 흘러갈까 하는 기대 같은 거. 그게, 참 좋더라고. 내 인생에 그런 게 생겼다는 게.
지영	…

영웅	그래서 그 소중한 시간을 기념하고 싶었어. (꽃다발 수줍게 내밀면)
지영	(아… 당황해 머뭇거리면)
영웅	(지영이 당황해 머뭇거리는 거 보며, 동공 지진) 혹시… 이런 취향이 아 닌가?
지영	그건… 아닌데…
영웅	(그 말에 안심하고)
지영	(진지하게 영웅 보다, 별수 없단 듯 얘기하는) 영웅아. 나 유학… 갈 거 같아.
영웅	어? (꽃다발 툭 떨어뜨리는)
지영	(얼른 줍는)
영웅	유학? 외국?
지영	(끄덕) 원래 너 만나기 전부터 준비하던 거였는데 원서 넣었던 데 서 연락이 왔어. 합격…했다고. (주운 꽃다발 꽃만 만지작만지작)
영웅	(벙쪄, 지영 보는) 그렇…구나. 축하할… 일이네… 하하. (어색하게 웃 으며 황망한 표정으로 꽃다발 보는)

복잡 미묘한 분위기의 둘. 속절없이 흩날리는 하트 모양 촛불.

S#23. 응급실 앞 / 밤

모자 푹 눌러쓰고 응급실 앞에서 머뭇거리고 있는 진일.

S#24. 옥상 / 낮 / 진일 회상

13회 S#61 이어지며.

피 흘리며 쓰러져 있는 수일.

그 앞에 손 덜덜 떨며 어쩔 줄 몰라 하며 서 있던 진일.

'이걸 어쩌지.', 수일 보다 수일 주머니 뒤지기 시작한다.

주머니에서 수일 핸드폰 꺼내 119로 전화하는 진일.

진일   여, 여기… 사람이 쓰러져 있어요.

S#25. 응급실 앞 / 밤

진일, 응급실 앞에서 응급실 안에 수일 없나 힐긋 보는데.

응급실로 들어가는 의사1,2 하는 말 들린다.

의사1   어제 들어온 신원 미상 환자 경찰에 신원 조회 요청했어요.

의사2   지갑이랑 핸드폰 싹 다 털린 게 딱 봐도 퍽치기 당한 거 같던데.

          일반 병동으로 트랜스퍼 했지? 아직 의식 안 돌아왔대?

의사1   네. 예후가 안 좋아서 못 깨어날 수도 있나 봐요.

의사2   골치 아프게 됐구먼.

진일, 그 말에 의사1,2 보면.

의사1,2, 수상쩍단 듯 진일 보고. 진일, 얼른 자리 피한다.

S#26. 강의실 앞 / 낮

수업 끝나고 몰려나오는 학생들.

정우, 그 앞에서 기다리고 있는데 아무리 기다려도 수일이 안 나
온다.

이때 선배1, 정우 알아보고 정우 쪽으로 온다.

선배1   정우 너 여기서 뭐 해?

정우   아 그게… 수일 형 오늘 수업 안 왔어요?

선배1   (아…) 수일이 요즘 수업 안 들어와. 연락 해도 나중에 연락한다
고 문자만 틱 오더라.

정우   네…

강의실에서 나오며 정우, 선배1 대화 들은 진일.

꾸벅 인사하고 가려는데.

선배1   진일이 너 최근에 수일이 만난 적 있어? 너네 둘이 친하잖아.

진일   수일 형… 여행 갔어요. 생각 좀 정리하고 싶다고…

정우   …

진일   (정우 보며) 수일 형이… 단장 보는 거 불편해 하는 거 같아요. 당
분간은 안 보고 싶다고.

선배1   아… (정우 살짝 눈치 보는)

정우   … 그래. 수일 형한테 마음 좀 괜찮아지면 연락 달라고 전해 줘.
내가 꼭 직접 하고 싶은 말이 있다고.

진일   … 네.

S#27. 단실 건물 앞 / 낮

단원들 몇, 짐 옮기며 그 뒤로 왔다갔다 하고 있다.
해이, 선자도 보이고.
연출과 얘기하고 있는 정우.

| 연출 | (정우 보며) 아직 호대 단장은 안 온 거죠? |
| 정우 | 네, 곧. |

이때 건물 앞으로 들어서는 빨간 포르쉐.
일동 주목하면, 포르쉐에서 내려 그쪽으로 걸어오는 하진.
연출, 얼른 화면 따라는 듯 촬영감독에게 고갯짓하면, 이를 찍는
카메라 감독.
하진, 정우와 연출 있는 쪽으로 인사하며 간다.

| 선자 | (하진 보며) 역시… 쩐다. |
| 해이 | … (같은 생각이고, 마음이 복잡해 정우 보는) |

S#28. 단실 거울 방 / 낮

모여 있는 단원들. 곳곳에 카메라 세팅돼 있고.
몸 푸는 단원들, 은근히 모두 카메라 의식한다.
오버해서 다리 찢기로 몸 풀다 발 헛디뎌 더 찢어져서 '악' 소리
내는 용일.

용일	(떼굴떼굴 구르다 벌떡 일어나 어색한 서울말로) 아니 내가 이런 실수를 다 하다니. 원래 완벽하게 해내던 건데. (카메라 흘깃 보다, 촬영팀 보며 가위질 포즈 해 보이고) 다시 갈까요?
촬영팀	('이걸 어쩌나…')

/정우와 하진, 한쪽에서 둘만 촬영 중이다.

연출	선의의 대결이란 느낌으로 어깨동무하고도 한 컷 찍을 수 있을까요?
정우, 하진	(어깨동무 하면)
연출	(둘 보며) 둘이 그림이 좋네. 잘 어울리네요.

그런 둘, 한쪽에서 보고 있는 해이.

해이	(괜히 툴툴거리며 웨이트 밴드 두 팔로 확 당기는데, 놓치면서 튕겨 나가 머리에 탁) 악.
선자	(캬하하 웃으며) 와 진짜 재수 없다. 어떻게 그게 글로 가냐?
해이	(에이씨) 넌 친구가 다쳤는데, 이게 웃겨?
선자	어 웃겨. 완전 웃겨.
해이	(아프다. 이마 문지르는)

정우와 하진, 그쪽으로 오다 그런 해이 보고.

정우	(걱정돼) 괜찮아?

해이	(홱 째리며) 괜찮겠어요? 밴드로 맞았는데! (하고 툴툴거리며 가는)
하진	(그런 해이 피식 웃으며 보며) 여튼 보는 재미가 있어.
정우	(걱정되고)
하진	(정우 보는)

S#29. 단실 복도 / 낮

　　　소윤과 운찬, 단실로 가다 서로 마주친다.

소윤	어제 술을 너무 많이 마셨나 봐요. 그렇죠?
운찬	어 그치.
소윤	어제 제가 실수 안 했죠?
운찬	실수? ('아… 기억 못하는구나.') 어 안 했어.
소윤	다행이다. (하고 가면)
운찬	(가는 소윤 보며 쩝 하고 뒤도는데, 있는 지윤) 어…?
지윤	(눈길도 안 주고) 아는 척 마요. (하고 가 버리면)
운찬	그래… (하… 두 쌍둥이와 다 엉망이다 싶어 좌절하며 걸어가는)

S#30. 단실 건물 전경 / 낮

S#31. 단실 거울 방 / 낮

　　　연출, 모여 있는 단원들 앞에서 설명하고 있다.

연출	미리 설명 들으셨겠지만 호대 응원단 몇 명이, 하루 상대 학교 단원이 돼서 연습에 참여하는 날이에요. 다들 하던 대로 자연스럽게 해 주면 됩니다.
일동	네! (하며 힐끗힐끗 하진 보는)

/훈련 중인 단원들. 선배 단원들, 앞에서 지도 중이다.
운찬, 하진 앞에서 8박 동작을 해 보이면.

하진	(한 번에 따라 하고) 이건가요, 선배님?
운찬	(감탄해) 이게… 한 번에 되네요…
하진	(싱긋 웃으면)
선자	(감탄해) 역시 장난 아니다.
해이	나도 할 수 있어. (하고 동작을 해 보이는데)
초희	(해이 손 탁 치며) 반대 손이야.
선자	(거 봐란 듯 해이 보면)
해이	(에이씨)

/곳곳에 널브러져 있는 단원들.
해이, 물 마시며 라이벌이라도 보듯 하진 쪽 보면.

선자	(해이 생각 알만하다 싶어서) 아서라. 이기지 못할 싸움을 하는 거만큼 어리석은 짓이 없지.
해이	왜 내가 뭐, 나도 완전 괜찮아.
선자	(해이 위로하듯 해이 어깨에 툭 팔 걸며) 그래 우린 모두 다 자신만의 고

유한 강점을 가지고 있어. 단지, (하진 보며) 더 많이 가진 사람이
있을 뿐이지.

해이   에이씨. (이딴 걸 위로라고 선자 손 치우는)

S#32. 단실 복도 / 낮

초희, 화장실 쪽으로 가는데, 연출, 정미와 뭔가 얘기 중이다.
초희, 그쪽 보면, 연출, 정미 급하게 말 끝낸다.
연출, 초희 쪽으로 와 변명하듯 얘기한다.

연출   신입생들 인터뷰도 좀 땄어요. (하고 단실 쪽으로 다시 가는)

초희   … 네. (석연치 않은)

S#33. 단실 거울 방 / 낮

훈련 준비하는 단원들. 연출은 정우, 하진과 얘기 중이다.

연출   호대에서 훈련하러 왔으니까 그런 거 함 해 보면 어때요? 둘이
서 하는 겨루기 훈련 같은 거. 그림이 재밌을 거 같은데.

하진   재밌을 거 같은데? 전 좋아요.

연출   그럼 호대 단장이랑 (둘러보는 척하다 해이에게) 학생이 신입생 대표
로 해 보는 거 어때?

해이   ?? 저요?

정우   (보는)

/해이와 하진, 플랭크 자세로 한손은 지탱하고 한손은 악수하듯 잡고 준비 자세 하고 있다.

정우   시작!

소리와 동시에 서로 상대방 땡기며 힘겨루기로 넘어뜨리려고 하는 둘.
둘, 힘겨루기 팽팽하고.

선자   삼다 파이팅! 끝장내 버려!
지윤   단장 파이팅! 부셔 버려요!
초희   도해이 더 세게! 밀어 버려!!

민재, 용일, 선호. '왜 저렇게까지…'라는 표정으로 흥분한 여자들 보는.
해이, 안간힘 쓰며 하진 손 당기면, 하진, 휘청하며 무릎 닿을 뻔하다 다리 고정시켜 플랭크 자세 잡는. 해이, 아까운데…
하진, 힘 풀면 해이 쪽으로 손 확 당겨지고, 그 틈에 해이 손 다시 힘줘 확 당기는 하진. 해이, 순간 균형 잃어 무릎 바닥에 닿으며 쓰러진다.
순간 한쪽에서 지윤 등 호대생들 환호성.
해이, 져서 분해 못 일어나고 있는데.

하진   (해이 쪽으로 와 손 내밀며) 순간 지는 줄 알았네.

해이   (하진 보다 손 잡고 일어나는)

          한쪽에서 이를 찍고 있는 연출.

S#34. 단실 복도 / 낮

          해이, 물 마시며 단실에서 나오면 해이 쪽으로 오는 연출.

연출   인터뷰 하나 딸 수 있을까?
해이   ?? 저요?
연출   (별거 아니라는 듯) 다른 학생들도 다 한 번씩 했어.
해이   (보다) 네 뭐 그럼.

          연출과 가는 해이, 단실 쪽으로 가다 보는 선호.

S#35. 단실 건물 앞 / 낮

          단실 건물 앞 벤치에 앉아 카메라 앞에서 인터뷰 하고 있는 해이.
          화면으로 카메라 화면 속 해이 보인다.

연출   응원단 생활은 어때요?
해이   재밌어요.
연출   언제 제일 좋아요?
해이   (음…) 연습 안 하고 쉴 때요!

연출	(웃다) 단장이랑 단내 커플이라던데.
해이	('헛 그걸 어떻게…'라는 얼굴로 보면)
연출	CC라서 생긴 곤란했던 상황 같은 건 없었어요?
해이	(아… 그게) 글쎄요.
연출	호대 단장이랑 둘이 사귀었던 건 알죠? 단원들 다 안다고 하던데.
해이	네? (아…) 네.
연출	하필이면 남자 친구의 전여친이 호대 단장이라는 게, 기분이 좀 이상할 거 같은데.
해이	(얼버무리려) 뭐…
작가	(분위기 띄우려) 난 좀 그럴 거 같아. 전 애인이 재벌에 상대 학교 단장이면. 좀 그렇긴 하잖아요?
해이	(뭔가 말 하려는데)
정우(E)	그만 하시죠.

그 소리에 일동 그쪽 보면. 정우와 하진, 그쪽으로 온다.

정우	연호전 준비 외에 단원들 개인 사생활을 내보내는 건 동의한 적 없는데요.
연출	아니 그게. (하는데)
해이	(정우, 하진 보다 카메라 쪽 보며) 괜찮아요.
일동	?? (보면)
해이	(아까 질문의 대답인 듯) 하진 언니 대단한 사람이지만 전여친이 어 땠고 그런 거 신경 안 쓰려고요.
정우, 하진	(보면)

해이	예전 같았으면 부러웠을 거예요. 내가 부족해 보였을 거고. 근데 그런 부족한 날 사랑해 주는 사람이 있어요. 그런 사람들이 있는데 내 자신을 부끄러워하며 살고 싶지 않아요. (연출 보며) 저도 제법 괜찮은 사람이거든요.
연출	…
하진, 정우	(해이 보는)
해이	(다시 카메라 보고 가운데 손가락 들어 보이고) 이거 근데 이렇게 하면 못 쓰는 거죠?
연출	(황당)

S#36. 운동장 근처 / 낮

얘기하고 있는 하진과 정우.

하진	사생활 얘기는 안 내보내는 걸로 잘 얘기했어.
정우	(끄덕)
하진	근데 의외다. 박정우가 규칙을 다 깨고?
정우	('뭐가?'라는 듯 보면)
하진	도해이.
정우	(아…)
정우	많이 좋았나 봐? 원래 그렇게 열정적인 스타일이었어?
정우	… 어떻게 그렇게 됐어.
하진	(그 말이 더 빡친다. 운동장으로 적극적으로 몸 풀며 들어가며) 가자. 막판 계주 훈련 준비 해야지.

| 정우 | (하진 보다, 따라 가는) |

S#37. 운동장 / 낮

계주 준비하고 있는 하진, 지윤, 남호대생. 해이, 선자, 선호.

하진	(투지에 불타 호대생들에게) 무조건 이긴다! 지면 훈련 시간 두 배로 늘릴 테니 각오해!
호대생들	(헉 하는 표정으로 하진 보는)
정우	(몸 푸는 셋 쪽으로 와) 마지막 훈련이니까. 안 다치게 조심해. 꼭 이기고!
선자	(투지에 불타) 걱정 마시죠!
해이	(맞장구) 걱정 마시죠!
정우	(피식) 그래. (한쪽에서 몸 푸는 선호 쪽으로 와) 덕분에 잘 해결했어.
선호	단장 위해서 한 거 아녜요.

S#38. 단실 복도 / 낮 / 선호 회상

선호, 화장실 쪽으로 가는데, 모여 있는 연출, 작가 등 무리 보인다. 별 생각 없이 지나치려는데 들리는 말.

| 연출 | 삼각 서사가 세지려면 좀 더 대치하는 그림이 있었으면 좋겠는데 말야. |
| 작가 | 그냥 도해이 학생 인터뷰 따는 게 어때요? 그게 젤 셀 거 같은데. |

선호, 해이 언급에 그쪽 본다.

S#39. 운동장 / 낮

정우   알아. (선호 툭 치며) 그래도 고마워. (하고 가면)
선호   여튼 멋진 척은. (하면서도 피식 웃는)

        /출발선에 선 지윤과 선자.
        '탕' 하는 소리와 함께 출발하면 미친 듯이 뛰는 둘.
        지윤 더 빠르고. 점점 간격 벌어지는 둘.
        /바통 남호대생, 선호에게 넘어가고.
        선호, 벌어진 간격 줄이며 따라간다.
        /간발의 차이로 바통 넘기는 남호대생, 선호.
        하진과 해이, 거의 동시 출발한다.
        미친 듯이 뛰는 둘.
        엎치락뒤치락 하다 파이널 리본 먼저 끊는 해이.
        하진, 간발의 차이로 뒤따라 들어와 헉헉대며 해이를 분하다는
        듯 본다.

S#40. 운동장 전경 / 낮

S#41. 운동장 / 낮

각자 정리하고 있는 단원들.

정우   가서들 푹 쉬고, 내일들 보자.
일동   네.

정우, 정리하고 있는 하진 쪽으로 온다.

정우   고생했어.
하진   운 좋은 줄 알아. 호연전은 안 봐준다.
정우   (피식) 그건 우리도 마찬가지고.
하진   축하해.
정우   (보면)
하진   과거에서 벗어나 현재를 살게 된 거.
정우   (아…)
하진   (한쪽에서 정리하는 해이 보며) 대체 뭐야? 박정우를 이렇게 만든 도
         해이 매력이.
정우   (그 말에 생각만으로도 웃음이 난다는 듯 배시시 하면)
하진   (그런 정우 꼴배기 싫다는 듯 보며) 너 원래 이렇게 재수 없었나? (하며
         툭 장난처럼 치면)
정우   (머쓱해 웃는)
하진   (어이없어 픽 웃는)

         /소윤 짐 살뜰히 옆에서 더 챙기는 운찬. 이를 보는 지윤, 혹시

운찬이 말한 그 사람이 소윤인가 싶다.

한쪽에서 민재 사이에 두고 재미나다는 듯 얘기하고 있는 세정과 정미.

어쩔 줄 몰라 하며 머리 긁적대고 있는 민재.

짐 챙기며 그런 민재 보고 뿔난 선자.

선자   좋댄다. (하고 씩씩거리며 짐 챙기는) 괜히 해 줬어.

S#42. 운동장 근처 / 낮

지쳐서 운동장 밖으로 나와 뿔뿔이 흩어지는 단원들.

운동장 밖으로 나오던 용일, 초희와 마주치고 꾸벅 인사하고 가려는데.

초희(E)   밥 먹고 갈래?

용일   (보는)

S#43. 순댓국집 / 밤

순댓국 먹고 있는 초희와 용일.

용일, 말 없이 순댓국만 퍼먹는다.

소주 따서 잔에 따르는 초희.

초희   (용일 보며) 줄까?

용일	예? 예. (하고 잔 공손히 두 손 모아 내밀면)
초희	(한 손으로 소주 따라 준다)
용일	(꾸벅하고 예의 차려 옆으로 소주 마시는)
초희	(소주 마시고) 왜 똥차 컬렉터처럼 그런 놈들만 만나냐고 그랬지?
용일	(당황) 아니 제가 그렇게까지 말한 건 아니고예.
초희	맞아. 내가 좀 그랬어.
용일	아이 그게 아이라 제 말은.
초희	(OL) 난 말야, 무거워지는 게 싫어. 그래서 그냥 잠깐 재밌게 놀겠다 싶은 애들 만나는 거야. 그게 한결 마음이 편해.
용일	그건… 가짜 관계 아닙니꺼?
초희	진짜 관계가 뭔데?
용일	아이 뭐… 서로 사랑하고 이해하고 보담아 주고 그런 거…? (확신 없어 머리 긁적긁적)
초희	그니까. 알아가려고 애쓰고 이해하려 들고. 그런 거, 부담스럽거든.
용일	그게 와예?
초희	그런 거 애초에 믿지 않거든. 상처 주고 싶지도 않고, (사이) 기대하고 싶지도 않고.
용일	(보면)
초희	(소주 마시고) 엠티 때 내가 말했지? 나 좋아하지 말라고. 그 말 진심이었어. 넌 좋은 애인 거 같아서. 난, 별로 좋은 애 아니거든.
용일	(보다) 저희 엄마가예. 입버릇처럼 하는 말이 있습니다. 구데기 무서워 장 못 담그는 거처럼 멍청한 짓이 없다. 구데기 같은 건 생기면 난중에 없애버리면 되는 기다.

초희	(보면)
용일	누난 구데기가 무서워서 똥 밭으로 가는 깁니꺼.
초희	··· (가볍게 분위기 넘기려 피식 웃고) 너 말 되게 잘한다?
용일	(웃지 않고) 첨엔 누나가 그냥 멋있어서 좋았습니더. 근데, 지금은 아닙니더. 전 누나가 따뜻해서 좋습니더. 말만 씨게 했지 누나가 제일 단장도 위하고 저희도 위하고 그러잖아예. 어디 나쁜 사람이 그렇게 사람을 위합니꺼? 누난 억수로 좋은 사람입니더. 근데 왜 누나가 좋은 사람이 아니라고 생각합니꺼. 누난, 자기한테 그람 안 됩니더.
초희	··· (아무 말 않고 소주 마시는)
용일	(초희 보는데)
초희	(소주잔 내려놓고) 그래 내가 나한테 그러면 안 되는 거지··· (용일 보며) 그래서, 똥 밭은 그만 가려고.
용일	(보면)
초희	당분간 연애는 안 하려고.
용일	예?
초희	쉬면서 혼자 있는 시간을 가져 보게. 나한텐 그런 시간이 필요한 거 같아.
용일	아이 뭘 또 그렇게까지···
초희	고마워. 네 덕에 그런 생각할 수 있었어. 오늘은 고맙단 말 하려고 밥 먹자고 한 거야. (빙긋 웃어 보이고) 먹자. 식겠다. (순댓국 다시 먹는)
용일	아이 그게··· (이게 아닌데···) 그람··· 1년?
초희	밥 먹자?

용일	예… (하다) 2년?
초희	(그만 하라는 듯 보면)
용일	(고개 숙이고 밥 먹는)

S#44. 정원 / 밤

라면 후루룩후루룩 먹고 있는 해이. 정우, 역시 경이롭다는 듯 해이 본다.

해이	(왜 그러냐는 듯 정우 보면)
정우	봐도 봐도 신기하긴 하다.
해이	(표정)
정우	오늘 힘 많이 썼는데 이걸로 되겠어?
해이	(끄덕) 운동하고 야외에서 먹는 라면보다 더 맛있는 건 (고개 저으며) 없어. (국물 후루룩)

이때 한쪽에서 기념일인 듯 남자한테 꽃다발 주는 여자 보인다.

해이	(그 모습 보며) 기념일인가 보다.
정우	(하고 그쪽 보면, 꽃다발 받고 환하게 웃는 남자 모습) 그러게. 우리도 할까? (하다) 아… 기념일 싫다 그랬지.
해이	난, 사실 요즘 매일이 기념일 같아. 매일이 너~무 좋아서.
정우	(보면)
해이	이렇게 오빠랑 라면 먹는 것도 좋고, 응원단에서 애들이랑 노는

것도 좋고, 심지어 훈련하는 것도 좋아. 매일이 너무 행복해서…
사실 좀 무서울 정도야. 이래도 되나 싶고.

정우   앞으로 더 많이 그럴 거야. (농담처럼) 날 가졌잖아.

해이   (그 말에 라면 보고) 이거나 얼른 먹자. (라면 후루룩 먹으면)

정우   (뻘쭘해 하며 라면 먹는데… 이때 바람 불어오고 바람 느끼며) 좋다.

해이   (제대로 못 들었다) 응?

정우   (해이 보며) 네가 좋다고.

해이   (아… 정우 보다 미소) 나두.

정우   (역시 미소)

S#45. 해이 집 앞 / 밤

해이 집 앞으로 손 잡고 걸어오는 해이와 정우.

해이   가.

정우   (끄덕하고 손 인사하고 가면)

해이   (가는 거 보다 돌아서 들어가려는데)

정우(E)   있잖아.

해이   (보면)

정우   나도 그래.

해이   응?

정우   나도, 매일이 너무 좋아. 네가 있어서. (손 흔들며 가면)

해이   (웃으며 같이 손 인사하며 가는 정우 보다 안으로 들어가는)

해이(N)   신은 잔인하다.

S#46. 해이 집_거실 / 밤

춘양, 제주도 홈쇼핑 방송 보고 있고.
해이, 부엌에서 통화하다 춘양에 대한 안 좋은 소식 들은 듯 충격에 멍하니 춘양 보고 있다.

해이(N)   언제나처럼 이럴 거였으면.

S#47. 노천극장 / 낮

노천 무대 한 가운데 앉아 텅 빈 노천극장 바라보는 해이.
무겁게 노천극장 바라보며 가만히 앉아 있다.

해이(N)   기대하게 하지 말았어야지.

          INS) 노천극장 / 낮
          2회 S#56

해이   알 것도 같아요.
          여기가 꽉 차서 함성 터지면 죽일 거 같네요.
정우   (관중석 보고 평소와 달리 환하게 웃곤) 죽이지. 그건 해 봐야 알아.
해이   (뭔가를 정말 좋아한다는 듯한 정우의 처음 보는 표정에 묘한 기분)

          INS) 노천극장 / 낮
          9회 S#52

축제 무대 하는 벅찬 표정의 해이.

INS) 한강공원 일각 / 밤
12회 S#14

정우   (팔목 잡은 채 기습 뽀뽀 쪽)

해이   (!!, 부끄러워하며) 뭐야 갑자기.

정우   (손 놓고) 예뻐서. (자기가 해 놓고 민망해 라면 먹으면)

해이   (역시 부끄러워하며 라면 먹는)

INS) 해이 집 앞 / 밤
13회 S#25

해이   (정우 쪽으로 가 팔짱 끼며) 그런 건가? 하루라도 안 보면 입안에 가

시가 돋는 건가?

정우   응. (웃으며 해이 보면)

해이   (역시 배시시 웃는)

INS) 교정 일각 / 낮
11회 S#60
우산 아래서 키스하는 해이와 정우.
가만히 노천 객석 보는 해이 위로.

해이(N)   그렇게 반짝이지 않았다면.

S#48. 카페 / 낮

카페에 홀로 굳은 얼굴로 앉아 있는 해이.

해이(N)   익숙한 배신이 덜 아팠을 텐데.

정우, 카페로 들어와 해이 보고 반갑게 인사하며 앉는다.

정우   웬일로 카페에서 보재.

해이   … (표정 안 좋다)

정우   (해이 표정 보고 걱정돼) 왜 무슨 일 있어?

해이   …

정우   왜 괜찮아, 얘기해.

해이   (마음 다잡고) 우리… 헤어지자.

정우, 해이 말에 놀라 해이 보면.
해이, 마음 단단히 잡고 나오려는 눈물 꾹 참으며 정우 보는 데서.

해이(N)   신은 잔인하다.

엔딩.

S#1. 카페 / 낮

14회 엔딩 이어지며.

카페에 홀로 굳은 얼굴로 앉아 있는 해이.

정우, 카페로 들어와 해이 보고 반갑게 인사하며 앉는다.

정우   웬일로 카페에서 보재.

해이   … (표정 안 좋다)

정우   (해이 표정 보고 걱정돼) 왜 무슨 일 있어?

해이   …

정우   왜 괜찮아, 얘기해.

해이   (마음 다잡고) 우리… 헤어지자.

정우   (놀라 해이 보며) 무슨 일인데.

해이   …

정우   왜 갑자기 맘에도 없는 소릴 하는 건데.

해이   (OL, 감정 추스르고 담담히) 엄마가…

S#2. 해이 집_거실 / 밤 / 해이 회상

자막   1주일 전

TV에서 나오는 제주도 여행 상품 홈쇼핑.
춘양 멍하니 이를 보다 전화 주문 넣으려 전화기에 홈쇼핑 번호
입력하는데.

해이(E)   웨이러 미닛.

춘양   ('헉' 하며 그쪽 보면)

해이   (최집사 조끼 입고 들어오다 춘양 주문하려는 거 보고 핸드폰 확 뺏으며) 여튼
          틈을 주면 안 된다니까.

춘양   아니… (하다 얼른 해이 설득) 야, 저게 특가래. 지금 아니면 이 가격
          에 못 간대. 방송 끝나기 전에 얼른.

해이   (OL) 우리가 지금 팔자 좋게 여행이나 다닐 때냐고, 재이도 고3
          이고 사방에 돈 들어갈 데가 천진데! 엄만 왜 이렇게 철이 없어
          방년 47세면 철들 때도 됐잖아?

춘양   그래 엄마 방년 47세에 비행기 한 번을 못 타봤다. 멀리는 못 가
          도 제주도 한 번은 가 볼 수 있는 거 아니냐? 거기서 또 철 타령
          이 나와야겠어?

해이   그런 건 나중에 여유 있을 때.

춘양   (OL) 언제?

해이   (보면)

춘양   (의미 있게) 인생 짧아. 그렇게 여유 있을 때 기다리다 아무것도 못

해 보고 가 버리는 게 인생이라고.

해이   욜로 찾다 골로 간다는 말 못 들어 봤어? 지금은 정말 아니거든
요. 나중에 재이 수능 끝나면 그때 가 그때. (하고 홈쇼핑 채널 돌려 버
리면)

춘양   (후…)

해이, 부엌 쪽으로 가 가방 내려놓고 열 식히려는 듯 물 마시는
데 핸드폰 울린다. 핸드폰 보면 발신자 '재이'다.

해이   (전화 받으며) 어 왜.

재이(F)   이모 전화는 왜 안 받아.

해이   이모가 전화했대? 엄마랑 한판 하는 동안 했나 보네. (거실에서 다
시 TV 제주도 홈쇼핑 채널 보고 있는 춘양을 고개 절레절레하며 보며) 네 엄
마는 왜 이렇게 철딱서니가 없냐?

재이(F)   놀라지 말고 들어.

해이   (약간 긴장) 왜 뭐. (혹시… 빽 하며) 너 또 사고 쳤어?

재이(F)   엄마가… 유방암이래.

해이   … 뭐?

멍하니 핸드폰 들고, TV 보는 춘양 보는 해이.

S#3. 단실 거울 방 / 낮 / 해이 회상

단실에서 연습 중인 단원들.

해이, 반쯤 넋이 나간 상태에서 연습하다 동선 바꾸는데 홀로 그
자리에 서 있다. 그 바람에 전체 동선 무너진.

초희	도해이 정신 안 차려!
해이	아, 네! (하고 자리 찾아 움직이는)

/연습 쉬고 있는 단원들.
선자, 표정 안 좋은 해이 툭 치고 물 주면서.

선자	삼다, 뭔 일 있어?
해이	어? 어…
선자	뭔데? 뭔 일인데?
해이	그게… 나중에. (얼버무리고 웃어 보이면)
선자	?? (하다) 그래. 뭐 별 건 아닌 거지?
해이	(뭐라 답 않고 물 마신다)
운찬(E)	훈련 스케줄 조정?

S#4. 단실 / 낮 / 해이 회상

신입생들 모두 떠나고 운찬과 얘기 중인 해이.

운찬	(스케줄 표 보며) 너네 스케줄 받아서 짠 건데. 왜? 뭐 일정 바뀐 게 있어?
해이	그게… 알바 시간이 늘 거 같아서요. 어떻게 조정이 안 될까요?

운찬	(곤란) 아… 연호전 준비 막바지라… 혼자 일정을 뺄 수도 없고.
해이	… (끄덕) 네 어쩔 수 없죠. 일단 알겠어요!
운찬	그래. 못 도와줘서 미안.
해이	아니에요. 정해진 걸 저 땜에 바꿀 순 없는걸요, 뭐. (돌아가는데 착잡하다)

이때 정우 단장실에서 나오다 둘 보고, 무슨 일이냐는 듯 운찬 보면.

운찬	스케줄 땜에요. 알바 시간 늘어날 거 같다고.
정우	(그 말에 해이 나간 쪽 보는)

S#5. 치얼스 / 낮 / 해이 회상

치얼스 테이블 닦고 있는 해이.
해이, 쾅 하고 의자 빼면, 한쪽에서 졸고 있던 영웅, 흠칫하고 깬다.

영웅	(안 잔 척) 안 잤어.
해이	괜찮아요. 어차피 사장님 잔다고 뭐라 할 사람 여기 아무도 없어요.
영웅	(쩝)
해이	(테이블 벅벅 닦으며 힐긋 영웅 보다) 아저씨 예전에 아버지 병원비 벌려고 휴학하고 일했다고 했잖아요?
영웅	그랬지.

해이	그렇게 돈이 많이 들었어요?
영웅	수술에, 항암 치료에, 치료 받을 동안 생활비까지 충당해야 했으니까. 꽤 많이 들었지. 그때 우리 집에 생활비 벌 수 있는 사람이 나밖에 없었거든. 그 나이 때 벌 수 있는 돈이란 게 시간을 갈아 넣어야 하는 일 밖에 없기도 하고.
해이	(아… 심란해지고)
영웅	근데 그건 갑자기 왜?
해이	아니 그냥. (아무 말) 지금 아저씨를 보니 그렇게 열심히 살았단 게 믿기지를 않아서요.
영웅	(고개 절레절레) 내가 원래 엄청 동안이었는데 그때 십 년 치 폭삭 늙은 거야.
해이	(표정) 예예. (다른 쪽으로 가 테이블 닦는데 심란해 한숨 나온다) 후…

이때 치얼스로 들어오는 정우.
정우, 해이에게 반갑게 인사하면.

해이	(정우 쪽으로 가) 나 알바 끝나려면 한참 남았는데?
정우	그게…
영웅	(어느샌가 와) 서프라이즈!
해이	??
정우	(꽃다발 내밀며) 오늘이 우리 만난 지 백일이라. (영웅 쪽 보며) 영웅 선배한테 미리 양해 구했어.
영웅	(끄덕하고 쓸쓸히 가며) 너의 서프라이즈라도 성공하길 빈다.
해이	(아… 어색하게 웃으며 꽃 받는)

패밀리 레스토랑으로 들어가려는 정우.

해이, 패밀리 레스토랑 보고 멈칫하자.

정우	내가 예약 해뒀어.
해이	(아…) 응… (별수 없이 따라가는)

S#7. 패밀리 레스토랑 / 밤 / 해이 회상

자리에 앉아 서버 기다리고 있는 정우와 해이.

해이, 이래저래 마음 복잡해 앉아 있는데.

정우	(작은 쇼핑백 주며) 이거 백일 선물.
해이	(아…) 난 하나도 준비 못 했는데.
정우	괜찮아. 그냥 내가 해 주고 싶었어. 네가 기념일 이런 거 싫어하는 거 아는데… 그런 날에 대한 좋은 기억을 갖게 해 주고 싶어서.
해이	… 그럼 밥은 내가 살게!
정우	(당황해 손사래 치며) 아냐 아냐. 내가 하고 싶어서 한 건데 그럼 내가.
해이	(OL) 왜 맨날 혼자 다 해. 나도 같이하게 해 줘.
정우	(아… 이러려던 게 아닌데)
해이	밥은 내가 사게 해 줘. 그래야 내가 맘이 편해.

/메뉴판 보고 있는 정우와 해이.

해이, 메뉴판 보는데 생각보다 너무 비싸다.

서버 와서 주문 받고 있다.

정우   (메뉴 중 제일 싼 거 고르며) 전 알리오 올리오 주세요.

해이   (정우가 제일 싼 거 고른 거 알고) 안심 스테이크 주세요.

정우   어? 스테이크?

해이   (끄덕) 이왕 온 거 맛있는 거 먹어야지.

정우   난… 파스타로도 충분한데…

해이   내가 먹고 싶어서 그래. (서버 쪽 보며) 그렇게 주세요.

서버   (끄덕하고 가면)

정우   (자기가 괜히 이런 데 왔다 싶어 마음이 불편하다)

해이   (애써 밝게 웃는)

/음식 나온 거 먹고 있는 해이와 정우.
해이, 더 과장해서, 신나서 음식 먹는다.

해이   와! 진짜 맛있다.

정우도 그런 해이 보며 웃으며 먹는.
/식사 마치고 해이 자리 비운 사이 정우 카운터 쪽으로 간다.

정우   (테이블 가리키며) 저기 먼저 계산할게요. (하고 지갑 꺼내려는데)

서버   그 테이블 이미 여자 분이 계산하셨는데요?

정우   (보는)

S#8. 거리 / 밤 / 해이 회상

걷고 있는 정우와 해이.

정우   공원 좀 가서 걸을까? 소화도 시킬 겸.

해이   (끄덕) 그래. (하는데 속이 막힌 느낌에 가슴 툭툭 치는)

정우   왜? 속 안 좋아?

해이   너무 급하게 먹었나 봐.

정우   있어 봐. 소화제 사 올게. (편의점 옆에 보이자 뛰어들어가는)

/편의점 한쪽에서 소화제와 물 먹고 있는 해이.

해이   (농담처럼) 안 먹던 걸 먹어서 위가 놀랐나 보네.

정우   (걱정스레 보다) 속은 좀 편해졌어?

해이   (다시 씩씩하게 끄덕하고) 가자. 약 먹어서 괜찮아.

정우   (괜찮은 건가 싶은데) 몸도 안 좋은데 일찍 가서 좀 쉴래?

해이   … 그래도 오늘 준비 많이 했는데.

정우   괜찮아. 무리하지 말고 가서 쉬어.

해이   … 미안해.

정우   아냐 뭐가 미안해.

정우와 해이, 서로 배려하지만 불편한 분위기로 발길 돌려 간다.

S#9. 해이 집_거실 / 밤 / 해이 회상

사람들 다 신나서 웃는 예능프로 무표정하게 보고 있는 춘양.
해이 들어온다.

춘양	왔어? 저녁은.
해이	먹었어.
춘양	(끄덕하고 다시 무표정하게 TV에 시선 두면)
해이	(춘양 보다 옆으로 와 앉으며) 괜찮아.
춘양	(보면)
해이	괜찮을 거라고. 병이야 고치면 되지.
춘양	(쓰게 웃다 해이 손 잡고 툭툭 치며) 그래. 고치면 되지. 걱정 마.
해이	… (춘양 손 잡는데 눈물 툭 날 거 같은 거 꾹 참는다)

눈물 꾹 참는 해이 얼굴에서 타이틀 인 치얼업.

S#10. 치얼스 / 밤

치얼스 바에 홀로 앉아 술 마시고 있는 정우. 만취 상태로 홀쩍
거리고 있다.
술잔을 마른행주로 닦고 있는 영웅. 그런 정우를 한심하게 본다.

정우	(병 껴안고) 해이야.

S#11. 카페 / 낮 / 정우 회상

S#1 이어지며.

해이   근데… 엄마가 암이란 얘길 듣는데 무슨 생각이 제일 먼저 들었
      는지 알아?

정우   …

해이   수술비는 어떡하지. 생활비는? (피식하며) 그러다 문득 깨달았어.
      아 엄마가 아픈데 난 이렇게 돈 걱정을 하고 있구나. 엄마가…
      아픈데.

정우   …

해이   그런 내가 싫고 (사이) 그땐 사실 그런 상황을 나한테 준 엄마도
      싫었어.

정우   … (해이 손 잡아주며) 힘들었겠다. 난 그것도 모르고…

해이   기념일 그런 거 사실 오빠 말대로 되게 좋은 거잖아? 근데 그날
      오빠는 그렇게 주고도 계속 눈치만 봤잖아.

정우   그런 거 아냐. 그냥… 컨디션이 안 좋아 보여서 걱정됐어.

해이   하고 싶은 것도 참아야 하고… 그러면서 내 눈치까지 봐야 하고.
      앞으론 더 심해질 거야. 더 미안해질 거고. 버거워질 거고. 더 힘
      들어질 거야.

정우   그렇게 생각한 적 없어. 그런 거 때문이라면…

해이   (OL) 내가… 힘들어서 그래. 수술비에 생활비에 앞으로 한 달에 이
      백은 더 벌여야 할 텐데… 그럼 시간도 더 없을 거야. 지금도 알바
      끝나고 밤에만 잠깐씩 만나는데.

정우   (보면)

해이   아무것도 해 줄 수 없는 나도 싫은데 계속 주기만 하면서 눈치

까지 보는 오빠 보는 게… 너무 괴로워. 미안한데, 진짜 진짜 미안한데 (눈물 나오려는 거 참으며) 내가 여력이 없어. 자신이, 없어.

정우	(해이 손 계속 잡고 있다)
해이	… 미안해. (정우 손 놓으면)
정우	해이야…
해이	미안해. (자리에서 일어나 가며, 숨죽여 우는)
정우	(따라가려다… 잡지 못하고 가는 해이 보는)

S#12. 치얼스 / 밤

영웅, 홀로 만취해 훌쩍거리고 있는 정우에게 안주 하나 내준다.

영웅	누가 보면 어디서 차이기라도 한 줄 알겠어.
정우	(훌쩍거리며) 티 나요?
영웅	(헐) 차였어? 해이한테?
정우	(눈물 닦으며) 선배. 돈 많죠? 저 돈 좀 빌려주시면 안 돼요?
영웅	왜 해이가 너 돈 없어서 싫대? (중얼) 하긴 걔가 돈을 좀 좋아하긴 하지.
정우	이거저거 하면 한 이천? (영웅 붙잡으며) 빌려죠요오. 빌려주라아.
영웅	이 자식이 돌았나. (정우 떼어 내며) 무릇 대출이란 말이다. 그 사람의 상환 가능 능력을 근거로 등급을 매기고 한도를 책정하는 거야. 근데 지금 넌, 군대도 안 다녀온 4학년 대학생, 적어도 향후 2년 안에 그 대출금을 상환할 수 있는 능력을 가질 가능성은 0에 수렴하는데 내가 너한테 돈을 왜 빌려줘?

정우	(후우) 그쵸… (풀 죽어) 전 할 수 있는 게 하나도 없네요. 무능하기만 하고.
영웅	네 나이에 돈 이천을 끌어다 쓸 수 있는 애가 이상한 거지. 왜 갑자기 돈타령이야. 진짜 돈 없다고 차였어?
정우	모르겠어요.
영웅	(보다) 취한 놈 데리고 내가 뭐 하는 짓이냐. (가려는데)
정우	원하는 대로 해 주는 게 맞는 건지 끝까지 붙잡는 게 맞는 건지 도저히 모르겠어요. 뭐가 진짜 위하는 건지.
영웅	(정우 보다) 진짜 원하는 걸 해 줘야지.
정우	(영웅 보는)

영웅 가고, 정우 혼자 술 마시고 있는데.
핸드폰으로 전화 걸려온다. 전화 받는 정우.

경찰(F)	박정우 씨죠?
정우	…네.
경찰(F)	강남 경찰선데요. 9월 5일에 정수일 씨랑 통화하셨죠?
정우	네… 왜 그러시죠?
경찰(F)	정수일 씨가 그 날 칼에 찔려서 의식불명 상태인데, 박정우 씨가 마지막으로 통화한 사람이라 경찰서에 한번 나와 주실 수 있나요?
정우	!!

S#13. 단실 건물 전경 / 낮

용일(E)　　　　그만둬요?

S#14. 단실 거울 방 / 낮

　　　　　　　훈련하려고 모여 있는 신입생들. 놀란 표정으로 정우 보고 있다.

용일　　　　　해이가 갑자기 왜요?

정우　　　　　사정이 있어서 그렇게 됐어.

선호　　　　　사정이 뭔데? (선자 보면)

선자　　　　　… 해이 엄마가 좀 아프셔.

일동　　　　　!!

정우　　　　　…

　　　　　　　/연습하는 신입생들. 평소보다 힘 빠진 듯 보인다.

　　　　　　　신입생 몇, 대열 연습하다 동선 꼬이는데.

초희　　　　　너희들 연호전이 낼모레인데 지금 동선도 제대로 파악 안 돼서

　　　　　　　되겠어!

선자　　　　　그게 (사이) 여기가 원래 해이 자리여 가지고.

일동　　　　　…

정우　　　　　해이 빠진 자리 동선 비우고 다시.

신입들　　　　네…

단실 밖으로 빠져나오는 신입생들.

선호	해인 어쩌고 있어?
선자	씩씩한 척하고 있지 뭐. 걔가 원래 힘든 걸 힘들다고 얘기하는 재질이 아니라. ('후…' 쓸쓸하고)
일동	(쓸쓸하고)

S#16. 단실 / 낮

정우, 초희와 마주 앉아 '후' 하고 한숨 내쉬며 생각에 잠겨 있다.

초희	왜 무슨 일인데.
정우	…

/초희, 수일 얘기 들은 듯 놀라 정우 쳐다본다.

초희	수일 오빠가? 대체 어쩌다…
정우	근데… 이상한 게 있어.
초희	(뭐냐는 듯 정우 보면)

INS) 강의실 앞 / 낮

14회 #26

선배1	진일이 너 최근에 수일이 만난 적 있어? 너네 둘이 친하잖아.
진일	수일 형… 여행 갔어요. 생각 좀 정리하고 싶다고…
정우	…
진일	(정우 보며) 수일 형이… 단장 보는 거 불편해 하는 거 같아요. 당분간은 안 보고 싶다고.

정우	그땐 수일 형이 의식 없이 병원에 있을 땐데… 왜 진일인 수일 형을 만난 거처럼 얘기 했을까?
초희	너 설마… 진일이 의심하는 거야?
정우	(생각하다) 진일이 만나서 얘길 해 봐야겠어.

S#17. 단장실 / 낮

정우, 진일에게 전화하고 있는데, '고객님이 전화를 받지 않아…' 소리샘으로 연결된다.

S#18. 치얼스 / 밤

손님 드문드문 있는 치얼스. 해이, 테이블 닦고 있는데 요상한 바캉스 차림 하고 나오는 영웅.

해이	(그런 영웅 보고 흠칫) 뭐예요, 그 패션은?
영웅	오늘 중요한 여행이 있거든. 괜찮아?
해이	(표정) 아뇨.

영웅	(모자 고쳐 쓰고 손 흔들고 나가는)
해이	(고개 절레절레하며 영웅 보고) **아저씨 팔자가 상팔자라니까.** (하고 다시 벅벅 테이블 닦는)

S#19. 소윤 집 거실 / 밤

> 소윤 소파에 앉아 과일 먹으며 드라마 키스 장면 보고 있다.
> 키스 장면 보고 있는데 문득 생각나는.

INS) 술집 / 밤

14회 S#21 이어지며.
술집 한쪽에서 키스하고 있는 운찬과 소윤.

소윤	(충격에 멍하니 TV에 시선 둔 채) **어이쿠…** (하며 과일 먹던 포크 떨어뜨리는)
지윤	(소파에 앉으며) **뭔데?** (TV 보는데 키스 신이고, 이걸 보고 뭘 그렇게 충격 받았냐는 듯 소윤 보면)
소윤	(당황해) **아니 그게 갑자기… 나와서.** (얼른 떨어뜨린 포크 줍는)
지윤	('뭐야…' 핸드폰 하다가) **기운찬… 너한테 무슨 말 안 해?**
소윤	(갑작스런 운찬이 얘기에 화들짝) **응? 무슨 말?**
지윤	**아니 뭐 암말 없었나 해서.**
소윤	(생각하다) **아… 차인 거…? 그거 그냥 차였다고만…** (오해할까 봐) **별말 없었어.**
지윤	(어이없어 피식) **차였대? 자기가?**
소윤	**어… 왜?**

지윤	꼴에 갖은 멋진 척은 다 하네.
소윤	?
지윤	내가 까였어. 좋아하는 사람 있대. 자기가 자기다울 수 있는 사람이라나.
소윤	(보는)
지윤	아무튼 나랑 기운찬은 아무 상관없는 사람이야. 어차피 만나서 몇 번 밥 먹은 게 다지, 별거도 없었고.
소윤	(보면)
지윤	(일어나며 의미 있게 소윤 보고) 그니까 나 신경 쓸 필요 전혀 없다고. (하고 방으로 들어가면)
소윤	(지윤 보는) …

S#20. 선호 집_거실 / 밤

선호, 진희와 함께 들어온다. 손엔 짐이 들려 있다.
아줌마 얼른 나와 짐 들고.

아줌마	사모님 괜찮으신 거죠?
진희	그럼. 쌩쌩하지. 아줌마 덕에 선호 걱정 안 했어. 고마워요.
아줌마	(그 소리에 심각한 표정으로 진희 손 덥썩 잡으며) 괜찮으신 거 맞죠? 사람이 갑자기 변하면 큰 병이 난 거라는데…
진희	(표정, 손 털며) 밥이나 줘요. 병원 밥이 맛이 없어서 살이 3키로는 빠진 거 같네.
아줌마	(픽 웃으며) 그렇잖아도 찌개만 올리면 돼요. (하고 부엌으로 들어가는)

진희	(소파에 털썩 앉으며) 아이고 내 집에 오니 살 거 같다. 그놈의 병원은 어떻게 된 게 없던 병도 생길 거 같다니까.
선호	(같이 앉으며) 해이네 엄마 아프시다던데.
진희	(놀라 보며) 어떻게 알았어?
선호	들었어.
진희	에휴, 그러게 말이다. 신도 야속하지. 혼자 애 둘 키우면서 사는 것도 녹록지 않을 텐데 뭐 그런 거까지 얹어.
선호	… 그래서 말인데 우리가 좀 도와주면 안 돼?
진희	(선호 보다) 선호야. 돈 문제는 그렇게 애들 인정으로 쉽게 하는 게 아냐. 그런 얘기 자체가 선 넘는 일이기도 하고.
선호	… 그런가.
진희	(선호 머리 부비며) 우리 애기 이리 마음이 약해 어쩔 거야.
선호	…

S#21. 정문 앞 / 밤

지영, 나오는데 앞으로 보이는 오픈카. 학교 앞에 웬 오픈카인가 싶어 보는데, 영웅이다.

영웅	(타라는 듯 손짓 하면)
지영	??? (황당해 영웅 보는) 뭐야 이건?
영웅	갈 데가 있어.
지영	어디?
영웅	우리의 마지막 여행.

지영	(영웅 보는)

S#22. 해이 집 앞 / 밤

해이, 알바 마친 듯 터덜터덜 걸어오는데, 해이 집 앞에서 기다리고 있는 정우. 해이, 멈칫한다.

S#23. 해이 집 앞 공원 / 밤

벤치에 앉아 있는 정우와 해이.

정우	생각해 봤어. 네가 헤어지자고 한 거.
해이	(보면)
정우	이대로 너랑 헤어지면 안 될 거 같은데… 그렇다고 지금 붙잡는 건 널 더 힘들게 하는 거 같고… (쓰게 웃으며) 어떻게 해야 할지 모르겠더라.
해이	…
정우	그래서 말인데… 좀 쉬면서 지켜보면 어떨까?
해이	어?
정우	일종의 휴연기를 갖는 거지.
해이	(황당) ?? 휴연기??
정우	(설득해 보려 말 지어내는) 어… 그니까 학교를 휴학하는 거처럼 연애도 잠시 쉬는 거야. 끝내는 게 아니라.
해이	그건… 좀 이상한 거 같은데…

정우	(해이 보며) 혹시 모르잖아. 내가 옆에 있는 게 괴로운 게 아니라 도움이 되는 날이 있을지도. 잠시 쉬면서 지켜보자. 그래도 아니라면 그땐… 나도 그만할게.
해이	(정우 보는)

S#24. 해이 집 앞 / 밤

정우, 해이 데려다주고 있다.

해이	(이상한 관계에 어떻게 인사해야 할지 몰라 눈치보다 꾸벅하며) 그럼.
정우	(고민하다) 혹시 말야, 최근에 진일이 본 적 있어?
해이	진일 선배? 아니… 왜?
정우	… 아냐. 혹시 진일이한테 연락 오거나 근처에 보이면 나한테 연락 줄래? 꼭.
해이	(이상하지만) … 어.
춘양(E)	(껄렁하게) 어이 보기 좋은데.
해이, 정우	(보면, 춘양이다)
춘양	라면 먹고 갈래?
해이	(춘양 잡아끌며) 이 밤에 무슨 라면이야. 뭐 좋은 거라고. 그럼 들어가…세요. (꾸벅하고 춘양 질질 끌고 가면)
춘양	뭘 또 그렇게까지 깍듯하게 인사를 해.
해이	(당황해 아무 말) 나 원래 예의 완전 발라.
정우	오늘은 들어가 볼게요. 어머니도 피곤하실 텐데 얼른 들어가 쉬세요. (사이) 몸 잘 챙기시고요.

춘양	(들었구나 싶어) 걱정 마. 담엔 좀 일찍 와서 밥 먹고 가.
해이	(질질 끌며) 뭘 자꾸 밥을 먹고 가래. 바쁜 사람한테.
춘양	어차피 피차 다 아는 거 왜 새삼스레 내외야.
정우	네! 밥 먹으러 오겠습니다.
해이	(정우 보면)
정우	(꾸벅 인사하고 가는)
해이	… (정우 보다 얼른 춘양 끌고 집으로 가는)
춘양	(해이 보고, 왜 저러지 싶은)

S#25. 조개구이 집 / 밤

영웅과 지영, 바다 보이는 조개구이 집에서 조개구이에 소주 마시고 있다.

지영	그래도 너 만나서 참 좋았어. 짧긴 했지만. 젊을 때처럼 막 여기가 뜨거워지는 경험도 해보고…
영웅	그랬어?
지영	(끄덕이고 소주 마시곤) 고마워. 네 덕에 행복했어.
영웅	근데 왜 과거처럼 얘기해. 우리 앞엔 앞으로도 창창한 미래가 펼쳐질 텐데.
지영	어? 아… 마지막 여행이라고…
영웅	(끄덕) 연인으로서의 마지막 여행. (갑자기 목장갑 낀 손으로 테이블 위 조개 탁 챙기며 일어나더니 무릎 꿇고 조개 쫙 여는데, 조개 안에 반지 보인다) 지영아 나랑 결혼해 줄래?

지영	!!
영웅	나 말야, 널 만나서 정말 행복해. 기쁘기도 하고 슬프기도 하고 희노애락이 넘치는 게, 정말 사람 사는 거 같아. 그래서 나 널 절대 놓치고 싶지 않아.
지영	(감동이지만 마음 복잡하고) 영웅아… 나도 그래, 그런데… (반지 보며) 내가 이걸 어떻게 받아.
영웅	(보면)
지영	널 만날 줄 모르고 진행했던 일이지만… 하고 싶었던 일이야. 그래서 결국 가기로 한 거고. 나도 사실 두렵고 어렵게 결정한 거지만… 결국 날 우선에 둔 결정이었어. 그런데 내가 어떻게 너한테 기다려 달라 그래.
영웅	지금 당장 결혼하잔 거 아니야. (반지 보며) 이건 우리가 서로를 믿고 노력하겠단 의미로 받아 달란 거야. 그러다 맞는 때를 만나면, 이 반지가 제 역할을 하겠지.
지영	그치만…
영웅	(OL) 네 마음이 아니라면 어쩔 수 없지만 그게 아니라 다른 이유라면 같이 방법을 찾아보자. 우리 어렵게 돌아 만났잖아. 어렵게 얻은 사랑을 쉽게 포기하지 말자.
지영	… (그에 영웅 보다 반지 가져와 껴 보며) 딱 맞네. (웃으며 영웅 보고) 못 빼겠다.
영웅	(웃는)
지영	… 고마워. 같이 노력하자고 해 줘서.
영웅	(웃으며 지영 잔에 짠 하고 마시면)
지영	(역시 웃으며 술 마시는)

유투브로 암 환자 식단 보고 있는 춘양.

춘양	(메모하며) 과일 야채를 많이 먹어라.
해이	(부엌에서 오이, 토마토 등 갖고 나와 앞에 앉으며) 먹어.
춘양	(보다 오이 하나 와작 씹어 먹으며) 요새 암은 약이 좋아져서 치료도 잘 된대. (다시 유투브 보며) 내가 산전수전 공중전까지 다 겪었는데 그 깟 암에 질까 봐. 성춘양 인생 그렇게 쉽게 안 자빠진다 이거야.
해이	그래 좋은 생각이야. 악착같이 치료 받고 악착같이 살아야지.
춘양	근데 넌 아깐 왜 그런 거야? 둘이 싸웠어?
해이	아니. (사이) 헤어졌어.
춘양	뭐? 왜 헤어져?
해이	그렇게 됐어.
춘양	(설마) 나 때문에?
해이	무슨 엄마 땜에 헤어져. 엄마가 그 정도로 영향력 있는 사람은 아니거든요. 휴학하고 이럼 아무래도 보기도 좀 어려울 거 같고, 그래서 그만하자고 한 거야.
춘양	('이건 또 뭔 소리?') 네가 휴학을 왜 해!
해이	당장 수술비야 어떻게 마련한다 치더라도, 항암도 해야 한다며. 누가 생활비는 벌어야 할 거 아냐. 알바 풀타임으로 늘리기로 했어.
춘양	(어이없고) 엄마가 알아서 할 테니까. 너 휴학 같은 소리 하지도 말아.
해이	됐어. 엄만 치료에나 전념해.

춘양	어떻게 들어간 대학인데! 네가 왜 이런 걸로 휴학계를 내.
해이	누가 학교 그만둔대? 잠깐 쉬는 거야.
춘양	잔말 말고 넌 학교 다녀. 생활비는 내가 어떻게든…
해이	(OL) 됐다고. 엄만 그냥 빨리 나을 생각이나 해. 그런 건 내가 알아서 할 테니까.
춘양	(보다) 너 이제 스물이야. 그걸 왜 네가 알아서 해. 왜 그런 걸 네가 다 짊어지고 사냐고.
해이	… 그럼 어떡해. 방법이 없잖아.
춘양	… 엄마가 찾을게. 그 방법.
해이	(보면)
춘양	너희들한테 짐 안 되게 해.
해이	… (춘양 보는)

S#27. 병원 복도 / 낮

모자 깊이 눌러쓰고 외과병동 병실 기웃거리며 수일 입원한 병실 찾고 있는 진일. 202호 환자 명에 '정수일' 보인다.

진일, 발길 멈추고 병실 문에 붙은 작은 유리창으로 안을 보는데.

병실에 의식 불명 상태로 누워 있는 수일.

진일, 의식 잃고 누워 있는 수일 보고 있는데…

수일, 의식 깨어나듯 손가락 꿈쩍거리다 그 움직임 좀 더 커지면, 옆에서 수일 간호하던 수일 모, 이를 발견하고.

수일 모	(병실 밖으로 뛰쳐나와 데스크 쪽으로 뛰어가며) 서, 선생님! 우리 수일이 우리 수일이가 움직였어요. 우리 수일이가!
진일	!! (이를 보다 당황해 빈 병실로 들어가 산소 호흡기 끼고 있는 수일 보고… 수일 이 깨어나면 안 된단 생각에 산소 호흡기 떼 내리고 하는 순간)
수일	(눈 뜨고 진일 알아보곤 안 나오는 목소리 안간힘 써서 갈라진 목소리로) … 너…
진일	(깨어난 수일에 공포 더 밀려오고, 유지 장치 쪽으로 시선 향하는데)
간호사(E)	선생님 여기요.

사람들 몰려오는 소리에 진일 도망치듯 병실 빠져나간다.

S#28. 고속터미널 / 밤

진일, 강릉행 버스 정거장 의자에 표 들고 앉아 있다. 옆에는 짐 가방 놓여 있고, 아무와 시선 마주치지 않으려 고개 푹 숙이고 앉아 있는 진일.
버스 들어오자 짐 챙겨 일어난다.

S#29. 정우 기숙사 방 / 밤

정우, 기숙사 방으로 들어오는데 전화 걸려온다.
모르는 번호고 혹시나 싶어 얼른 전화 받으면.

정우	여보세요.
수일(F)	(아직 회복 덜 된 목소리) 나 수일인데.

정우	!!! f.o

S#30. 학생 지원처 사무실 / 낮

휴학계 서류 받은 직원.

직원	서류 확인됐으니까, 휴학 처리될 거예요.
해이	(꾸벅하고 나오는)

S#31. 단실 건물 앞 / 낮

단실 건물 쪽으로 와 단실 건물 쪽 보는 해이.
당분간 못 올 학교라 생각하니 마음 복잡하다.
이때 우르르 단실로 몰려 들어가는 신입생들 보이고…
잠시 멈춰서 그 모습 보던 해이…
쓸쓸한 얼굴로 다시 시선 돌려 정문 쪽으로 간다.

민재(E)	진일 선배가요…?

S#32. 단실 / 낮

모여 있는 단원들. 모두 당황스럽고 놀란 표정이다.

운찬	진일 형이 그런 짓을 하다니… 경찰에 잡힌 거예요?

초희	아직 도주 중이야.
일동	!!
정우	마지막 위치가 고속버스 터미널에서 잡힌 게 지방 어딘가로 간 거 같다고 하는데, 혹시 모르니까 진일이를 발견하면 발견 즉시 경찰에 신고해.
민재	해이한테… 얘기해 줘야 하는 거 아니에요? 진일 선배가 해이를 계속 노렸잖아요.
선자	선배는 무슨 미친 싸패 새끼. (속상) 삼다 가뜩이나 힘들 텐데 왜 그 자식까지.
정우	(같은 마음이고) 내가 잘 얘기할게. 경찰에서도 당분간 해이 주변에 진일이가 나타나는지 주시하겠다고 하니까 너무 걱정 마.
운찬	미치지 않고선 나타나겠어요? 자기도 이 근처 있음 잡힐 거 뻔히 아니까 지방으로 토낀 거겠죠.
소윤	이런 일은 TV에서만 나오는 줄 알았는데…
용일	괜않아예!
일동	(보면)
용일	범인은 하나, 우리가 더 쪽수가 많다 아입니꺼!

S#33. 치얼스 / 낮

치얼스에서 일하고 있는 해이.
정우 들어오자 해이, 어색하게 정우에게 꾸벅 인사한다.
/정우와 해이, 앉아 얘기 중이다.
해이, 얘기 들은 듯 마음이 복잡한 표정.

정우	많이… 놀랐지?
해이	… (끄덕)
정우	(마음 무겁고)
해이	… 근데 진일 선배는 왜 나한테 그런 짓을 했을까?
정우	어차피 무슨 설명을 해도 용서 받을 수 없는 행동들이야.
해이	…
정우	앞으로 진일이 잡힐 때까지 알바 끝나면 애들이랑 돌아가면서 데리러 갈 거야.
해이	어?
정우	아무래도 다들 걱정되나 봐. (사이) 나도 그렇고.
해이	(아…) 괜찮은데…
정우	당분간이니까, 그렇게 하자.
해이	… (끄덕)

/정우, 얘기 끝난 듯 정리하고 일어난다.

정우	너무 걱정 마. 곧 잡힐 거야.
해이	(꾸벅 인사하는데)
정우	(가방에서 도시락 꺼내며) 그리고 이거.
해이	뭐야 이게?
정우	점심도 못 먹고 일했을 거 같아서. 김밥이야. 먹으라고.
해이	(도시락 보며) 설마 직접 싼… 거야?
정우	어. (혼자 제 발 저려) 단장으로서 이 정도 할 순 있잖아?
해이	(아…) 단장으로서… 김밥을… 싸 줬다고?

정우	어⋯ (괜히 오버해) 단원들 간식 정도는 내가 챙길 수 있지. 전단원 이라고 차별해서 되겠어?
해이	(⋯ 도시락 보는)

S#34. 단실 / 낮

초희, 운찬, 소윤, 정우, 회의 중이다.

소윤	방송국 지원이랑 해서 거의 해결되긴 했는데 응원 도구 예산은 부족해서 올해는 싼 걸로 해야 할 거 같아요.
초희	그건 선배들 연락 돌려서 스폰 한 번 부탁해 보자. 그 정도는 충 당되지 않을까?
정우	(끄덕) 그래. (스케줄 표 보며) 연호전 목동 구장은⋯ (하고 스케줄 표 보는데 해이 이름 보이고⋯ 멈칫. 이내 다시) 해이가 원래 가려고 했었는데 여기 빠진 자리에는 선자를 넣고 선자 빠진 자리는 정미로 대체 하자.
소윤	해이가 거기 서는 거 엄청 기대했는데⋯ (쓸쓸)
정우	(역시 쓸쓸하고)
초희	(정우 보며) 해인 어쩌고 있어.
정우	⋯ 애쓰고 있는 거 같아. (사이) 상황이 복잡하니까.
운찬	뭔가 되게 비현실적이네요. 진일 형은 범죄자가 돼 도주 중이고 우린 연호전 준비를 하고⋯
소윤	⋯ 그르게요⋯
초희	(박수 짝 하고) 안 되겠어! 분위기 환기 한 번 하자!

일동	(보면)
초희	그 범죄자 새끼 땜에 우리가 더 망가질 순 없잖아? 보란 듯이 더 제대로 해 보자고!
일동	??

S#35. 창고 / 낮

　　　창고에 숨어 있는 진일, 회의 내용 듣고 있다…

S#36. 단실 밖 / 낮

　　　사물함에서 짐 챙기고 있는 선자.
　　　정미와 세정, 민재와 얘기 중이다.
　　　선자, 부루퉁해 민재 보다 사물함 문소리 나게 쾅 닫으면, 그 소리에 선자 보고 얼른 정미, 세정 뒤로 하고 선자 있는 쪽으로 오는 민재.

선자	(쎄하게) 왜?
민재	아 그게… 집에 데려다줄게.
선자	네가? 날? 왜?
민재	어? 아니 그게 나도 거기로 가는 길이라.
선자	가는 길이면 내가 꼭 같이 가야 돼?
민재	(아…) 그런 건… 아니지.
선자	어 그니까. 그런 거 아니잖아? (새침하게 민재 보며) 넌 나 말고도 같

이 갈 사람 많은 거 같은데. (하고 지나쳐 가면)

민재   … ('뭐지, 내가 뭘 잘못한 거지.' 하는 얼굴로 가는 선자 보는)

S#37. 치얼스 앞 복도 / 밤

해이, 알바 끝나고 나오는데 밖에 선자 서 있다. 약간 실망한.

선자   뭐야, 단장 대신 내가 와서 실망한 눈친데?

해이   아니거든!

선자   단장 회의 있어서 내가 왔어. 오늘은 내가 귀가 지킴이다! (가방에서 안전봉 꺼내는)

해이   (안전봉 보며) 썩 믿음직스럽진 않은데.

선자   (안전봉 휘두르며) 가자.

S#38. 해이 집_거실 / 밤

해이 집에 들어와 있는 선자. 선자, 과자 먹고 있다.

해이   요즘 김민재랑은 어떻게 돼가?

선자   야 그 자식 얘긴 꺼내지도 마. 알고 보니 완전 여미새였어.

해이   여미새?

선자   여자에 미친 새끼.

해이   (아…) 김민재가? (걔웃) 그건 아닌 거 같은데.

선자   됐어. 넌 아무것도 몰라. 휴연기 같은 이상한 거나 하고 있는 애

	가 뭘 알겠어. 말만 휴연기지 둘이 뭐 하는 짓인지.
해이	휴연기는 단장이 그냥 이름 붙인 거거든. (사이) 헤어진 거야…
선자	(미련 낭낭한 해이 표정 보다) 삼다 괜찮아?
해이	뭐가.
선자	그냥, 다.
해이	안 괜찮으면 어쩔 거야. 괜찮아야지.
선자	(해이 보다) 나 말이야. 솔직히 가끔 삼다 너 좀 대단하다고 생각해.
해이	(보면)
선자	어른 같달까. 근데 삼다 너무 빨리 어른 되지 말자. 그럼 네가 너무… 외롭잖아. (해이 보며) 이 언니한테 응석도 좀 부리고 보조 좀 맞춰 걷자고.
해이	… 힘들어.
선자	(보면)
해이	나 사실 좀 힘들어, 주선. (울컥하면)
선자	그래. (울먹이는 해이 등 쓸어 주며) 괜찮아. 괜찮을 거야.
해이	(선자 위로에 잠시 우는)

S#39. 치얼스 전경 / 밤

S#40. 치얼스 / 밤

치얼스에 '테이아 일일 호프' 글자 붙이고 있는 용일과 민재.
이를 보고 있는 영웅.

영웅	역시 태초희, 호걸이야 호걸. (신나서 준비하는 단원들 보며) 분위기 전환은 확실히 된 거 같네.
정우	다들 다른 데 집중할 데가 필요했던 거 같아요.
영웅	(끄덕) 진일인, 아직이고?
정우	(마음 무겁게 끄덕)
영웅	그 자식 재주도 좋네. 대한민국 경찰을 이렇게 오래 따돌리고, 대체 어디 숨어 있는 거야.
정우	…
영웅	(괜한 소리 했단 듯 정우 툭 치고) 우리도 준비하자.
정우	네.

S#41. 단실 / 밤

불 꺼진 아무도 없는 단실, 창고 문 탁 하고 열리더니 창고에서 진일 나온다!
창고에서 나온 진일, 테이블 쪽으로 가는데, 테이블 위에 있는 일일 호프 계획표. 이를 들어보던 진일… 계획표 손으로 구긴다.

S#42. 치얼스 / 밤

손님들 꽉 차 북적이는 치얼스.
단원들 여기저기서 서빙하고 손님 접대하고 바쁘게 움직이고 있다.
영웅, 한쪽 테이블에서 선배들 잔 채워 주며 부어라 마셔라 하고 있다.

영웅	야야, 이거 부장님께서 소주로 달려서 되겠어? 여기 양주 하나 가야지.
선배1	(기분 조아) 가즈아!
영웅	여기 양주 추가!
선자	예이! (하고 신나서 뒤돌면 그쪽으로 서빙 오던 민재와 마주치고, 선자 '흥' 하고 민재 지나쳐 간다)
민재	(가는 선자 보는) …

이때 지영, 치얼스로 들어온다.
지영, 자연스럽게 그쪽으로 오면 선배들 '왔어?' 등의 말과 함께 자리에 앉는 지영.
지영 네 번째 손가락에 반지 보이고, 영웅과 지영, 서로 부끄러워하며 좋아하는 기류.
/한쪽 친구들 주문 받고 있는 용일.

용일	뭐 물래?
친구1	낸 계란말이.
용일	장난하나? 곱창 볶음 묵으라. 이게 젤 비싸데이.
친구1	내 곱창 못 묵는데.
용일	닌 삼시세끼 곱창 묵을 거 같이 생겨 뭘 그래 가리노. 함 츄라이 해 봐라. 오늘부터 1일 하믄 되겠네.
초희	(용일 꽉 치며) 넌 협박하지 말고. (친구들 보며) 먹고 싶은 거 먹어요.

친구1	그럼 저는 계란말이. (친구들 주문하면 주문 받는 초희)
친구2	근데 니 소개팅 진짜 안 하나? 친구가 완전 괘안타 캤는데.
용일	(초희 힐긋 보고 강조) 안 한다. 낸 당분간 여자 만날 생각 없다.
초희	(보면)
친구2	뭐가 당분간이고, 니 평생에 여잘 만난 적이 없는데.
용일	(당황) 시끄럽다. 낸 앞으로 2년…? (하며 초희 힐긋 보고) 정돈 싱글일 예정이다.
친구1	2년이믄 다행이지. 20년 되는 거 아이가.
용일	(이게 확 표정)
초희	(관심 없는 듯 주문 받아 가며) 그럼 금방 해 줄게요.
용일	(관심 1도 없는 초희 야속하단 듯 보며) 진짜 20년 되는 거 아이가…

/해이, 문 열고 들어오는데 이게 뭔 난린가 싶다.
벽에 붙은 '테이아 일일 호프' 글자 보고.

영웅	어, 왔어. (해이 앞치마 주며) 바쁘다 바빠.
해이	오늘 단체가 응원단 일일 호프예요?
선자	삼다 그릇 완전 쌓였어. 얼른 무브무브.
해이	어?
선자	잔도 모자라. 얼른.
정우	그게… 어떻게 된 거냐면.
해이	괜찮아. 알바하러 왔는데 뭐. (가방만 대충 내려놓고 얼른 앞치마 하고 바 테이블 개수대 쪽으로 가는)
정우	(해이 보는)

바 테이블 개수대에서 그릇에 남은 음식물 쓰레기통에 버리고 그릇 정리해 뒤로 나르고 있는 해이. 선호, 해이에게 그릇 더 갖다 준다.

선호 이것도 부탁해.

해이 (표정 하며 보다 중얼거리며) 그래. 돈 받고 하는 일인데 해야지 암.

선호 너 알바하는 데서 응원단 행사하는 게… 좀 그렇지?

해이 아냐. 아~무렇지 않아. 뭐, 나 빠졌다고 너희들 할 걸 안 하고 그
    럴 순 없으니까. (하면서도 새침하게) 근데 이건 언제 정해진 거야?
    요즘 이런 거 할 분위기 아닌 줄 알았는데?

선호 선배들 스폰 좀 받아야 돼서.

해이 왜 돈 모자라? (하다 이내) 아 내가 신경 쓸 건 아니지. (하고 그릇 보
    며 중얼) 어째 이놈의 건 해도 해도 끝이 안 나네. (하다 아차 싶어 괜
    찮다는 듯 선호 향해 빵긋 웃어 보이며) 그냥 팩트 체크 함 한 거야. 알바
    생의 당연한 의무니 신경 안 써도 돼.

선호 그래서 말인데… (한 무더기 그릇 더 갖다 주며) 여기 더 있어…

해이 (표정 하며 보다 애써 웃으며) 하하. 진짜 신경 안 쓰는구나.

선호 (빙긋)

해이, 테이블에 있는 빈 그릇 걷어 가고 있는데.
선배 테이블에서 영웅, 벌떡 일어나 큰소리로 외친다.

영웅	(앞에 있는 선배 가리키며) 여기 박윤호 선배님 회사에서 연호전 이
	온음료 지원해 주신답니다! 여러분 뜨거운 박수!
일동	와~ (하고 박수 치며 좋아하면)
해이	(박수 치고 좋아하는 단원들 보는데… 같이 하지 못하는 게 못내 씁쓸하다… 이
	를 보다 그릇 갖고 주방으로 가는)

S#45. 바 개수대 / 밤

해이, 묵묵히 쌓인 그릇에서 음식물 쓰레기통에 넣는 중인데 전
화 걸려 온다.
고무장갑 벗고, 전화기 보는데 '주선'이다.

해이	(어이없어 전화 받으며) 와서 말로 할 것이지, 왜 전화야.
선자(F)	삼다 나, 화장실. 휴지 좀…
해이	(어이없는)

S#46. 치얼스 복도 / 밤

화장실 밖으로 선자와 함께 나오는 해이.

| 해이 | 내가 이 와중에 휴지 심부름까지 해야겠냐고. |
| 선자 | 쌩유, 삼다. 하마터면 (생각하기도 싫다는 듯) 아후. |

S#47. 치얼스 / 밤

해이, 구시렁대며 선자와 함께 치얼스로 들어오는데 아무도 없다. 어둑어둑한 실내.

해이	(??) 뭐야, 다 어디 갔어?
선호(E)	저요? 사심으로 들어왔어요.

해이, 이게 뭔가 싶어 소리 나는 쪽으로 향하면, 빔 프로젝터로 단원들 동영상 나오고 있다.

INS) 동영상

제작진E	나에게 응원단이란?
선호	다 같이 노는 놀이터?
선자	내 삶에 에너지!
용일	그니까 어른이 되고서 꺼내 봤을 때, 가슴 한구석에서 뜨뜻한 것이 올라오는 왜 그런 거 있잖아예. (있어 보이는 말 하려고 하지만 잘 안 되는) 용트름?? (하고 제작진 향해) 이거 아인 거 같죠? (카트 카트 손동작)
민재	현실이 된 꿈…이요.
정우	올해 잘 마무리하고 싶은 일이요.
초희	단장해야죠?
운찬	가족이요.
소윤	너무 잘한 도전.

해이, 씁쓸히 이를 보고 있는데. 화면 전환돼서 보너스 영상처럼 나오는 영상.

윤찬(E)	나에게 도해이란?
용일	도라이지만 괜찮아? (하고) 내 뭐가 안 되는 거 같다.
선호	처음 해 본 짝사랑이요.
민재	동기지만 어른 같은 친구…
선자	(진지하게 생각하다) 삼다 없는 내 삶은 그려지지가 않는데요?
정우	단단한 사람이요.
초희	에이스.
윤찬	좀 시끄럽지만, 없으면 허전한 애!
소윤	밝고 씩씩해서… 닮고 싶은 후배예요.

윤찬(E)	도해이에게 해 주고 싶은 말은?
선호	태풍이 지나간 자리에도 꽃은 핀다고. 해이 너도 아무리 힘든 일이 있어도 아름답게 피길 바라.
선자	해이야, 난 네가 어떤 길을 걷든 네 옆에 한결같이 있을 거니까. 무슨 일이든 힘든 일 있으면 나한테 꼭 말해 줬으면 좋겠어. 늘 네 옆에 있을게.
정우	난 그냥… 해이 네가 계속 웃었으면 좋겠어. 크림빵 하나에도 행복해 하던 너니까. 사소한 일에 여전히 웃으면서, 그렇게 지냈으면 좋겠다. 해이 넌 앞으로도 행복할 거야.

해이, 친구들 말에 울컥하는데 화면 전환되며 해이 얼굴 나온다.

해이, 화면에 나오는 자기 얼굴 보는데.

INS) 동영상

제작진(E) 응원단 하면서 언제 제일 힘들었어요?

해이 훈련하는 모든 날 모든 순간이요.

제작진(E) 응원 동작 중에 제일 힘든 동작이 뭐예요?

해이 (응원 동작 포즈 취하는데)

제작진(E) (해이 동작에 웃음소리 후 질문) 나에게 응원단이란?

해이 (생각하다) 음… 의도치 않게 얻은 행운! (밝게 웃는 해이)

밝게 웃는 해이, 얼굴 디졸브 되고. 신곡 무대 영상 나오면 그 위로.

해이(E) 애들이랑 다 같이 단상에 섰을 때. 그때가 제일 좋았어요.

신곡 무대 영상 신입생들 롤링 페이퍼 화면으로 전환되고, 그 위로.

일동(E) 도해이 치얼업! 우린 언제나 너와 함께야.

해이, 결국 참았던 눈물 툭 떨구고, 암전됐던 불 커지면 '하나 되어' 간주 시작되고, 한쪽에서 단원들 준비 동작.

해이 (얼른 눈물 닦으며) 뭐야 이게.

370 × 371

선자	방송을 하면 우리도 득 되는 게 있어야지. 내가 이거 비밀로 하느라 얼마나 힘들었는지 알아?
초희	너 이거 준비한다고 애들이 며칠 전부터 난리도 아녔어.
해이	(감동이고)
선자	(해이 끌고 무대로 같이 간다) 기억나지? 그렇게 굴렀는데.

해이, 눈물 닦고 피식하다 선자 손에 이끌려 무리에 서고.
/군무 추면서 신난 단원들.
한쪽에서 웃으며 춤추는 해이 미소로 보는 정우…

S#48. 치얼스 밖 거리 / 밤

선자, 쓰레기 봉지 들고 버리러 가고 있다. 흥 아직 식지 않은 듯
몸 들썩이며 노래 흥얼거린다.

선자	(못내 아쉽다는 듯) 역시 삼다랑 같이 해야 되는데.
민재(E)	그러게.
선자	(소리에 깜짝 놀라 보면, 민재다)

얼른 선자 쪽으로 와 쓰레기 봉지 거드는 민재.

선자	아 됐어. 무슨 쓰레기 봉지 하나에 둘씩이나 붙어.
민재	나도… 가야 돼서… (하며 한 손에 다른 쓰레기 봉지 보여 주는)
선자	(아… 별수 없다. 새초롬히 걸어가는)

민재	… 혹시 나한테 화났어?
선자	아니? 내가 왜?
민재	화난 거 같아서…
선자	아니거든요. 내가 너한테 화가 왜 나겠어? 우리가 무슨 사이라고.
민재	(잠시 어색한 공기 흐르다) … 이따 집에 갈 때… 데려다줄게. 너네 집 방향에 갈 일이 있어서.
선자	(기가 찬) 아니 뭘 자꾸 그쪽에 일이 있대. 너 뭐 우리 집 주변에서 금괴라도 발견했어? 됐거든요.
민재	아니 그게… 위험하니까. 진일 선배도 그렇고…
선자	…! (멈춰, 민재 보며) 너 설마… 내 걱정돼서 그런 거야?
민재	아니 그게… (뭐라 더 말 찾지 못하고 끄덕)
선자	너 왜 나 걱정해?
민재	어?
선자	응원단에 여자가 나만 있는 것도 아니고. 그중에 왜 하필 나만 딱 찍어서 네가 날 걱정하냐고.
민재	… 내가 선자 널… 좋아하거든. (얼굴 화르륵)
선자	(가만히 보다… '후' 하고 숨 내뱉으며) 와씨. 너 모쏠 아니지? 와 나 지금 완전 심쿵 했어. 이거 완전 선순데?
민재	어?
행인	(둘 얘기 듣고 피식하며 지나간다)
민재	(왠지 부끄럽고…)
선자	너 말야, 그렇게 막 끼 부리고 다니고 그럼 내가 진짜 완전 곤란하다. 앞으로 끼는 나한테만 부려. 알았어?
민재	어? 어.

선자	그래. (쓰레기 봉지 버리고, 자기 옆자리 고갯짓하며) 가자.
민재	(이게 무슨 상황이지 보다 얼른 뛰어가서 선자 옆자리로 가면)
선자	(다시 걸으며) 이따 라면 먹고 갈래? 아, 이순자 여사 사위 대접하려면 씨암탉 한 마리 잡아야 되는 거 아냐? 집에 닭이 있나?
민재	그니까 이게… 우리가.
선자	(끄덕) 사귀는 거지. 완전.
민재	… (웃음)

선자, 슬며시 민재 손 잡으면, 민재 첨에는 놀랐다 이내 배시시.
손 잡고 걸어가는 선자와 민재.
그리고 한쪽에서 들리는 부스럭 소리. 민재 그쪽 보면 금방 몸
숨기는 누군가. 민재, 그쪽 보는데.

선자	왜? (민재 시선 쪽 보면)
민재	아냐. 아무것도. (그쪽 보다 선자와 들어가는)

한쪽에 숨어 있는 누군가, 진일이다.

S#49. 치얼스 테라스 / 밤

단원들 부어라 마셔라 하고 있고.
테라스 한쪽에서 둘만 조용히 얘기 중인 해이와 영웅.

영웅	(해이에게 봉투 건네주는)

해이	??
영웅	오늘 일일 호프로 남은 수익이야. 애들이 엄마 병원비에 조금이라도 보탬이 되고 싶다 그래서. 애들 모은 거에 내가 좀 더 넣었어. 나중에 취업하면 갚아.
해이	네? 그치만…
영웅	(봉투 쥐여 주며) 받아. 이런 건 받는 거야.
해이	(보면)
영웅	도움 준다는 사람 있으면 받고. 그리고 나중에 갚고 그렇게 살면 돼. 그래도, 괜찮아. 사람 다 그러면서 사는 거야.
해이	… 그치만… 이렇게 받기만 하기가…
영웅	살아보니까 그렇더라. 이만큼 받으면 이만큼 주고 이렇게 계산 딱딱 떨어지게 인생이 살아지지가 않아요. 받기만 해도 괜찮아 해이야. 그냥 감사합니다 하고 받고, 나중에 네가 줄 수 있을 때 다른 사람한테 많이 주고 그렇게 해.
해이	… (봉투 만지작거리며) 감사합니다. (울컥하는데)
영웅	(머쓱해 농담으로 넘기려) 아 나 오늘 완전 어른 같았어. 이거 또 나의 성숙함에 깜짝 놀랐겠는 걸?
해이	(훌쩍 코 닦으며 농담 받는) 그 정돈 아니었거든요.
영웅	(피식 웃는)

이때 정우 그쪽으로 오면, 영웅, 둘이 얘기하라는 듯 자리 피해 준다.

| 해이 | 혼자 해결해야 된다고 생각했는데 (손에 든 봉투 보며) 이렇게 도움 |

을 받네.

정우	조금이라도 도움이 됐다니 다행이다.
해이	오빠 내가 밉지도 않아? 내 사정 때문에 일방적으로 헤어지자고 했는데. 계속 이렇게…
정우	(보다) 그때 부산에서 나한테 물어봤잖아? 혼자 외롭지 않았냐고.
해이	(보면)
정우	그땐 정말 괜찮다고 생각했어. 같이 있는 게… 어떤 건지 몰랐으니까. 근데 해이 널 만나고 누구랑 함께하는 게 어떤 건지 알고 나니까 그런 생각이 들더라. 지금의 나라면… 어쩌면 그 시간이 외로울지도 모르겠다. 그러니까 (사이) 해이도 그렇겠구나.
해이	…
정우	(해이 보며) 그래서 옆에 있어 주고 싶었어. 기댈 데가 필요하면 기댈 수 있게. 외롭지, 않게.
해이	… (울컥하는데)
정우	같이 하게 해 줘. (손 내밀며) 둘이 하면 그래도 좀 낫지 않을까?
해이	… (어떻게 해야 할지 모르겠고)
정우	(가만히 기다리면)
해이	(보다 정우 손 잡으며) 고마워.
정우	(농담처럼) You're welcome. (하고 웃으면)
해이	(역시 피식 웃는)

/해이와 정우, 얘기 끝난 듯 홀 쪽으로 들어가려는데.

해이	나 잠깐 화장실 좀.

정우	(끄덕) 그래. 먼저 들어가 있을게.

S#50. 치얼스 / 밤

정우, 홀로 들어와 앉으면, 민재, 그런 정우 보고.

민재	해인요?
정우	해이 화장실 다녀온다고.
민재	(걱정되는 표정)
정우	('왜 그러지?' 이상하다 싶고) 왜?
민재	(혹시나 싶어 걱정돼) 그게 밖에서 좀 수상한 사람을 봐서… 설마 진일 선배는 아니겠죠?
정우	!!

S#51. 치얼스 복도 / 밤

정우, 밖에 초조히 서 있으면 화장실에서 나오는 초희.

초희	(고개 저으며) 없어.
정우	(그 말에 주변 찾아보다 밖으로 뛰쳐나가는)

S#52. 거리 / 밤

정우, 치얼스 밖으로 나와 주변 둘러보는데, 해이 없다.

미친 듯이 근처를 뛰며 해이 찾는 정우. 표정 절박해 보인다.

S#53. 거리 / 밤

해이, 단원들 주려고 아이스크림 산 듯 아이스크림 잔뜩 든 비닐 봉지 들고 걸어가며 핸드폰으로 전화하고 있다.

해이   (춘양과 통화하며) 어, 늦어. 먼저 자.

통화 끊고 걸어가는데 그런 해이 손 잡아 확 골목으로 낚아채는 진일.

S#54. 골목 / 밤

해이 뒤로 붙잡아 목에 칼 들이대는 진일.

해이   꺄. (소리 지르려고 하는데)
진일   (입 막고)
해이   (!! 손 꽉 물면)
진일   (해이 놓치고)
해이   (손에 들고 있던 아이스크림 봉지 떨어뜨리고 냅다 도망가는데)
진일   (그런 해이 뒷덜미 잡아 입 막아 끌고 외진 골목 안쪽으로 들어간다)

S#55. 거리 / 밤

여기저기 흩어져 해이 찾아다니는 단원들.

S#56. 외진 골목 / 밤

막다른 골목에 해이 몰아넣고, 앞에서 칼 겨누고 해이 위협하고
있는 진일.

진일   네가 소리 질러서 사람들이 오는 속도보다, 내가 널 찌르는 속도
　　　　가 빠를 거야.

해이   대, 대체 왜 이러는 거예요.

진일   이게 다 너 때문이야.

해이   대체 뭐가 나 때문이란 건데요.

진일   네가 잘못해서 이렇게 된 거잖아!!

해이   (보면)

S#57. 학생식당 / 낮 / 진일 회상

1회 S#55 진일 시점.
학생식당에서 얘기하고 있는 해이와 영웅.

해이   그러니까 한 달 동안 응원단을 하면 알바비를 주겠다.

진일, 그 옆 쪽 테이블에서 홀로 밥 먹고 있다.

둘 얘기 듣고 해이 보는 진일.

S#58. 노천극장 / 낮 / 진일 회상

2회 S#55

한쪽에서 한 손에 해이 지원서 들고 무대에서 연습하는 해이 보는 진일.

/진일 시선으로 노천에 앉아 정우와 웃으며 얘기하는 해이, 유민과 교차된다. 진일, 지원서 든 손에 힘 꾹 들어가고 지원서 살짝 구겨진다.

S#59. 진일 방 / 밤 / 진일 회상

책상 의자에 앉아 있는 진일. 진일 앞으로 3대 금기 사항 써져 있는 종이 보인다. 그중 No.3 단내 CC 금지에 시선 멈추는 진일. 시선 옮겨 그 옆에 붙어 있는 유민 사진 위에 해이 사진 붙이고. 서늘하게 해이 사진 보는 진일.

S#60. 외진 골목 / 밤

진일   네가 잘못해서 여기까지 온 건데.

INS) 창고 / 낮

창고에 숨어 있는 진일, 밖에서 하는 말 들린다.

선자(E)   삼다가 좋아하겠지?
용일(E)   하모. 싸패 새끼한테 당한 거 싹 다 잊어 뿔게 해 주자!

진일 그 얘기 듣고 있는데… 분노 치밀어 오른다.

진일(E)   왜 다 내 탓을 하냐고.

진일   (해이 보며) 네가 잘못한 건데.
해이   (이 자식은 완전 돌았구나 싶은데… 칼 든 손 부들부들 떠는 진일 보며) 선배
           무섭죠?
진일   (보면)
해이   (떠는 손 보며) 여기까지 온 게 사실 선배도 무서운 거죠?
진일   (부들부들)
해이   여기서 그만 해요. 더 하면 진짜 돌이킬 수 없어요. 그러니까 칼
           내려놓고.
진일   닥쳐! 역겨우니까 내 생각 하는 척하지 마.
해이   (보면)
진일   (해이 보며) 네가… 죽어야 끝나. (하고 해이 쪽으로 칼 찌르려 돌진하는데)

그런 해이 막아서며 진일 칼 잡는 누군가, 정우다.
막아 낸 정우에 당황한 진일. 손 벌벌 떨며 정우 보면, 정우, 진일
노려본다.

정우	넌 이제 끝났어.
진일	(부들부들 떨며 정우 보는)
해이	오빠!! (피 뚝뚝 흐르는 정우 손 보며 사색이 돼 그쪽으로 오는데)
정우	오지 마!
진일	(정우가 해이 보는 틈을 타 칼을 정우 복부 쪽으로 꽂는)
정우	윽.

정우에게서 툭툭 떨어지는 피. 정우 무릎 꿇고 쓰러지는데.

해이	안 돼!!!! (정우 쪽으로 뛰어오면)
정우	(그 와중에 해이 걱정) 도망가… (고통 참으며 진일에게서 해이 막다, 쓰러진다)
해이	오빠!!!!

의식 잃은 정우 잡고 오열하는 해이.
정우 찌른 칼 들고 손 부들부들 떨며 해이 보는 진일에서.

엔딩.

S#1. 외진 골목 / 밤

　　　　15회 엔딩 이어지며.

진일　　　(해이 보며) 네가 죽어야… 끝나. (하고 해이 쪽으로 칼 찌르려 돌진하는데)

그런 해이 막아서며 진일 칼 잡는 누군가, 정우다.
막아 낸 정우에 당황한 진일. 손 벌벌 떨며 정우 보면, 정우, 진일
노려본다.

정우　　　넌 이제 끝났어.
진일　　　(부들부들 떨며 정우 보는)
해이　　　오빠!! (피 뚝뚝 흐르는 정우 손 보며 사색이 돼 그쪽으로 오는데)
정우　　　오지 마!
진일　　　(정우가 해이 보는 틈을 타 칼을 정우 복부 쪽으로 꽂는)
정우　　　윽.

정우에게서 툭툭 떨어지는 피. 정우 무릎 꿇고 쓰러지는데.

해이   안 돼!!!! (정우 쪽으로 뛰어오면)
정우   (그 와중에 해이 걱정) 도망가… (고통 참으며 진일에게서 해이 막다, 쓰러진다)
해이   오빠!!!!

의식 잃은 정우 잡고 오열하던 해이, 피 철철 흐르는 정우 복부 손
으로 지혈한다. 정우 찌른 칼 들고 부들부들 떨며 해이 보던 진일.
해이 쪽으로 칼 들고 가려는데.

초희   김진일!
진일   (소리에 그쪽 보면)

선호와 초희, 해이와 정우 발견하고 그쪽으로 뛰어오고.
진일, 뒷걸음질 치다 도망가려는데 그런 진일 잡는 선호.
초희, 해이 쪽으로 와 함께 정우 지혈한다.

해이   (눈물범벅으로) 저 구하려다, 어떡해요. 어떡해.
초희   괜찮아. 괜찮을 거야.

진일, 선호에게 잡혀 몸부림치면, 선호, 진일 놓치고.
진일, 그런 선호에게 칼 휘두른다.
선호, 피하다 어깨 쪽 베인다.
진일, 다시 도망가면 그런 진일 뒤에서 포박해 붙잡는 선호.

이때 우르르 그쪽으로 몰려오는 단원들.

선자, 놀라 해이와 정우 쪽으로 뛰어오고.

초희	(소윤 보며) 119 불러.
소윤	(끄덕하고 바로 전화하려는데 손 덜덜 떨린다)
운찬	(그런 소윤 보고) 내가 할게. (119에 전화하는)

진일, 선호 떼어 내려고 몸부림치자, 선호, 버거워 진일 놓칠 거
같은데.

한쪽에서 진일 팔 잡고 늘어지는 민재.

그런 민재 보고 냅다 다른 쪽 팔 잡고 늘어지는 용일.

진일, 몸부림치다 결국 칼 떨어뜨린다.

선자, 칼 발로 탁 쳐서 치우고 진일 정강이 발로 차면, 진일, 탁
하고 무릎 꿇고 쓰러진다.

그런 진일 바닥으로 포박하는 선호, 민재, 용일.

피 흘리는 정우 보며 울먹거리는 해이.

그 위로 경찰 사이렌 소리 선행되며 타이틀 인 치얼업.

S#2. 치얼스 / 낮

자막	1주일 후

영웅, 지영과 얘기중이다.

지영	이번 일로 애들 충격이 클 테니까, 학교에서도 기사며, 뭐며, 애 들한테 피해 안 가게 최대한 신경 쓰기로 했어.
영웅	(끄덕) 다행이다.
지영	대체 이게 무슨 일인지. 정우는 좀 괜찮대?
영웅	(후…)

S#3. 6인실 / 낮

병실 TV에 나오는 예능 프로 보면서 허허실실 웃고 있는 정우.

해이	(어이없단 듯 병실로 들어와 정우 쪽으로 오며) 웃음이 나와?
정우	(그 말에 해이 보고, 민망해) 어? 왔어. 아… 저게 웃기네. (쩝)
해이	(정우 쪽으로 와) 그래 웃는 거 보니 살만한가 보네.
정우	(웃으며) 응.
해이	(정우 해맑음에 어이없다) 그래 살았으니 됐다. 내가 진짜 심장이 떨 어져 나가는 줄 알았다고.
정우	(농담처럼) 나 좀 멋있지 않았어? 영화 주인공 같고. (웃으면)
해이	하나도 안 멋있어. 오빠 잘못되기라도 했어 봐. 나 그럼 진짜.
정우	다행이야. 네가 안 다쳐서.
해이	(보면)
정우	(해이 보며) 무섭단 생각이 전혀 안 들었어.

INS) 외진 골목 / 밤

15회 S#56 정우 시점.

바닥에 떨어진 산발적으로 흩어진 아이스크림 발견한 정우.
그 골목으로 들어간다.

S#1 정우 시점.
진일, 칼 들고 해이와 대치하고 있는 모습 발견한 정우.
진일, 해이에게 돌진하려는 순간.
망설임 없이 그 앞으로 뛰어드는 정우.

정우	막아야 한단 생각 말고 아무 생각도 안 들더라고.
해이	…
정우	계속 네가 다칠 때마다 그걸 미리 막지 못한 게 괴로웠거든. 차라리 날 노리지 싶었는데… 다행이야. 그 칼에 찔린 게 네가 아니라 나여서. 이번엔, 내가 지킬 수 있어서.
해이	…
병실 간병1	(옆 베드의 남편 간호하던 아내, 둘 얘기 듣고) 아이고 좋을 때다. 청춘이네, 청춘.
병실 간병2	(다른 베드 간병인 아주머니 추임새) 엄마 들으면 복장 터질 소리하고 있어, 아주.
선혜(E)	내 말이 그 말 입니더.
정우, 해이	(소리에 보면)
선혜	(둘 보고 있다)
정우, 해이	('헛… 언제부터 보고 있었지?')

선혜, 혀를 끌끌 차며 정우 쪽으로 오면, 곧이어 병실로 들어오

는 초희, 운찬, 소윤.

정우	(잘 됐다는 듯 급 오버해서 반갑게) 어, 너희들 왔구나!
초희	뭐야 왜 이렇게 반겨.
정우	반가워서. 반갑다 친구야.
초희	('뭐야 왜 저래?')
해이	(꾸벅 인사한다)

S#4. 병실 복도 / 낮

한쪽에서 소윤, 운찬 기다리고 있고.
초희와 따로 얘기 중인 해이.

초희	학교에서 단원들 대상으로 PTSD(*자막: 외상 후 스트레스 장애) 치료 받도록 지원해 주겠대. 리스트에 해이 너도 넣어 놨어.
해이	(아) 전 단원도 아닌데…
초희	네가 제일 큰 피해잔데 당연히 받아야지.
해이	… 네. 감사합니다.
초희	(끄덕하고 조심스레) 돌아오긴… 어렵겠지?
해이	(쓰게 웃으며 끄덕)
초희	그래. (하고 운찬, 소윤 있는 쪽으로 가는데)

이때 해이 핸드폰으로 카톡 들어온다.

INS) 문자 메시지

춘양(E)   며칠 어디 좀 다녀올게.

          '어딜 간다는 거지…' 걱정스레 카톡 보던 해이. 춘양에게 바로
          전화 거는데.

S#5. 바닷가 / 낮

          바닷가 항구 근처에 앉아 바다를 처연하게 바라보고 있는 춘양.
          춘양, 한쪽에 둔 가방 안 핸드폰 울린다. 발신자 '딸내미'
          춘양, 전화 온 줄 모르고 하염없이 바다만 보고 있다.

S#6. 병원 복도 / 낮

          '고객님이 전화를 받지 않아…' 연결음 나오고.
          대체 왜 전화도 안 받는 건가 걱정되는 해이.

S#7. 6인실 / 낮

          걱정되는 얼굴로 병실에 들어와, 정우 베드 옆에 앉는 해이.

정우   (해이 표정 보고) 왜? 무슨 일 있어?
해이   (정우 보는)

정우	(해이 얘기 들은 듯) 혼자 어디 여행이라도 가신 거 아닐까? 아무래도… 큰일이 있으셨으니까.
해이	(걱정돼 구시렁) 뭐 진짜 혼자 제주도라도 간 거야 뭐야. 전화는 왜 안 되고, 가지가지 해요 진짜.
정우	부재중 보면 연락 주시겠지. 너무 걱정 마.
해이	(끄덕하면서도 걱정)
정우	(너무 걱정 말라는 듯 해이 툭툭 해 주면)
해이	(쓰게 웃는)

S#8. 병실 복도 / 낮

　　　해이, 병실에서 나와 복도 걸어가다 선혜와 마주친다.

해이	(꾸벅 인사하면)
선혜	가나.
해이	네.
선혜	(마치 바래다주는 거처럼) 가자.
해이	안 나오셔도 되는데.
선혜	내도 요 매점 좀 갔다 올라 그란다.
해이	(아…)

　　　해이와 선혜, 같이 걷다 엘리베이터 앞에서 기다리며 서서.

| 선혜 | 매일 이래 오는 거 안 힘드나. |

해이	(고개 저으며) 제가 뭐가 힘들어요. 힘든 건 단장이 힘들지.
선혜	(그 말에 피식 웃다) 정우 쟈가 니가 좋긴 억수로 좋나 보다. 끙끙대고 있다가도 니만 오면 얼굴이 해사해지니. 지 엄마 안중에도 없다.
해이	(송구스런…) 죄송해요.
선혜	(당황) 뭘 또 죄송. 닌 무슨 농담을 다큐로 받노.
해이	저 땜에 단장이 다쳐서…
선혜	(아…) 아이다. 그게 그 칼 들고 설친 미친놈 잘못이지 어데 니 잘못이가.
해이	… 그래도… (죄스럽고)
선혜	낸 니한테 고맙다.
해이	네? 뭐가…
선혜	정우 수술하고 제대로 정신도 몬 차릴 때 니가 매일 와서 정우 손 잡아 주고 봐 주고 하지 않았나. 그 덕에 정우가 더 빨리 회복한 기다.
해이	그건… 제가 할 수 있는 게 그거 밖에 없었어요.
선혜	내 거 보믄서 저 아가 참말로 우리 정을 아끼는구나… 했데이. 우리 정우가 외롭게 자라 여도 그런 사람이 있단 게 참, 다행이다 싶드라. (해이 손 잡아 주며) 고맙데이.
해이	… (선혜 말이 고마워 울컥한다)
선혜	(울컥하는 해이 보며) 아이고 야는 뭔 말을 몬하겠다. 누 보믄 내가 니 잡는 줄 알겠다.
해이	(그 말에 웃는)

이때 엘리베이터 열리고 해이와 선혜, 엘리베이터 타면.

옆 엘리베이터에서 내리는 선호.

S#9. 치얼스 / 낮

운찬과 소윤, 영웅과 얘기하고 있다.

영웅   정우는 어쩌고 있어?

운찬   다행히 빨리 회복하고 있어요.

영웅   정말 다행이네. 진일이 그 자식은 대체 이게 무슨.

이때 치얼스로 들어오는 지영.

영웅   어, 왔어. (그럼 할 일들 하라는 듯 운찬, 소윤에게 고개 끄덕이고 지영 쪽으로

          가는)

한쪽에서 얘기하고 있는 영웅과 지영.

얘기하다 영웅 괜찮다는 듯 지영 손 잡으면.

한쪽에서 연호전 소품 정리 같이 하고 있는 소윤과 운찬.

소윤 시선이 영웅, 지영에 있다.

운찬, 소윤 시선 따라가 보면 손 잡고 있는 영웅과 지영.

운찬   (동공 지진) 어? 둘이.

소윤   (침착하게) 예쁜 사랑 하시네요.

운찬   ('뭐야 알고 있었나.' 소윤 보는)

소윤, 다시 소품 정리하는데, 운찬, 소윤 슬쩍 보다 말 꺼낸다.

운찬   이번 사건 겪으면서 그런 생각 들더라. 사람 일이 언제 어떻게
         될지 모르는 거구나…

소윤   … 그쵸. 이런 일이 주변에서 생길 줄은 꿈에도 몰랐는데…

운찬   그런 생각도 들더라고. 언제 어떻게 될지 모르는데, 미루지 말고
         지금 해야겠다.

소윤   뭘요?

운찬   너한테 고백하는 거.

소윤   (! 보면)

운찬   네가 나한테 그랬잖아… 언젠가 반짝이는 순간이 올 거라 믿고
         있다고. 그때부터였던 거 같아. 널 제대로 보기 시작한 게. 정말
         넌 네가 말한 대로 그렇게 살고 있더라. 묵묵히 최선을 다하면서
         너답게.

소윤   (보면)

운찬   언젠가부터 그런 네가… 나한텐 이미 반짝이는 거처럼 보이더
         라고.

소윤   …

운찬   갑작스럽게 느껴질지 모르겠지만 (용기 내 다시 한 번) 소윤아 내가
         널 좋아해.

소윤   (딸꾹)

운찬   (당황해 앞에 물 소윤 주며) 어 여기 물.

소윤   (물 마시는데, 딸꾹질 안 멈춘다) 딸꾹.

운찬   (당황해 어쩔 줄 모르는)

병문안 와 정우 옆에 앉아 있는 선호.
둘, 한동안 말없이 어색하게 앉아 있다.

선호	(어색한 침묵 뚫으며) 얼른 나아요.
정우	(뭔가 선호의 이런 말 어색하다) 어… 그래. 신경 써 줘서 고맙다 야.
선호	(다시 침묵)
정우	(다시 역시 어색한 침묵)
선호	(다시 침묵 뚫으며) 예전에 해이가 저한테 그랬거든요? 왜 나한테 이런 여잔 네가 처음이냐고. 근데 진짜 그래요. 저한테 이런 여잔 해이가 처음이에요.
정우	그게 무슨… (헛소린가 싶고)
선호	제가 원래 내가 젤 중요한 이기적인 놈이거든요. 근데 저보다 다른 사람이 더 중요했던 건, 해이가 처음이었어요.
정우	… (보면)
선호	해이가… 괜찮았으면 좋겠어요. 그러려면 단장이 얼른 나아야죠.
정우	… 그래.
선호	… 다신 아무한테도 아무 일도 일어나지 않았으면 좋겠어요.
정우	그럴 거야.
선호	(끄덕)
정우	(선호 툭툭 치면)
선호	(농담처럼) 그렇다고 너무 멋진 척은 하지 말고요.
정우	(피식 웃으면)
선호	(역시 피식 웃는)

S#11. 해이 집_거실 / 밤

테이블에 엎드려 잠들어 있는 해이. 자면서 끙끙대고 있다.

S#12. 반지하 / 밤 / 과거

잠에서 깬 어린 해이, 눈을 비비며 옆을 보는데 엄마가 없다.
춘양 찾으려 문 쪽으로 가는데 문 잠겨 열리지 않는다.

어린 해이   (문 두드리며) 엄마 엄마, (울먹거리며 문 계속 두드린다. 점점 격해지는) 엄
           마 엄마.

S#13. 해이 집_거실 / 밤

해이   엄마! (눈물 젖어 깨는, 시계 보는데 새벽 12시 다 돼가고, 핸드폰 확인하는데
          부재중 통화 없다. 불안한 맘에 춘양에게 전화 걸어 보는데)
(E)   전화기가 꺼져 있어… (소리샘으로 연결되고)
해이   (불안한데 생각나는 말)
춘양(E)   엄마가 찾을게 그 방법. 너희들한테 짐 안 되게 해.

          이때 문 열리는 소리 들려 반갑게 보면 들어오는 사람, 재이다.

해이   (실망하고) 뭐야, 너야?
재이   (들어오며) 엄마 아직 안 왔어?

396 × 397

해이	(역정) 대체 그 몸으로 어딜 싸돌아다니는 거야. 제정신이냐고 지금.
재이	며칠 있다 오겠다고 얘기하고 갔잖아. 혼자 생각 정리할 시간이 필요한가 보지. 엄마가 애도 아니고, 쓸데없는 걱정 말고 들어가 잠이나 자.
해이	(재이 째리며) 피도 눈물도 없는 새끼. 넌 내가 가출해도 이럴 거야.
재이	(황당해, 해이 보며) 이게 가출은 아니지 않나…?
해이	(일어나 밖으로 나가며) 안 되겠어.
재이	야, 너 어디가? (해이 들은 체 만 체 나가는 거 보고) 왜 저렇게 오버야…

S#14. 해이 집 앞 / 밤

해이, 집 앞을 서성이며 핸드폰으로 '112' 전화하려다, 도저히 안 되겠다 싶어 경찰서 가려고 하는데.

춘양(E)	이 시간에 어딜 가?
해이	(그 소리에 춘양 보고) 엄마야말로 대체 이 시간까지 어딜 싸돌아다닌 거야! 연락도 안 되고! (하고 눈물 훌쩍거리는)
춘양	(해이 쪽으로 가며) 아니, 충전길 안 가져가서. 핸드폰 꺼져서 불편해 죽는 줄 알았네. (하다 해이 우는 거 보고) 뭐야, 너 울어?
해이	(아이처럼 엉엉 울며) 엄마가 방법을 찾는다고 하더니, 연락이 안 되고. 막 전화가 꺼져 있고.
춘양	(해이 다독이며) 야 뭘 또 이렇게 울어. 며칠 볼일 좀 보고 온다고 했잖아.
해이	(엉엉 울며) 아빠 돌아가셨을 때처럼 또 그런 생각 할까 봐, 내가.

춘양   (보면) … 어?

해이   (엉엉 울며) 나 다 안단 말야.

춘양   !!

S#15. 반지하 / 밤 / 춘양 회상

반지하 쪽방. 해이와 재이, 둘 나란히 누워 자고 있다.

춘양, 한쪽 벽에 기대 무릎 안고 가만히 앉아 자고 있는 해이와
재이 보는데, 둘 보는 눈 텅 비어 있다.

S#16. 한강 다리 / 밤 / 춘양 회상

한강 다리에 서서 멍하니 한강 물 보고 있는 춘양.

핸드폰 꺼내 메시지 쓴다.

INS) 메시지

춘양(E)   미안해. 해이랑 재이 부탁해…

메시지 전송 버튼 누르려는데…

아이(E)   엄마.

그 소리에 그쪽 보면.

화목해 보이는 엄마, 아빠, 아이, 춘양 곁을 지난다.
그 가족에 시선 머무는 춘양…

어린 해이, 문 두드리며 울고 있다.

해이   (문 두드리며) **엄마 엄마,** (울먹거리며 문 계속 두드린다. 점점 격해지는) 엄

            마 엄마.

이때 문 열고 들어오는 춘양.

해이   **엄마?** (춘양 보고 안심됐는지 엉엉 우는)

춘양   (그런 해이 보는데 자기가 무슨 짓을 하려고 했나 싶고, 해이 안아 주며) **괜찮**

            아. 괜찮을 거야.

해이   (못 그치고 서럽게 엉엉 우는)

춘양   (눈물 나오는 거 참으려 애쓰며) **미안해. 엄마가… 미안해.**

집 앞 화단에 나란히 앉아 있는 해이와 춘양.
해이, 좀 진정된 듯 감정 추스르고 집 앞 화단에 춘양과 앉아 있다.

춘양   **그땐 엄마가 네 아버지 먼저 가고 정신이 어떻게 됐었나 봐. 근**

데 내 정신 번쩍 들게 한 것도 너희들이야. 그때 이후로는 그 비슷한 생각해 본 적도 없어.

해이   …

춘양   네가 그런 걸 가슴에 안고 살았을 줄이야. (해이 손 잡으며) 엄마가 미안해. 정말 미안하다.

해이   (홀쩍)

춘양   걱정 마. 엄마 절대 안 죽어. 너네 나이 들어 할아버지 할머니 되는 거까지 다 보고 갈 거야.

해이   (눈물 닦으며) 당연히 그래야지.

춘양   (해이 머리 쓰다듬어 주며) 우리 해이가 못난 엄마 만나 맘고생을 너무 많이 하네. 엄마가 앞으로 더 잘할게. 이런 걱정도 절대 안 시키고.

해이   (코 홀쩍) 진짜지.

춘양   (해이 안아 주며) 응, 엄마만 믿어.

해이   (이제야 안심되고)

춘양   (해이 눈물 콧물 휴지로 닦아 주는)

해이   (휴지로 코 닦으며) 근데 대체 어디 갔다 온 거야?

춘양   어? 아… 통영.

해이   통영?

춘양   네 큰 외삼촌네 갔다 왔어.

해이   (놀라) 거길 왜? 엄마 외삼촌이랑 의절했잖아.

춘양   돈 구하러.

해이   (보면)

좁고 낡은 아파트 거실. 춘양, 거실 바닥에 대자로 누워 있다.

춘양 오빠	(그런 춘양 어이없단 듯 보며) 이제 와서 유산 상속분을 내놓으라는 게 말이 돼?
춘양	아, 몰라. 내놔요.
춘양 오빠	필요 없다고 한 게 누군데?
춘양	그땐 더럽고 치사해서 그 드런 돈 안 받으려고 했는데, 내가 죽게 생긴 판에 드런 돈 이런 거 따질 형편이 아니라.
춘양 오빠	(큼) 없어.
춘양	(일어나며) 내가 시간 단축하려고 몸소 왔더니만. 법적으로 걸면 내가 반은 받을 수 있대. 시간은 좀 걸리겠지만 뭐 법대로 하시든가. (하고 일어나려는데)
춘양 오빠	보다시피 사업 말아먹고 대출 잔뜩 걸린 이 아파트 하나 남았어. 털어 봤자 나올 것도 없어.
춘양	(보다 휴) 그렇게 욕심부리고 사셨으면 사는 거라도 좀 잘 사시든가.
춘양 오빠	(서랍에서 봉투 하나 꺼내 툭 던지며) 수술비는 될 거야. 가져가.
춘양	(봉투 보면)
춘양 오빠	살아. 꼭 살아라.
춘양	(오빠 보는)

S#20. 공원 벤치 / 밤

해이	(봉투 안 돈 보며) 그러게 미리미리 좀 소송 걸어 받아 놓지. 그깟 자존심이 뭐가 중요하다고.
춘양	우리 집에서 네 아버지한테 한 거 생각하면 그 돈도 받기 싫었어. 근데 어떡해, 살아야지.
해이	…
춘양	이 돈으로 수술비는 어떻게 해결될 거 같으니까. 넌 학교 다시가. 수술비 하려던 걸로 생활비 하면 돼.
해이	… 그거도 다 대출이잖아.
춘양	그거야 나중에 건강해지면 갚으면 되지. 네 앞길 대출 받아 쓰는 거 보다, 돈 대출 받는 게 훨씬 나아.
해이	나중에 어떻게 감당하려고.
춘양	(해이 보다) 나 말야. 그때 진짜 좋았다?
해이	(보면)
춘양	너네 학교 축제날.
해이	(아…)
춘양	네가 무대 위에서 신나게 뛰어노는데, 진짜 좋더라. 그치 우리 해이가 이런 거 참 좋아했는데, 이걸 이제야 다시 해 보는구나… 싶고
해이	…
춘양	(해이 보며) 엄마가 언제 젤 가슴 아픈지 알아?
해이	(보면)
춘양	네가 온갖 거 다 네 어깨에 짊어지려고 할 때. 애가 애처럼 살았어야 되는데 내가 너무 어른으로 키운 거 같아서.
해이	…
춘양	해이야. 부모 몫은 엄마가 하게 둬. 그래야 내가 살고, 너도 살아.

해이	… 그치만.
춘양	(해이 손 꼭 잡으며) 괜찮아. 엄마 그럴 힘 있어.
해이	…

S#21. 단실 전경 / 낮

S#22. 단실 거울 방 / 낮

신입생들 모여 있으면 그 앞에 서 있는 정우.

정우	나 없는 동안 많이 쉬었지? 오늘부터 다시 훈련 빡세게 할 거니까 각오들 해.
신입생들	(동공 지진)
선자	단장 아무래도 더 쉬는 게 좋을 거 같아요. 몸이 우선이죠.
정우	(웃는)
초희	(짝짝 하고) 자, 이제 단장도 돌아왔고. 연호전까지 제대로 달려보자!
신입생들	(우렁차게) 네!

단실로 봉지 하나 들고 들어오는 운찬.
신입생들 쪽으로 와 툭 봉지 던져 주며.

운찬	간식이다~ 먹고 훈련할 거니까 얼른들 먹어. fast food.

신입생들 신나서 우르르 가서 봉지 열어 보는데 빵이다.

선자	(크림빵 얼른 집어) 오 삼다 너 좋아하는 거다! (하고 뒤돌다 아차 싶은)
일동	…
선자	다음에 줘야겠네. (하고 빵 적당히 챙겨 가 털썩 앉는데)
용일	해이만 있음 완전체인데…
선호	그르게…
선자	('후…' 씁쓸하고)
일동	(역시 씁쓸하다…)
해이(E)	다들 빠져 가지고.
일동	(소리 나는 쪽 보면)

해이, 단실로 들어온다.

해이	(그쪽으로 오며) 이렇게 파이팅이 없어서 되겠어?
선자	어? 삼다?
해이	아 역시 테이아는 나 없이 돌아가질 않는다니까.

우르르 해이 쪽으로 몰려온다.

선자	뭐야 뭐야 어떻게 된 거야.
해이	서프라이즈~ I'm back.
선자	진짜? (신나서 해이 목 감으며 방방 뛰는)
해이	컥컥.

선자	(좋아하다, 안 놀라는 정우 보고 새초롬) 뭐야 단장한테만 얘기한 거야?
정우	나도 좀 전에 알았어.
선자	(그렇다면… 다시 좋아하는)
선호	잘 됐다.
민재	그니까…
해이	(웃으면)
용일	(합체 포즈 해 보이며) 드디어 완전체구마! 다 같이 연호전 가 보자!

하찮은 용일 포즈에 신나서 웃는 단원들.
그런 신입생들 웃으며 보는 정우.

S#23. 6인실 병실 / 낮

병실 한쪽에 환자복 입고 누워 있는 춘양.
TV 보며 깔깔 웃고 있는데.

진희(E)	누가 보면 아주 병원에 호캉스 온 줄 알겠다.
춘양	(보면, 사모님 포스의 진희다)

/진희, 춘양 옆에 앉아 있다.

진희	병원 왔다가 너 입원했다고 해서 들렀어.
춘양	(끄덕)
진희	네 딸은 어쩌고 있어.

춘양	해이?
진희	아니 하마터면 칼 맞을 뻔했다며. 그거 땜에 학교가 다 떠들썩하던데.
춘양	(아…) 다행히 다친 덴 없어서, 괜찮아.
진희	선호 이 자식은 그런 미친놈이 돌아다니는 응원단인지 뭔지 계속하겠다고. (복장 터진다는 듯) 정신이 있는 거야 없는 거야. 내가 아주 속이 터져요.
춘양	해이도 하는데 뭐.
진희	뭐? 너 그걸 하게 됐어? 해이가 그거 때문에 다쳤는데?
춘양	아니, 뭐… 그거 하면서 얻은 게 더 많은 거 같아서.
진희	(쯧쯧) 아무렴 다친 거보다 얻은 게 더 많을까.
춘양	해이 고게 어릴 때부터 어지간히 돈돈 거리면서 살았거든. 가진 거 없는 부모 만난 탓이겠지만… 고게 하도 돈돈 거리니까 걱정되더라고. 정말 돈만 바라는 인생이 될까 봐.
진희	(보면)
춘양	돈 중하지. 중한데… 그래도 해이 쟤 나이 때 돈만 바라면서 살면 사는 게 너무 서걱하잖냐. 근데 그거 하고 부쩍 애가 달라졌어. 뭔가 좀 낭만 같은 게 생겼달까. 좋더라고. 우리 해이 인생에도 그런 게 생겼단 게.
진희	(춘양 보며) 넌 가만 보면 참 천진한 구석이 있어? (고개 절레절레) 낭만이 무슨 밥 먹여 주냐?
춘양	천진하니까 그 모진 세월 겪어 내고도 이렇게 사는 거야.
진희	(보면)
춘양	사람이 어떻게 밥만 먹고 사냐? 다 그런 것도 때가 있는 거 아니

겠냐. 너도 애들 축제날 좋아하는 거 봤잖아.

진희   (마음이 복잡하고, '에휴 모르겠다.' 한숨 쉬는)

춘양   (넌지시) 넌, 남편이랑은 얘기해 봤어?

진희   (그 말에) …해야지.

춘양   (뭐라 더 안 묻는)

진희   (화제 돌리는) 참 네 병원비는 우리 쪽에서 처리하기로 했어.

춘양   뭐? 네가 왜?

진희   내가 원래 이런 선 넘는 거 싫어하는데. 빚진 것도 있고, 뭐 이래
       저래 해서 그냥 내 성의라 생각해. (단도리 하는 눈빛으로 춘양 보며)
       네 딸한텐 비밀이다. 선호 귀에 절대 들어가게 하지 마. 그 자식
       맘 약해 갖고 여기저기 다 퍼주다 재산 다 거덜 낼 거 같아.

춘양   (피식하다) 성춘양 인생 헛살진 않았나 보다. 죽지 말라고 이렇게
       여기저기서 도움을 주네.

진희   죽긴 왜 죽어. 내가 그 분야 최고 선생님으로 수술도 잡아 줬는데.

춘양   (진희 보다) 고맙다. 진짜 고마워.

진희   (쑥스럽다) 뭘 새삼스럽게.

춘양   은혜 갚을 사람이 많아서 이 빚 갚으려면 내가 꼭 살아야겠네.

진희   (새침하게) 그래 꼭 살아. 살아서 꼭 갚아.

춘양   (피식) f.o

S#24. 단실 건물 전경 / 낮

S#25. 단실 / 낮

모여 있는 단원들. 정우 앞에서 얘기 중이다.

정우　　　　내일이 드디어 올해 마지막 행사인 연호전입니다.

일동　　　　(두근두근 정우 보는)

정우　　　　다들 다치지 말고 무사히 마칠 수 있도록 합시다. 오늘은 단실에
　　　　　　서 자고 내일 새벽에 출발할 테니, 각자 짐 챙겨서 9시까지 단실
　　　　　　로 모이도록.

신입생들　　(산발적으로) 네.

S#26. 단실 밖 / 낮

사물함에서 짐 챙기는 선호와 용일.

용일　　　　배고프다. 네 바로 집에 갈 거가?

선호　　　　우리 집 가서 먹든가. 아줌마한테 챙겨 달라고 하지 뭐.

용일　　　　아줌마?

S#27. 단장실 / 낮

단장실 의자에 앉아 회장님 포스로 기대 보는 초희.
정우, 들어와 그런 초희 뭐하냐는 듯 보면.

초희　　　　적응해 두려고. 곧 내 자리가 될 테니까. 올해 똥 치우느라 고생

많았다. 좀 미진하긴 하지만, 남은 건 내년에 내가 채워 볼게.

정우	(피식)
초희	그래도 끝이 좋다. 해이도 같이 하게 되고.
정우	(웃으며 끄덕)
초희	넌 끝나면 좀 허전하겠다?
정우	… (쓸쓸히 웃다, 초희 보며) 고마워.
초희	갑자기 뭐가?
정우	너 올해 나 도와주려고 응원단 한 거잖아. 고생 많았다.
초희	알긴 아는구나?
정우	당연히 알지.
초희	그래도 올해 하길 잘했다 싶어.
정우	(보면)
초희	좋았어. 올해 응원단 해서. 이번 일 봐 봐. 인생 어떻게 될지 모르는데 그때그때 하고 싶은 거 하고 후회 없이 살아야지.
정우	…
초희	넌 이제 뭐 할 거야?
정우	글쎄… 생각해 봐야지.
초희	(끄덕끄덕)
정우	근데 새삼 궁금하다? 너 이게 왜 하고 싶었던 거야? 단체 생활 이런 거 싫어하잖아?
초희	(음…) 멋져서?
정우	(보면)
초희	폼 나잖아.
정우	(어이없어 웃으면)

초희   (역시 웃는)

S#28. 선호 집_거실 / 낮

선호 따라 거실로 들어오는 용일.
선호 집 스케일에 눈이 휘둥그레진다.

용일   여가 집이가 궁궐이가? 해이 너네 집 와 봤나? 와 봤음 마음 달
                  라졌을 거 같은데.

선호   (어이없어 웃고)

S#29. 선호 집_주방 + 다이닝 룸 / 낮

주방 카운터에 모듬 해초 제품을 꺼내는 도우미 아줌마.
(패키지 노출. 필수요청사항 – 제품 패키지 인서트(로고노출)
찬물에 해초를 담가 불린다.
/해초 채반에 물기를 거르는 아줌마.
그릇에 해초를 담아 흑임자 소스를 넣어 비비고.
선호와 용일, 다이닝 룸에 앉아 있으면 쟁반 트레이에 고급스럽
게 해초 샐러드와 해초 비빔밥 갖다 주는 아줌마.

용일   (황송해서) 아이고 감사합니더.

선호   먹자.

용일   (해초 샐러드 먹고) 내 오늘 알아뿐 거 같다.

선호	(해초 샐러드 먹으며) 뭘?
용일	돈의 맛. 부란 참 좋은 것이네.
선호	(어이없고, 헛소리 말란 듯 무시하고 해초 샐러드 먹는)
용일	(해초 비빔밥 비비며) 근데 난 네가 이래 끝까지 남을 줄 몰랐데이. 해이한테 차이믄 바로 쿨하게 나갈 줄 알았는데.
선호	나도 몰랐어. 내가 이렇게 근성 있는지. 나에 대한 새로운 발견 이랄까.
용일	혹시…
선호	(보면)
용일	내 때무이가? (한숨) 다들 글타. 이 매력에 빠지믄 헤어 나오질 몬 한다.
선호	(어이없어) 그 매력에 초희 누난 안 빠지는 거 같은데. 내 생각엔 네가 너무…
용일	(OL) 됐다마. 네나 내나 도토리 키재기인데 뭔 조언을 한다꼬.
선호	(그 말에 버럭) 야 너랑 나랑 그건 아니지.
용일	우리 둘 다 뭐 똑같은 처지다 안 카나. (사이) 키도 비슷하고.
선호	전혀 안 비슷하거든.
용일	밥이나 무라. (비빔밥 먹으면)
선호	(어이없어 용일 보다, 냠냠)

S#30. 단실 / 낮

　　　단실에서 단복 챙기고 있는 선자와 민재.

선자	(단복 보며 설레서) 내일 피날레 멋지게 촥 해서 끝내야지!
민재	(웃는)
선자	밍밍인 진짜 기분 이상하겠다. 몇 년을 꿈꿔 온 응원단의 마지막 무대를 앞둔 소감은?
민재	… 나 말야, 사실 그런 생각한 적 있었어.
선자	뭐?
민재	어쩌면 나도 진일 선배랑 비슷한 사람일지도 모르는데… 운이 좋았던 거 아닐까.
선자	(그 말에 민재 보고) 어디 그런 싸패 새낄 감히 너랑 비교해! 전혀 아니거든. 넌 그런 싸패 새끼랑 질적으로 다르다고! 얼른 퉤퉤퉤 해.
민재	퉤퉤퉤.
선자	(됐단 듯 다시 단복 챙기면)
민재	(단복 챙기며) 썬 넌… 꼭 태양 같아.
선자	응? 나 소음인인데.
민재	('아… 그게 아니라…') 내가 이렇게 응원단에서 잘 지내게 된 것도 다 썬 덕분이야. 네 밝음 덕분에… 내 어둠이 좀 환해진 거 같아.
선자	(민재 보다) 와 씨 나 또 완전 심쿵 했어. 이거 선수라니까?
민재	어?
선자	밍밍이 너 내일 렌즈 끼지 마.
민재	어?
선자	안 되겠어. 관리 좀 해야지. (단도리 하듯) 너 끼는 나한테만 부려.
민재	… (긁적긁적)

S#31. 해이 집 앞 / 밤

해이 집 앞에서 기다리고 있는 정우.

해이, 반가워하며 뛰어나온다.

S#32. 공원 / 밤

벤치에 앉아 얘기하고 있는 해이와 정우.

해이   며칠 있으면 다 끝난다는 게 안 믿겨.

정우   나도. 올해 참 많은 일이 있었네.

해이   난 사실 먹고 사는데 아무 쓸모도 없는 이런 거, 왜 하나 싶었거
         든? 근데, 이제 알 거 같아. 이런 걸 왜 하는지.

정우   (해이 보면)

해이   (정우 말 고대로) 이 고생을 왜 하나 싶다가도 그걸 다 잊게 하는 순
         간이 오거든!

정우   (자기가 한 말 똑같이 하는 해이에 피식) 좋다.

해이   뭐가?

정우   우리가 같은 걸 느꼈다는 게.

해이   (웃으면)

정우   (역시 웃고)

         둘 서로 마주 보고 웃다 가까워지며 키스하려는데…

재이(E)   야! 뭐 하는 거야!

정우,해이	(놀라 동공 지진으로 보면, 서 있는 재이)
재이	(저벅저벅 그쪽으로 와) 공공장소에서 뭐 하는 짓입니까? 공중도덕 개념도 없어요?
정우	(당황) 처남… 그게…
재이	(해이 보며) 넌 대체 뭐 하고 다니는 거야? 세상 무서운 줄 모르고.
해이	뭐야, 너 왜 오버야.
재이	(해이 끌고 가며) 저 형 뭘 믿고… (끌고 가며 중얼) 자기 몸은 자기가 지켜야지.
해이	(어이없어) 내가 괜찮다는데 네가 왜 날 지켜. 지키지 마!
재이	(무시하고 끌고 가면)
해이	(정우 향해) 나 괜찮아. 진짜 괜찮아.
정우	(황당히 재이에게 끌려가는 해이 보는)

S#33. 단실 거울 방 / 밤

한쪽에 단복 걸려 있고.

불 꺼진 거울 방에 단체로 침낭 깔고 누워 있는 단원들.

선자	내일 사람 많이 오겠지?
해이	많이 오겠지. 종합 운동장이잖아.
선자	어떡해, 떨려.
용일	내 팬클럽 떼거지로 오는 거 아이가.
선호	네가 팬클럽이 어딨어. 사람들 거기 경기 응원하러 오는 거거든. 너 요즘 자의식이 많이 과잉 상태인 거 같다.

초희	취침! 너희들 지금 안 자면 내일 어떻게 버티려고 그래!

그 소리에 다들 합죽이.
각자 기대되는 표정으로 한쪽에 걸린 단복 보다, 눈 감는다.

S#34. 도로 / 낮

달리는 관광버스.

S#35. 관광버스 / 낮

단복 입고 관광버스 타고 가고 있는 단원들.

선자	(덜덜 떨며)
민재	괜찮아? (걱정하듯 보면)
선자	나? 완전 괜찮은데? (하며 덜덜 떠는)
해이	(선자 입에 사탕 넣어 주며) 청심환이다 생각하고 먹어.
선자	(긴장돼 초희 보며) 실수하면 어떡해요.
초희	뭘 어떡해. 내 손에 죽는 거지.
선자	(헉하는 얼굴로 초희 보다, 더 덜덜 떨면)
정우	하던 대로 해. 실수하면 우리가 백업할 테니까.
운찬	(가슴 탕탕 치며) Trust me.
용일	어? 다 왔다!
일동	(용일 말에 밖 보면 웅장하게 보이는 종합 경기장 모습)

S#36. 종합 경기장_주차장 / 낮

주차장으로 들어오는 관광버스.

응원단 일동, 관광버스에서 내려 긴장된 듯 종합 경기장을 바라본다.

S#37. 종합 경기장_대기실 / 낮

의상과 응원 도구, 온갖 집기로 분주한 대기실.

해이, 설레고 떨리는 마음에 심호흡 중이면 다가오는 정우.

조용히 떨리는 해이의 손을 잡는다. 해이 진정시키고 단원들 앞
에 선 정우.

정우   시작할 때 그런 얘길 했죠.

INS) 노천극장 / 낮

1회 S#65

정우   그래도 한 가지 약속할 수 있는 건, 그 끝엔 반드시 모든 걸 보상
할 만한 순간이 함께할 거란 겁니다.

정우   오늘이 여러분에게 그 모든 것을 보상할 만한 순간이길 바랍니다.

일동   (보면)

정우   여기 오기까지 수많은 부침들이 있었지만, 그런 만큼 후회 없이
발산하고 옵시다!

일동   (우렁차게) 네!

S#38. 종합 경기장_복도 / 낮

정우, 초희, 운찬, 소윤, 해이, 선자, 선호, 용일, 민재.
정우를 선두로 한 대열로 좁은 복도를 비장하게 걸어간다.
공연 스태프들, 각자의 일로 분주하게 복도 지나고.

기획단1   (무전에 대고) 응원단 스탠바이요.

S#39. 종합 경기장 / 낮

단상 아래에서 무전을 받는 기획단2.

기획단2   응원단 나옵니다.

단상 아래의 인원들, 음향 장비 옮기고, 스케치북 준비하고 분주
한 가운데.

S#40. 종합 경기장_복도 / 낮

복도를 지나 문으로 향하는 응원단 일동.
하진, 단장복 입고 그 곁을 지나가고.
기획단1, 굳게 닫혀 있던 문을 열면 묶음처럼 들리던 함성 소리
선명해진다.
바깥으로 환호하는 군중들 파란 물결, 빨간 물결 보이면.
비장하게 문을 나서는 응원단 일동에서 f.o

S#41. 해이 집 전경 / 낮

해이(E) 　(빽!) 엄마!

자막 　2022년

S#42. 해이 집_부엌 / 낮

　해이, 하객 룩에 앞머리는 헤어롤 말고 있다. 쓰레기통에서 담배 꽁초 집어 들어 춘양에게 내민다.

해이 　이게 뭐야?
춘양 　나 아니야! 나 진짜 아니야!
해이 　아니긴 뭐가 아냐. 이 집에 담배 필 사람이 엄마 말고 또 누가 있어! 암 수술한 사람이 이렇게 담배를 피고! 대체 생각이 있는 거야 없는 거야!
춘양 　야! 나 진짜 아냐. (담배꽁초 보고) 그거 맨솔이잖아. 나 맨솔 안 펴! 맛없어서.
해이 　엄마가 애야? 왜 이렇게 철이 없어? 엄마를 믿으라며? 어른 같아야 엄마를 믿지. 이렇게 철없이 하는데 내가 엄마를 어떻게 믿어!
춘양 　넌 툭하면 그거 거들먹거리더라. 아주 약점 잡았어. 됐어, 됐어. 믿지 마 때려 쳐!
해이 　그래, 때려 쳐!

418 × 419

재이	(방에서 나오는데 호경대학교 응원단 티 입고 있다) … 그거 내가 핀 거야.
해이, 춘양	(재이 동시에 보면)
재이	밖에서 피고 꽁초 버릴 데가 없어서…
해이,춘양	야!
해이	(재이 팍팍 때리며) 이 새끼가 어디서 못된 거부터 배워 갖고.
춘양	(동조 팍팍) 머리에 피도 안 마른 게.
해이	(호경대학교 응원단 글자 보며) 너 여기서 배웠지. 당장 그만둬, 응원단!
재이	(아아, 아프다)

S#43. 지하철역 앞 / 낮

하객 룩으로 세팅하고 지하철역 앞에서 초조히 시계 보며 기다리고 있는 해이. 정장 입은 정우, 헐레벌떡 뛰어온다.

해이	왜 이제 와.
정우	미안. 박사님이 갑자기 자료 달라 그러셔서.
해이	(얼른 지하철로 뛰어 들어가며) 이러다 늦겠어. 뛰어.
정우	(해이 뒤따라가는)

S#44. 진희 집_거실 / 낮

진희 거실에서 이젤 두고 그림 그리고 있으면.
야쿠르트 옷 입은 춘양, 익숙한 듯 번호 키 누르고 씩씩거리며
들어온다.

진희	(씩씩거리는 춘양 보고 익숙하단 듯) 뭐야 또.
춘양	(소파에 털썩 앉으며) 아오, 진짜 해이 고년은 말을 해도 어쩜 그렇게 얄밉게 하는지.
진희	(그림 그리며) 뭘 또 잘못했는데.
춘양	(발끈) 넌 왜 내가 잘못했을 거라고 생각해?
진희	(그림 그리며) 보편적으로 네가 좀 철이 없잖아.
춘양	('에이씨' 진희 흘기다, 진희 그림 그리는 거 보고 트집) 한동안 발레 한다고 난리 치더니 이번엔 그림이야? 아주 전시회라도 할 기세다.
진희	할 거야. 전시회.
춘양	(보면)
진희	내가 내 재능을 너무 늦게 알았어. 미리 알았으면 진민철 그 자식이랑 진작 이혼하고 화가로 이름을 날렸을 텐데. (안타깝다는 듯) 세상이 촉망받는 여류 화가를 잃었지.
춘양	너 이혼하고 바뀐 취미만 6개인데 어떻게 그때마다 이 호들갑이냐. 아직까지 어떤 분야에서도 손실은 없었던 거 같거든요?
진희	(무시하고 그림 그리며) 이번엔 달라.
춘양	(그 말에 그쪽으로 가 진희 그림 보면… 그제야 진희 그림 보이는데 초등학생 수준의 회화…) 그래 너 돈 많으니까. 전시회하고 네 그림 네가 사면 되지 뭐.
진희	(춘양 째리는)

S#45. 치얼스 복도/ 낮

치얼스 입구에서 각각 신랑 신부복 입고 하객들 맞이하고 있는 영웅과 지영.

해이와 정우는 영웅, 지영과 인사하고 있다.

정우   축하드려요.

해이   아저씨 축하해요! (지영 손 잡으며) 차장님 큰일 하시는 겁니다.

지영   (웃으며) 언제적 차장이야. 학교 그만둔 지가 언젠데.

영웅   이놈의 코로나만 아녔어도 옛날에 했을 결혼식을 이제 하네.

지영   잘 됐지 뭐. 사계절 세 번은 지나 봐야 이 인간이 믿고 살 인간인
             지 내가 확인을 하지.

영웅   (속닥) 보통 까탈스러운 게 아냐.

지영   (영웅 쿡)

영웅   (아프다)

이때 들어오는 선자와 민재.

해이   왔어?

선자   (끄덕하고 영웅 보며, 오버하며 햇빛 가리듯 눈 가리고) 아이고 이거 누구
             신가요. 눈이 부셔 보질 못 하겠네.

영웅   (뿌듯함에 멋진 척)

곧이어 들어오는 용일, 선호, 초희, 운찬, 소윤, 수일, 남일.

영웅   어떻게 같이들 오네?

초희   앞에서 만났어요.

다들 반가워 서로 인사.

해이(N)　　　치열했던 그때로부터 삼 년이 흐른 지금.

S#46. 항공 우주 연구원 연구실 / 낮

<위성 정보 연구실> 부서 푯말 보이고, 자리에서 열심히 자료 보고 있는 정우.
박사1 부르자 벌떡 일어나 그쪽으로 간다.

해이(N)　　　우리의 일상은 모두 바뀌어 있었다.

S#47. 회의실 / 낮

팀원들 앞에서 프레젠테이션 중인 소윤. 팀원들, 자료 하나씩 들고 있다.

소윤　　　　중국 화장품 시장에서 변화하는 트렌드 중 가장 두드러진 특징은, 소비자들이 성분 및 기능을 예전보다 더 중시하고 있단 겁니다. 다음 페이지 매출 차트를 보시면 이를 더 명확히 보실 수 있는데요.

S#48. 회사 거리 / 낮

점심시간, 양복 입은 운찬, 직장 동료들과 커피 마시며 걷고 있다.

운찬, 스케줄 확인하려 핸드폰 켜는데 배경 화면에 소윤과의 커플 사진.

S#49. 연구실 / 낮

연구실에서 실험 중인 초희.

S#50. 병원 일각 / 밤

스테이션 근처, 의사 가운 입고 멋지게 워킹 하는 선호와 용일.

선배(E)　　　뭐하냐, 너희들.

선호와 용일, 선배 소리에 화들짝 놀라 가운 벗어 다시 올려 두고 선배 쪽으로 뛰어간다.

해이(N)　　　대부분의 우리에게 응원단은 과거의 추억으로 남았지만.

S#51. 단실 거울 방 / 낮

해이(N)　　　민재와 선자만은 현재진행형이었다.

새로운 신입들 앞에서 얘기하고 있는 민재. 단실 한쪽에 민재가 단장복 입은 사진이 걸려 있다.

민재 테이아 54기 단장 김민잽니다. 올해는 3년 만에 대면 행사를 하게
되는 뜻깊은 해가 되겠네요. (신입생들 보며) 여러분 모두 각기 다른
기대로 응원단에 지원했을 겁니다. 그 기대들은 어쩌면 맞고, 어
쩌면 전혀 다를 겁니다. 그래도 한 가지 약속할 수 있는 건, 그 끝
엔 반드시 모든 걸 보상할 만한 순간이 함께할 거란 겁니다.

신입생들 (기대의 눈빛)

민재 여러분이 꼭 그 순간을 함께하길 기대하겠습니다. 테이아 54기
신입 단원이 되신 걸 환영합니다.

신입생들 (열렬히 박수)

선자 (더 열렬히 박수 치고) 자 그럼 다들 훈련하러 이동.

신입생들 (어리둥절 '첫날부터 훈련??' 하는 표정들)

/훈련 받고 널브러져 있는 신입생들.
신입생1,2 슬금슬금 도망가려는데.

선자 (도망치려는 신입생1,2와 어깨동무하며) 어디가~? 이제 시작인데.

신입생들 (죽을 맛)

선자 (신입생들 끌고 가는)

S#52. 면접실 앞 / 낮

면접 복장으로 면접 대기하고 있는 해이.

톡 메시지 핸드폰으로 들어와 확인하면 선자, 민재 가운데에 선
응원단 단체 사진이다.

선자(E)	이 언니 존멋이지?/오늘 면접 화이링!!
해이	(피식 웃는데)
면접관(E)	도해이 씨 들어오세요.
해이	(그 소리에 얼른 핸드폰 주머니에 넣고 일어나며) 네!

S#53. 면접실 / 낮

면접관 앞에 앉아 있는 해이. 자기소개 중이다.

해이	식물계에 잡초가 있다면 인간계엔 제가 있습니다. 안녕하십니까. 잡초 같은 생명력의 소유자 도해입니다.
면접관들	(웃는)

S#54. 치얼스 / 낮

결혼식장으로 세팅돼 있는 치얼스.
단원들 모두 좌석에 앉아 있고.
결혼 행진곡과 함께 동시에 행진 시작하는 영웅과 지영.
단원들 포함한 하객들 열렬하게 환호하면 신나서 웃음 못 감추
는 영웅.
지영, 그런 영웅이 주책이라는 듯 옆구리 쿡 한다.

/서로 결혼 서약 읽는 영웅과 지영.

영웅   나 배영웅은 아내 신지영을 아내로 맞아 평생 아끼고 사랑할 것을 선서합니다.

지영   나 신지영은 남편 배영웅을 남편으로 맞아 평생 아끼고 사랑할 것을 선서합니다.

해이   이로써 배영웅, 신지영이 부부가 됐음을 만천하에 알리니 모두 축하의 박수 보내 주세요.

격렬한 축하의 박수 보내는 하객들.
/단원들 모여 있는 테이블. 다들 적당히 음식 먹고 있다.
소윤, 음식 먹으려는데 손 안 닿자, 얼른 집어 소윤 그릇에 놔주는 운찬.
소윤 부끄러워하면.

운찬   또 먹고 싶은 거 있음 뭐든 다 얘기해. 에브리씽. 나 팔 길잖아.

소윤   (습관처럼) Everything.

운찬   하하하 (어색하게 웃으며) 에브리씽.

소윤   (음식 운찬 입에 먹여 주며) 맛있다 이거.

운찬   (먹고 소윤에게 다른 거 먹여 주며) 이것도 먹어 봐. 맛있어.

소윤   (먹고 운찬 보고) 우와 맛있다.

운찬   (그런 소윤 보고 웃으며) 귀여워.

초희   (표정하다 밥맛 떨어졌단 듯 포크 내려놓으며) 저건 봐도 봐도 적응이 안되네.

선호	진짜 어이가 없다. (둘러보며) 다 커플이 되고 내가 임용일이랑 동급으로 아직도 솔로라니.
용일	(큼큼)
해이	천하의 진선호가 어쩌다 이렇게 솔로 부대 수장이 됐냐? 너 3년째잖아?
선호	무슨 마가 꼈나. 너한테 차이고부터 뭐가 잘 안 돼. 굿이라도 한판 해야 하나.

이때 치얼스로 들어오는 점쟁이.

영웅	어? 형 왔어요?
점쟁이	어, 내가 오후에 일이 있어서 식은 못 봤네.
단원들	(누군가 싶어 꾸벅 인사하면)
영웅	이 형이 그 형이야. 그 전설의 점쟁이.
정우	점쟁이? 아 그 삼대 예언?
일동	(놀라 점쟁이 보면)
점쟁이	(쑥스러운)

/점쟁이 앉아 있는 쪽에 몰려 있는 단원들.

용일	진짜로 막 미래가 보이고 그럽니꺼?
점쟁이	(끄덕하며) 이건 내 자랑 같아서 얘기 안 하려고 했는데… (냅다) 내 예언은 틀린 적이 없어.
선자	(혀를 끌끌) 틀린 적이 없긴 무슨. 2019년도 응원단 현역 단원 중

한 명이 죽는다면서요. 죽긴 개뿔. 다들 멀쩡히 살아있구먼.

점쟁이   2019년 단원들 중 한 명이 죽는다고 한 적 없는데?

일동   (보면)

점쟁이   내 세 번째 예언은 2019년도 응원단 현역 단원 중…

S#55. 단실 / 낮 / 과거

    점쟁이 가운데 자리 앉아 있고 그 주변을 둘러싼 20여 명의 사람들.

점쟁이   (감았던 눈 번쩍 뜨며) 한 명만… 외로워 죽는다.

단원들   (뭐야…)

    /단원들, 예언지 옆에 두고 삼삼오오 모여서 자장면 먹고 있는데. 예언지의 '외로워' 글자 위로 튀는 자장면 국물. 단원1, 자장면 국물 지우려 휴지로 문지르는데 더욱 번지는 얼룩.

S#56. 치얼스 / 낮

    '에?' 하는 얼굴로 점쟁이 보는 단원들.

민재   외로워 죽는다면…

점쟁이   커플 지옥에 홀로 솔로로 남는단 얘기지.

선자   (어이없단 듯 점쟁이 보며) 그것도 틀렸거든요. (선호, 용일, 초희 가리키며) 일케 솔로가 셋이거든요. 하나가 아니라.

선호	야, 넌 또 뭘 이렇게 팩폭을 해. 듣는 솔로 기분 나쁘게. (용일 보며) 안 그러냐?
용일	(약간 어색하게) 그르게, 하하.
점쟁이	(고민에 빠져) 그럴 리가 없는데…
선자	없긴 개뿔. (중얼) 완전 사이비구먼.

초희, 자리에서 일어나 복도 쪽으로 가면, 그런 초희 보고 따라
나가는 용일.

S#57. 치얼스 복도 / 낮

초희 쪽으로 따라붙는 용일.

용일	오늘도 실험 있어예?
초희	(끄덕) 이따 저녁에.
용일	계속 바빠가 우얍니꺼?
초희	어쩔 수 없지 뭐.
용일	(주변 둘러보다 아는 사람 없자 초희 손 잡고 다른 손으로 기 넣는 포즈)
초희	뭐 하는 거야?
용일	내 기 받으라고.
초희	(어이없어 웃다 주변 둘러보다 용일 볼에 쪽)
용일	(화들짝 놀라 주변 보다 부끄러워하며) 뭔데…
초희	내 기 받으라고. (웃는)
용일	(부끄러워하면서도 좋은)

교정 걸어가고 있는 용일.

여자1   (용일 어깨 잡으며) 저기요 혹시…

용일   (냅다) 죄송한데 저는 이미 좋아하는 사람이…

여자1(O.L) 도를 믿으세요?

용일   (은은) 태초희를 믿습니다.

여자1   ('뭐지 이 새끼…' 피하는)

멀리서 이 모습 한심하게 보던 초희. 어쩐지 웃음이 나오는데.

초희   임용일.

용일   (소리에 보면 초희다. 함박웃음 지으며) 네.

초희   밥 먹었어?

용일   (신나서) 아뇨.

초희   밥 먹으러 가자.

용일   (강아지처럼 뛰어가며) 네.

나란히 정문 쪽으로 걸어가는 초희와 용일.

초희   (툭 무심히) 우리 사귈래?

용일   (동공 지진, 화들짝 놀라 초희 보는)

초희   (웃으며 걸어가면)

용일   (따라붙으며) 진짜요?

웃으며 걷는 초희, 안절부절 따라붙는 용일 뒷모습.

S#59. 치얼스 복도 / 낮

　　손잡고 걸어가는 초희, 용일 이어진다.
　　서로 보는 입가에 웃음 번지는 용일과 초희.

S#60. 치얼스 전경 / 낮

S#61. 치얼스 밖 / 낮

　　결혼식 끝나고 나오는 단원들.

선호　　오랜만에 만났는데 2차 갈까?

해이　　그럼 간만에 거기 함 갈까?

일동　　(보는)

S#62. 연희대학교 교정 일각 / 낮

　　정문 지나 노천극장 쪽으로 함께 걸어가는 단원들.
　　1회에서 해이 혼자 걷던 길, 이제 함께 걷는다.

S#63. 노천극장 / 낮

비어 있는 노천으로 우르르 들어오는 단원들.
손에 맥주며 안줏거리 잔뜩 들고 있다.

용일   (감회가 새로운 듯) 와 여기 진짜 간만이데이.

          /왁자지껄 노천 무대에서 맥주 마시며 신난 단원들.
          그런 단원들 한쪽에서 흐뭇하게 보고 있는 정우.

해이   (그쪽으로 와 정우 옆에 앉으며) 여기서 혼자 뭐해?
정우   그냥, 옛날 생각나서.
해이   (동감한다는 듯 웃고 텅 빈 노천 계단 바라보며) 기억나? 나 신입 때 여기
          서 했던 말.

S#64. 노천극장 / 낮 / 해이 회상

          2회 S#55
          정우와 해이, 나란히 앉아 있다. 이온음료 마시며 빈 노천극장
          객석 보는 해이.

해이   알 것도 같아요. 여기가 꽉 차서.

          해이 상상으로 관중석 학생들로 가득 채워지고.

해이(E)	함성 터지면.

단상에서 단복 입고 동작 취하는 해이.
와 하고 터지는 학생들의 함성.
벅찬 해이 얼굴. (해이 상상 끝)

해이	죽일 거 같네요.
정우	(관중석 보고 평소와 달리 환하게 웃곤) 죽이지. 그건 해 봐야 알아.
해이	(뭔가를 정말 좋아한다는 듯한 정우의 처음 보는 표정에 묘한 기분)

S#65. 노천극장 / 낮

해이	(정우 보며) 그때였던 거 같아. 오빨 좋아하기 시작한 때가.
정우	신기하다.
해이	뭐가?
정우	나도, 그때였던 거 같거든. (해이 보고 웃으면)
해이	(웃으며 정우 보다 손 잡으며) 얼마나 다행인지 몰라. 그때 오빠를 만나서. (객석 보며) 그리고 여길 만나서.
정우	(손 꼭 잡으며) 누가 그러더라. 살면서 이렇게 좋은 걸 만나는 것도 인생의 큰 행운이라고. (해이 보며) 우린, 행운아인가 보다.
해이	(그런 정우 보며 웃는)
선호	(한쪽에서 큰 소리로) 신성한 노천에서 연애질 금집니다!
정우, 해이	(그 말에 그쪽 보고 웃다 일어나 모여 있는 쪽으로 가는)

해이(N)　의도치 않게 얻은 낭만으로 뜨거웠던 스무 살. 그 시간이 없었다면 난 서로를 응원하는 게 어떤 힘을 가졌는지 지금까지 몰랐을지도 모른다.

와자지껄한 와중 선자 먼저 일어나 각 세워 응원 동작하면.
곧이어 다들 일어나 칼군무 맞추며 깔깔대는 단원들.
용일, 핸드폰으로 신곡 음악 틀면 신나서 일어나 춤추는 단원들.

해이(N)　살면서 힘든 일과 마주할 때마다 그때의 기억을 떠올릴 것이다.
서로가 서로에게 힘이 돼 줬던 기억.

노천 무대에 신나서 춤추는 단원들 위로.

해이(N)　앞으로도 각자의 자리에서 애쓸 우리 모두의 인생을 응원하며 치얼업!

엔딩.

_하권 끝

치얼업 하권

초판 1쇄 인쇄
2022년 12월 15일
초판 1쇄 발행
2022년 12월 23일

글
차해원

펴낸이
백영희

펴낸곳
㈜너와숲

주소
04032 서울시 금천구
가산디지털1로 225
에이스가산포휴 204호

전화
02-2039-9269

팩스
02-2039-9263

등록
2021년 10월 1일
제2021-000079호

ISBN
979-11-92509-27-3(03680)

정가
20,000원

©스튜디오S 주식회사

이 책을 만든 사람들

편집
김민혜
홍보
고유림

마케팅
배한일
제작처
예림인쇄

디자인
글자와기록사이

앞으로도
각자의 자리에서 애쓸
우리 모두의 인생을
응원하며 치열앞!

CHEER UP

TO YOU

살면서 좋은 걸
만나는 것도 인생의 큰 행운이라고
누가 그러더라고요.

CHEER UP

TO YOU

넌 네 맘 가는 대로,
난 내 맘 가는 대로
그렇게 하자.